职业教育汽车类专业"互联网+"创新教材

汽车拆装与调整

主　编　赵玉梅
副主编　杜文萍　文敏飞
参　编　刘玉虹　张帅武　田传臣　尚林燕

机械工业出版社

本书全面、系统地介绍了整车各总成的拆装与调整的流程，同时穿插介绍各总成的构造与原理，并基于整车结构分为汽车车身附件、汽车发动机、汽车底盘的拆装与调整3大模块，细分为17个学习项目进行情境任务教学，注重理论与实践的结合，内容通俗易懂。本书部分项目内容配有二维码视频链接，可直接扫码观看操作或讲解视频。

　　本书可作为高职高专院校汽修相关专业教材、汽修企业技术培训教材，也可供汽修人员和工程技术人员参考。

　　本书配有电子教案、课件、工单、习题及答案，凡使用本书作为教材的教师均可登录机械工业出版社教育服务网（www.cmpedu.com）注册后免费下载。咨询电话：010-88379375。

图书在版编目（CIP）数据

汽车拆装与调整/赵玉梅主编. —北京：机械工业出版社，2019.10
（2025.8重印）
职业教育汽车类专业"互联网+"创新教材
ISBN 978-7-111-63756-1

Ⅰ.①汽…　Ⅱ.①赵…　Ⅲ.①汽车-装配（机械）-高等职业教育-教材
②汽车-调试方法-高等职业教育-教材　Ⅳ.①U463

中国版本图书馆CIP数据核字（2019）第205783号

机械工业出版社（北京市百万庄大街22号　邮政编码100037）
策划编辑：谢熠萌　责任编辑：谢熠萌
责任校对：王　欣　封面设计：陈　沛
责任印制：张　博
北京建宏印刷有限公司印刷
2025年8月第1版第5次印刷
184mm×260mm·13.5印张·334千字
标准书号：ISBN 978-7-111-63756-1
定价：44.50元

电话服务　　　　　　　　　　　网络服务
客服电话：010-88361066　　　机　工　官　网：www.cmpbook.com
　　　　　010-88379833　　　机　工　官　博：weibo.com/cmp1952
　　　　　010-68326294　　　金　书　网：www.golden-book.com
封底无防伪标均为盗版　　　机工教育服务网：www.cmpedu.com

前　言

　　汽车工业是我国推动国民经济发展的支柱产业，随着我国汽车工业的发展，汽车行业迎来一个发展高峰，并带动了一系列的产业需求，也带动了汽修行业的发展。汽车零部件的拆装与调整是汽修从业人员故障检测与诊断过程中不可或缺的工作环节，所以维修人员需要具备较强的故障诊断技术和熟练的拆装技能。随着大量新技术应用于汽车行业，汽修行业对维修人员提出了更高的要求。基于国家和行业对高素质汽修人才的需求，本书的编写组通过问卷调查、行业专家咨询等方式确定了教材内容，并按照布置工作任务的项目式教学方法编写了本书。

　　本书分为汽车车身附件的拆装与调整、汽车发动机的拆装与调整、汽车底盘的拆装与调整3大模块，其中模块1有3个项目，模块2有8个项目，模块3有6个项目。每个项目都提出了项目要求，并以故障案例分析（项目载体）作为切入点，介绍了项目的相关知识，给出了具体的技能操作步骤，并提供了相关项目的技能拓展供有需要的学生学习。本书任务明确，内容逻辑性强，基础理论浅显，以够用为度，实操配有大量图片和二维码视频链接，通俗易懂，能够培养学生独立解决问题的能力，是一本有鲜明特色的高职高专教材。本书还配有电子教案、课件、学生工单、习题及答案等丰富教学资源，方便教师教学。

　　本书按照高等职业院校项目化教学改革以及培养汽车维修行业技能型紧缺人才的要求编写，编写过程中注重贯彻"教学做"一体化授课方法，以能力为本位，以服务市场为基础，以就业为导向，注重教材的实用性，培养学生以实践为主的职业能力与素养。根据高职高专院校特色课程建设的要求，本书按照汽修相关专业先进的课程建设方法编写，同时结合高职高专院校学生和汽车4S店维修技师的特点，全面落实"培养汽车维修高端技能型专门人才"的高职高专教育办学指导思想，着力提高高职高专院校学生技能素养，与汽车4S店的人才需求无缝对接。

　　本课程建议学时为100~110学时，具体学时分配见下表。

模　　块	项　　目	参考学时	
汽车车身附件的拆装与调整	1. 常用汽车拆装工具和设备的使用	4	16
	2. 汽车保险杠的拆装	6	
	3. 汽车车门内饰板的拆装	6	
汽车发动机的拆装与调整	4. 发动机总成的拆装	6	18
	5. 发动机气缸组件的拆装	6	
	6. 发动机活塞环的更换	6	

（续）

模　块	项　目		参考学时
汽车发动机的拆装与调整	7. 发动机同步带的更换	6	30
	8. 气门间隙的调整	6	
	9. 发动机机油泵的更换	6	
	10. 发动机电动燃油泵的更换	6	
	11. 发动机节温器与水泵的更换	6	
汽车底盘的拆装与调整	12. 离合器摩擦片的更换	10	44
	13. 变速器操纵机构的调整	6	
	14. 变速器同步器的更换	10	
	15. 汽车减振器的更换	6	
	16. 转向器的拆装与调整	6	
	17. 制动摩擦片的更换	6	
合　计			108

本书由赵玉梅任主编，杜文萍、文敏飞任副主编。参加编写工作的还有刘玉虹、张帅武、田传臣、尚林燕。

本书在编写的过程中，参考了大量的著作和文献资料，在此一并向有关作者、编者表示真诚的感谢。

由于作者水平有限，书中难免存在不妥或错误之处，恳请读者批评指正。

编　者

二维码索引

目　录

模块 1

汽车车身附件的拆装与调整

项目1 常用汽车拆装工具和设备的使用

项目要求

1. 了解常用汽车拆装工具和设备的用途、种类及结构。
2. 熟悉常用汽车拆装工具和设备的使用方法及注意事项。
3. 能正确选择和熟练使用各类常见汽车拆装工具和设备。
4. 能对操作结果进行测试、检查和评估其修复质量。
5. 能根据环境要求，妥善处理辅料、废弃液体和损坏的零件。

项目载体

一辆桑塔纳汽车行驶 5000km 进行维护后，发现汽车停车地点有漏油痕迹，检查发动机油尺，发现发动机润滑油（机油）油位偏低。经维修店检查发现汽车发动机油底壳放油螺塞处漏油，进一步检查发现是油底壳放油螺塞螺纹损伤导致不能拧紧所致。虽然故障不严重，但维修较为麻烦。其原因是汽车维护更换机油时，维修工在拧紧放油螺塞时使用工具不当和用力过猛。因此，正确使用维修工具是对维修人员最基本的要求。

相关知识

一、汽车维修常用拆装工具

1. 扳手

扳手是汽车修理中最常用的一种工具，主要用于扭转螺栓、螺母或带有螺纹的零件。如果扳手选用不当或使用不当，不但会造成工件和扳手损坏，还可能引发危及人身安全方面的事故。因此，正确地选用和使用扳手很重要。各类扳手应按照"先套筒扳手，后梅花扳手，再呆扳手，最后活扳手"的选用原则进行选取。

（1）套筒扳手 套筒扳手是一种组合型工具，使用时由几个零件共同组合成一把扳手，适用于拆装所处空间狭窄或需要一定力矩才能拆装的螺栓或螺母。套筒扳手主要由套筒头（图 1-1）、手柄、快速摇柄（图 1-2）、棘轮手柄（图 1-3）、接头和接杆等组成。常用套筒扳手的规格是 10~32mm，根据需要，可选用不同规格的套筒和各种手柄进行组合。例如，

活动手柄（图1-4）可用于调整所需力臂，快速摇柄用于快速拆装螺栓、螺母，还可配用扭力扳手显示拧紧力矩。套筒扳手具有功能多、使用方便、安全可靠等特点。在汽车维修中，还采用了许多专用套筒扳手，如火花塞套筒、轮胎螺母专用套筒（图1-5）、风动专用套筒（图1-6）等。

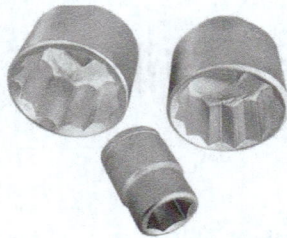

图 1-1　套筒头

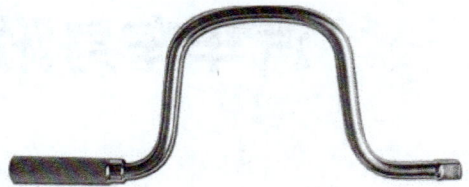

图 1-2　快速摇柄

图 1-3　棘轮手柄

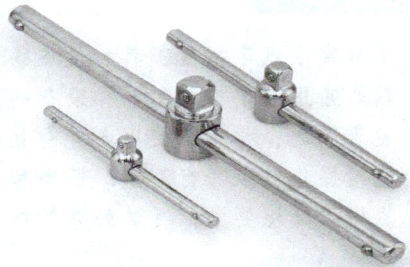

图 1-4　活动手柄

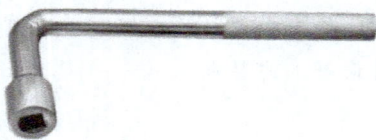

图 1-5　轮胎螺母专用套筒

图 1-6　风动专用套筒

（2）梅花扳手　图1-7所示为梅花扳手，其两端是环状的，环的内孔由两个正六边形互相同心错转30°而成。使用时，扳动30°后，即可换位再套，因而适用于狭窄场合下操作。其规格以闭口尺寸 S（mm）来表示，即扳手上的尺寸数字为闭口的毫米数，如 8-10、12-14 等。梅花扳手通常成套装备，以 8 件、10 件等为一套。梅花扳手通常用 45 钢或 40Cr 锻造，并经热处理，适用范围为 5.5～27mm。很多梅花扳手都有弯头，常见的弯头角度为10°～45°。

图 1-7　梅花扳手

（3）呆扳手　呆扳手俗称开口扳手，是最常见的一种扳手，如图 1-8 所示，主要用于拆装一般标准规格的螺栓或螺母。其规格以两端开口的宽度 S（mm）来表示，即扳手上的尺寸数字为开口的毫米数，如 8-10、12-14 等。呆扳手通常成套装备，以 8 件、10 件等为一套。呆扳手通常用 45 或 50 钢锻造，并经热处理，适用范围为 6~24mm，有单头和双头两种形式。

（4）两用扳手　两用扳手也称组合扳手，是把梅花扳手和呆扳手组合在一起，一端为开口端，另一端为梅花端，两端尺寸相同，如图 1-9 所示。

图 1-8　呆扳手

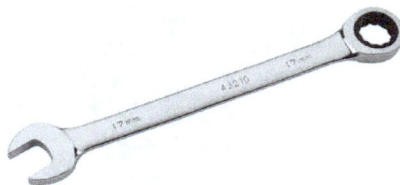

图 1-9　两用扳手

（5）活扳手　活扳手也称可调扳手，如图 1-10 所示，适用于尺寸不规则的螺栓、螺母，它能在一定范围内调节开口尺寸。活扳手由固定钳口和可调钳口两部分组成，扳手的开度大小通过调节螺杆进行调整。活扳手的使用场合与呆扳手相同。其规格是以最大开口宽度来表示的，常用的规格有 150mm、300mm 等。

（6）扭力扳手　扭力扳手主要用于有规定拧紧力矩值的螺栓和螺母的装配，如气缸盖、连杆、曲轴主轴承等处的螺栓。常用的扭力扳手有指示式（图 1-11）和预置式（图 1-12）两种。

扭力扳手的使用

图 1-10　活扳手

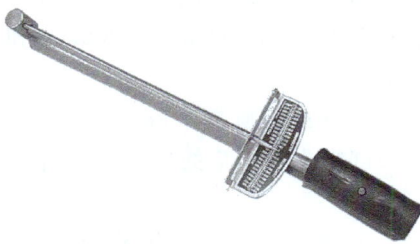

图 1-11　指示式扭力扳手

图 1-12　预置式扭力扳手

指示式扭力扳手结构相对比较简单，它有一个刻度盘，当紧固螺栓时，扭力扳手的杆身在力的作用下发生弯曲，这样就可以通过指针的偏转角度大小表示螺栓、螺母的拧紧程度，其数值可通过刻度盘读出。汽车维修中常用的扭力扳手的规格为 300N·m。预置式扭力扳手可通过旋转手柄预先调整设定拧紧力矩，达到设定拧紧力矩时，该扳手会发出警告声响以

提示用户。

（7）内六角扳手　拆卸内六角头和花形内六角头螺栓时，除旋具套筒头外，还可以使用专用内六角或花形内六角扳手，此类扳手多为 L 形。图 1-13 所示为内六角扳手，规格以六角形对边尺寸 S（mm）表示，常用的有 3~27mm 等尺寸。汽车维修作业中，用成套内六角扳手可拆装 M4~M30 的内六角头螺栓。

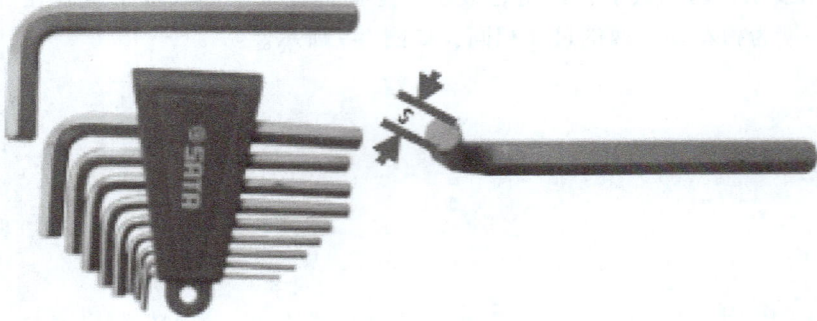

图 1-13　内六角扳手

2. 螺钉旋具

螺钉旋具（图 1-14）主要用于旋拧拧紧力矩小、头部开有凹槽的螺栓和螺钉，常用的有一字螺钉旋具、十字螺钉旋具和花键头旋具 3 种。

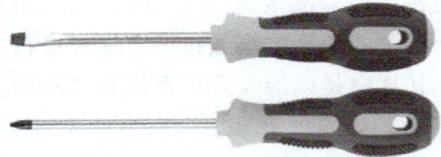

图 1-14　螺钉旋具

（1）一字螺钉旋具　俗称一字起子、平口改锥，用于旋紧或松开头部开一字槽的螺钉，一般工作部分用碳素工具钢制成，并经淬火处理。常用的规格有 100mm、150mm、200mm 和 300mm 等，使用时，应根据螺钉沟槽的宽度选用相应的规格。

（2）十字螺钉旋具　俗称十字起子、十字改锥，用于旋紧或松开头部带十字沟槽的螺钉，材料和规格与一字形螺钉旋具相同。

（3）花键头旋具　花键头旋具（图 1-15）是一种用简便的旋具与较高夹紧力的套筒相结合的工具，适用于在空间受到限制的安装位置处拆装小螺母或螺钉。

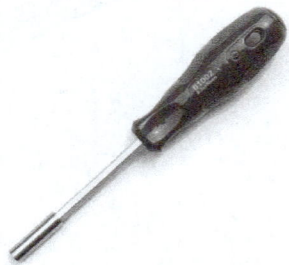

图 1-15　花键头旋具

3. 锤子

锤子俗称榔头或手锤，主要用于锤击錾子、冲子等工具或用来敲击工件，使工件变形、产生位移、振动，从而达到校正、整形等目的。按锤头材料不同，锤子可分为铁锤（图 1-16）和软面锤两种。根据软面锤头部使用材料的不同，可将其分为橡胶锤（图 1-17）、塑料锤和木锤 3 种。

4. 钳子

钳子用于弯曲小的金属材料、夹持扁形或圆形零件、切断软的金属丝等。在汽车维修中，常用的钳子类型有鲤鱼钳、钢丝钳、尖嘴钳、斜嘴钳、水泵钳、卡簧钳、大力钳和管钳等。

图1-16　铁锤

图1-17　橡胶锤

（1）鲤鱼钳　鲤鱼钳俗称鱼嘴钳，钳头的前部平口细齿，如图1-18所示主要用于夹持、弯曲和扭转工件。鲤鱼钳的手柄一般较长，可通过改变支点上槽孔的位置来调节钳口张开的程度。其规格用钳长来表示，一般有165mm和200mm两种。

（2）钢丝钳　钢丝钳是最常见的一种钳子，如图1-19所示，它可以用来切断金属丝或夹持零件。其规格一般有150mm、175mm和200mm 3种。

（3）尖嘴钳　尖嘴钳头部较细，如图1-20所示。在狭窄的空间中，钢丝钳无法满足工作条件时，可用尖嘴钳代替，使用时不能用力太大。其规格用钳长来表示，常用规格为160mm。

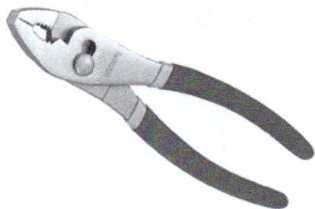

图1-18　鲤鱼钳

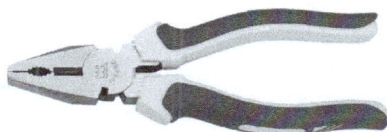

图1-19　钢丝钳

图1-20　尖嘴钳

（4）卡簧钳　卡簧钳（图1-21）是专门用来拆卸和安装卡簧的工具。根据使用范围不同，卡簧钳分为轴用和孔用两种，这两种卡簧钳均有直嘴和弯嘴两种结构形式。

图1-21　卡簧钳

5. 顶拔器

顶拔器俗称拉卸器、扒马、扒子，如图1-22所示，主要用于汽车维修中过盈配合和轴承部位的拆装，常见的顶拔器有两爪和三爪两种类型。顶拔器由拉臂和中心螺杆组成，螺杆前端加工为锥形，后端有供扳手拧动的内六角，三爪顶拔器的3根拉臂互为120°错开，两爪顶拔器的两根拉臂与螺杆在同一平面内。

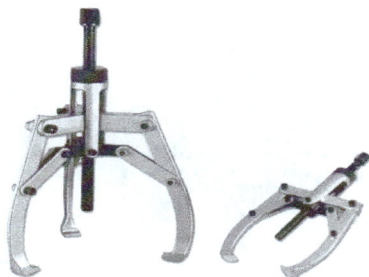

图1-22　顶拔器

二、汽车维修常用拆装设备

汽车维修常用拆装设备包括千斤顶、举升机、起重吊车、维修地沟等。

1. 千斤顶

千斤顶是一种起重高度小（小于1m）的简单的起重设备，分为机械式和液压式两种。机械式千斤顶起质量小，操作费力，只用于一般机械维修工作。液压式千斤顶结构紧凑，工作平稳，有自锁功能，故使用广泛；其缺点是起重高度有限，起升速度慢。千斤顶按照所能起顶质量不同分为3000kg、5000kg、9000kg等多种不同规格。液压式千斤顶分为立式液压千斤顶和卧式液压千斤顶两种，如图1-23和图1-24所示。

图1-23　立式液压千斤顶

图1-24　卧式液压千斤顶

2. 举升机

举升机的应用为汽车维修机械化流水作业提供了基础，提高了维修质量和效率，减轻了工人的劳动强度。汽车维修最常见的举升机是液压举升机，它的优点是工作比较平稳，容易控制，结构简单；其缺点是设备安装费用高，增加了设备维护工作。

液压举升机有双柱液压举升机（图1-25）、剪式液压举升机（图1-26）和四柱液压举升机（见图1-27）3种，常用的是双柱液压举升机，用于举升小型车辆，其两柱的间距依据维修车辆的宽度设定，既增加了维修作业的灵活性，也改善了工人的作业条件。

举升汽车

图1-25　双柱液压举升机

图1-26　剪式液压举升机

3. 起重吊车

起重吊车用于发动机整体拆装过程中，它具有移动、使用方便，吊装能力强等特点，在汽车维修企业中被广泛应用。起重吊车分为门式、悬臂式、单轨式以及梁式4种类型。汽车维修中使用最多的是悬臂式吊车，它分为机械式和液压式两大类。

（1）机械式悬臂吊车　吊车通过手柄转动绞盘以及棘轮，收缩或放长铁链使重物上升或下降，可短距离移动重物。

图1-27　四柱液压举升机

（2）液压式悬臂吊车　吊车吊起时，由于液压泵的作用，使液压油进入工作泊缸内，推动顶杆外移，使重物吊起；打开放油阀，工作缸内的液压油流回油箱，压力降低，使重物下降。液压式悬臂吊车外形如图1-28所示。

4. 维修地沟

维修地沟（图1-29）主要用于汽车底盘维修作业，在汽车维修中使用的历史较长，其建造费用低、安全可靠、不需要专门进行维护，小型汽车修理厂使用较多。目前在现代化的汽车维修企业中已很少采用。

图1-28　液压式悬臂吊车外形

图1-29　维修地沟

技能操作

一、准备工作及注意事项

1. 准备好常用拆装工具若干套。
2. 准备好举升机若干台。
3. 准备好清洁工具。
4. 工作过程中应注意安全及环保工作是否到位。

二、常用汽车拆装工具和设备的使用

1. 套筒扳手的使用

套筒扳手是拆卸螺栓方便、灵活且安全的工具。使用套筒扳手不易损坏螺母的棱角。使

用时，应根据工作空间大小、转矩要求和螺栓或螺母的尺寸来选用合适的套筒，与配套手柄配合使用。

（1）套筒的选用　按所拆卸螺栓的转矩和使用的工作环境的不同，可将套筒分为大和小两种尺寸，大的一种可以获得比小的一种更大的转矩。同时套筒深度也有标准的和深的两种类型，深的比标准的深2~3倍，较深的套筒可用于螺栓突出的螺母。套筒呈短管状，一端有一个正方形的头孔，该头孔用来与配套手柄的方榫配合；另一端为套筒的钳口，分六角形和双六角形两种，用来套住螺栓头。六角形部分与螺母的表面有较大的接触面，这样不容易损坏螺母表面（图1-30）。

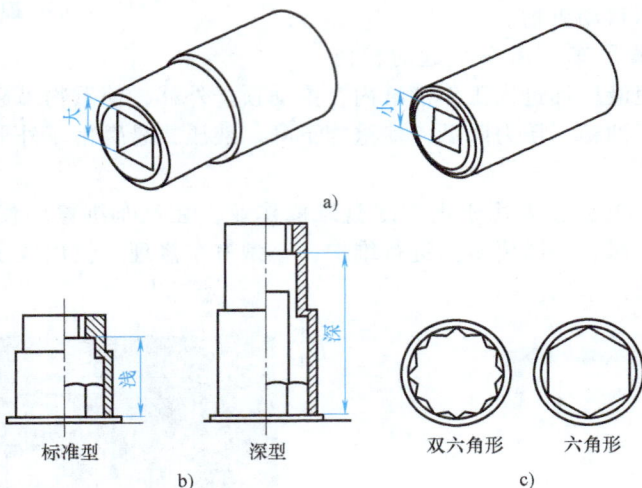

图 1-30　套筒的选用

a）套筒　b）套筒深度类型　c）套筒钳口

（2）套筒的使用　将套筒套在配套手柄的方榫上（视需要与长接杆、短接杆或万向接头配合使用），再将套筒套住螺栓或螺母，左手握住手柄与套筒连接处，保持套筒与所拆卸或紧固的螺栓同轴，右手握住配套手柄加力。在使用套筒的过程中，左手握紧手柄与套筒连接处时，切勿摇晃，以免套筒滑出或损坏螺栓螺母的棱角。朝向自己的方向用力，可防止滑脱造成手部受伤。套筒的使用方法如图1-31所示。

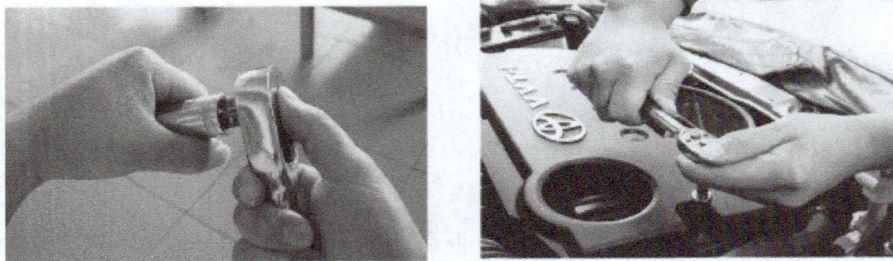

图 1-31　套筒的使用方法

（3）套筒接合器的使用　套筒接合器又称套筒转换接头，是用来改变套筒方形头尺寸的连接器。套筒接合器有两种，一种是"小→大"，另一种是"大→小"。在使用过程中，

必须要控制转矩大小。因为套筒和手柄经转换后，不是同一尺寸范围，如按原尺寸范围施加转矩，会损坏套筒或手柄，套筒接合器的使用如图1-32所示。

（4）万向节的使用　万向节套筒的方形套头部分可以前后或左右移动，手柄和套筒扳手之间的角度可以自由变化，使其在有限空间内工作。使用万向节时，不要使手柄倾斜较大角度来施加转矩，应尽可能在接近垂直状态下使用，因为偏角过大会使转矩的传递效率降低。使用气动工具时严禁使用万向节，因为球节不能吸收旋转摆动，会发生脱开情况，造成工具、零件或车辆损坏，甚至造成人身伤害。万向节的使用如图1-33所示。

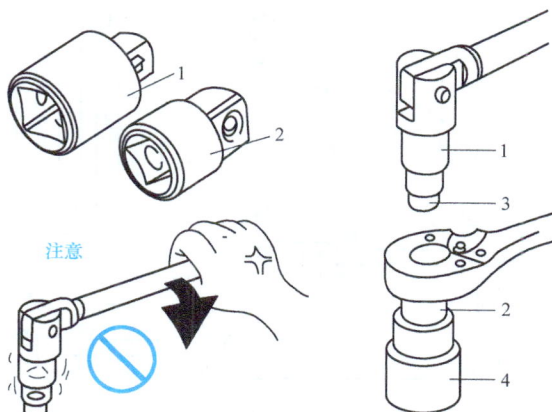

图1-32　套筒接合器的使用

1—套筒接合器（大→小）　2—套筒接合器（小→大）
3—小尺寸套筒　4—大尺寸套筒

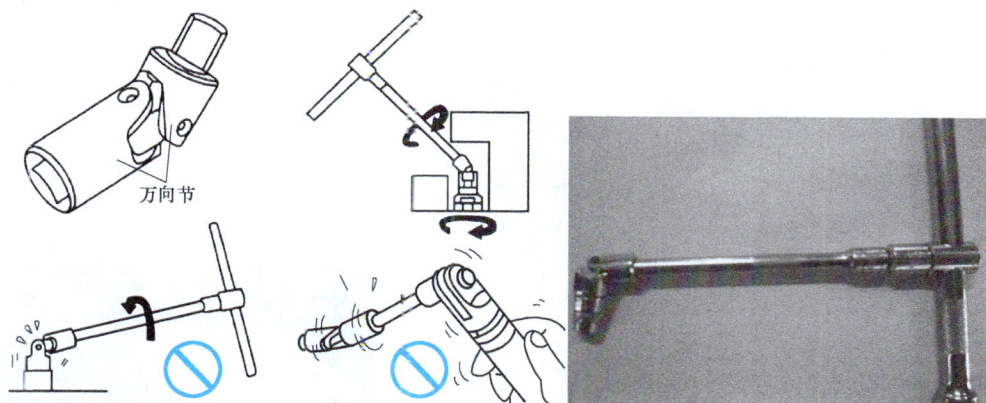

图1-33　万向节的使用

（5）加长杆的使用　加长杆加装在套筒和配套手柄之间，用于拆卸和更换装得很深、仅凭套筒和手柄无法接触的螺栓和螺母。另外，在拆卸平面上的螺栓、螺母时，工具会紧贴在操作面上，妨碍正常拆卸，甚至可能会产生安全事故，加长杆可将工具抬离平面一定距离，便于操作。加长杆的使用如图1-34所示。

（6）棘轮扳手的使用　棘轮扳手头部设计有棘轮装置，在不脱离套筒和螺栓的情况下，可实现快速单方向的转动。通过调整锁紧机构可改变其旋转方向，将锁紧机构手柄调到左边，可以单向顺时针拧紧螺栓或螺母；将锁紧机构手柄调到右边，可以单向逆时针松开螺栓或螺母。使用棘轮扳手时，可使套筒扳手以小的回转角锁住在有限的空间中工作。严禁对棘轮扳手施加过大的转矩，否则会损坏内部的棘爪结构。棘轮扳手的使用如图1-35所示。

2. 梅花扳手的使用

梅花扳手的钳口是双六角形的（图1-36a），可以容易地装配螺栓或螺母，因此能够在

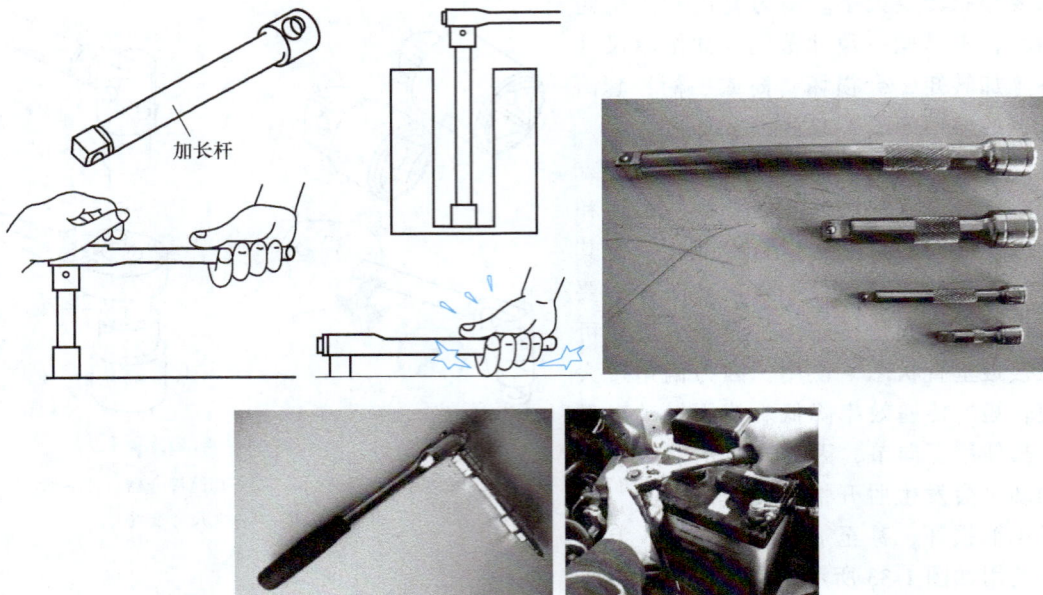

图 1-34　加长杆的使用

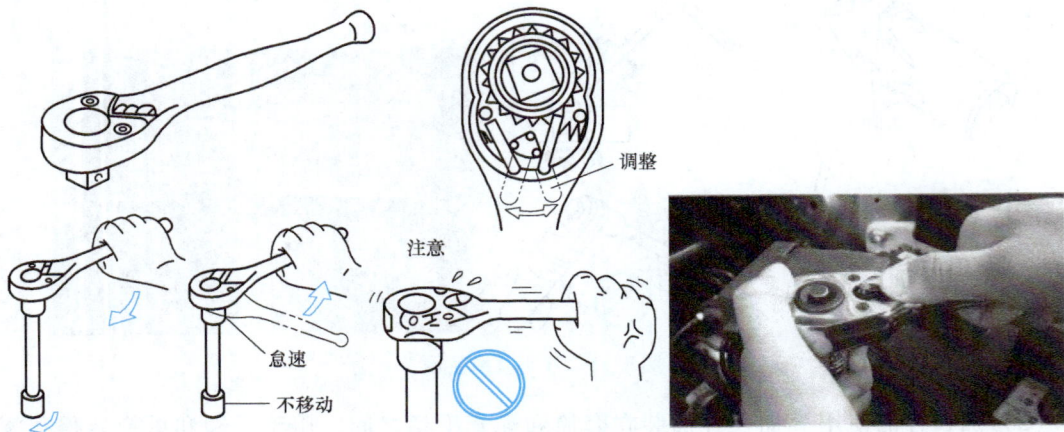

调整

注意

怠速

不移动

图 1-35　棘轮扳手的使用

一个有限空间内使用，如图 1-36b 所示。梅花扳手可将螺栓、螺母的头部全部围住，因此不会损坏螺栓棱角，可以施加大转矩，如图 1-36c 所示。梅花扳手都有弯头，方便于拆卸或装配在凹陷空间的螺栓、螺母，并可以为手指提供操作间隙，以防止擦伤，如图 1-36d 所示。

使用扳手时，一定要确保扳手和螺栓尺寸及形状完全配合，否则会因打滑造成螺栓损坏，甚至会造成人身伤害。在使用梅花扳手时，应左手推住梅花扳手与螺栓连接处，保持梅花扳手与螺栓完全配合，防止滑脱，右手握住梅花扳手另一端并加力，应尽量使用拉力，如果由于空间限制无法拉动工具，可用手掌推开。梅花扳手的正确使用方法如图 1-37a 所示。扳转时，严禁用加长的管子套在扳手上以延伸扳手的长度增加转矩，严禁锤击扳手以增加转矩，如图 1-37b 所示，否则会造成工具的损坏。

均匀施加到六角
头表面的压力

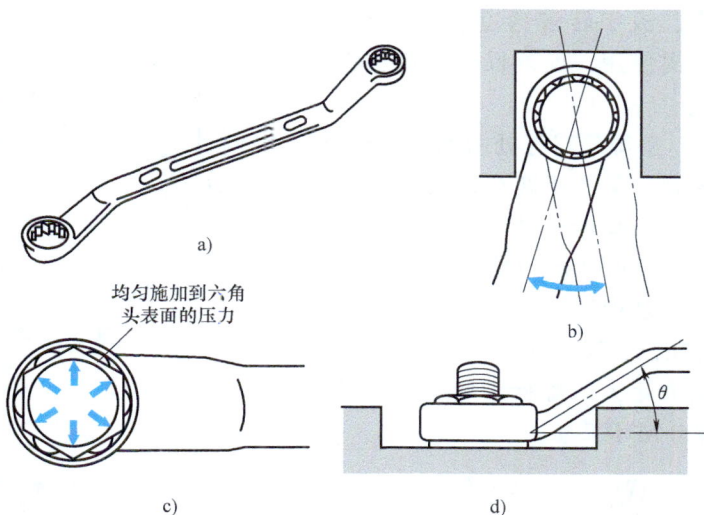

图 1-36　梅花扳手的适用场合

a）梅花扳手　b）有限空间内使用　c）施加大转矩　d）凹陷空间中使用

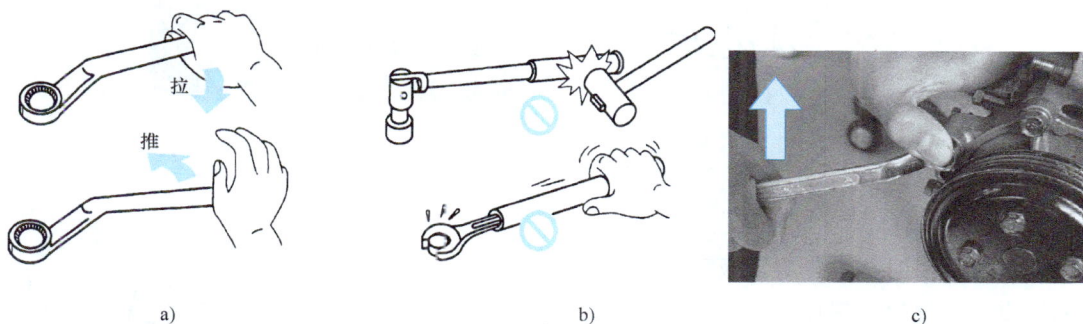

拉

推

图 1-37　梅花扳手的使用

a）正确使用方法　b）不正确使用方法　c）实景操作

3. 呆扳手的使用

选择呆扳手时，要根据螺栓头部的尺寸来确定合适的型号，并确保钳口的直径与螺栓头部直径相符，配合无间隙，然后才能进行操作。如果选择不当，容易使螺栓或螺母的棱角损坏。使用时，先将呆扳手套住螺栓或螺母六角的两个对向面，确保扳手与螺栓完全配合后才能施力。施力时，一只手推住呆扳手与螺栓连接处，并确保扳手与螺栓完全配合后，另一只手大拇指抵住扳头，另外四指握紧扳手柄部往身边拉扳。当螺栓、螺母被扳转到极限位置后，将扳手取出并重复前面的过程。呆扳手的使用如图 1-38 所示。

无间隙

图 1-38　呆扳手的使用

在狭窄的场合，扳手转过角度受到限制时，可将呆扳手翻转一周使用，反复操作，直至将螺母旋出（图1-39）。

在紧固燃油管、空调管路等处的调整螺栓时，为防止零件相对转动，需要用两个呆扳手配合紧固，一个扳手固定一端螺栓，另一个扳手紧固或拆卸另一端螺母。图1-40所示为燃油管的拆卸。

扳转时，禁止在呆扳手上加套管或锤击，以免损坏扳手或损伤螺栓、螺母（图1-41）。禁止使用呆扳手拆卸拧紧力矩大的螺栓，禁止将呆扳手当撬棒使用，这样会损坏工具。

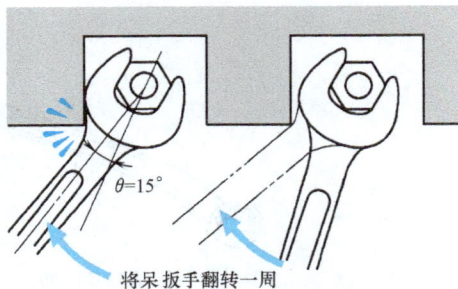

将呆扳手翻转一周

图1-39　呆扳手在狭窄场合的使用

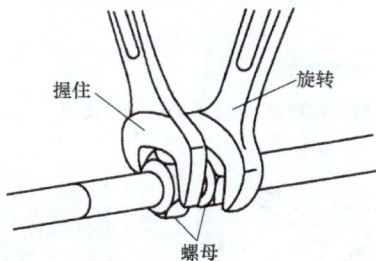

握住　　旋转

螺母

图1-40　燃油管的拆卸

4. 活扳手的使用

使用活扳手时，应先将活扳手调整合适，使活扳手钳口与螺栓、螺母两对边完全贴紧，不应存在间隙；要使活扳手的可调钳口部分受推力、固定钳口受拉力，以保证螺栓、螺母及扳手本身不被损坏。活扳手的使用如图1-42所示。

图1-41　禁止呆扳手上加套管使用

5. 举升机的使用

（1）举升机的上升操作

1）清理干净举升机周围的环境。

2）将升降臂放到最低位置。

3）将升降臂缩回到最短位置。

4）将升降臂向两侧摆开。

5）将汽车驶到两立柱之间，挂入P位或N位，拉紧驻车制动器手柄。

6）将橡胶垫安装在升降臂上，并将升降臂移到汽车支撑点位置（图1-43）。

7）按上升按钮直到橡胶完全接触汽车，确保安全。

8）继续缓慢上升举升机，在确保平衡的状态下将汽车举到需要的高度，松开上升按钮。

9）按下降操纵手柄将举升机下降到安全锁位置，然后才可以对汽车进行检修。

（2）举升机的下降操作

1）清理举升机周围和下面的障碍物，并让周围的人离开。

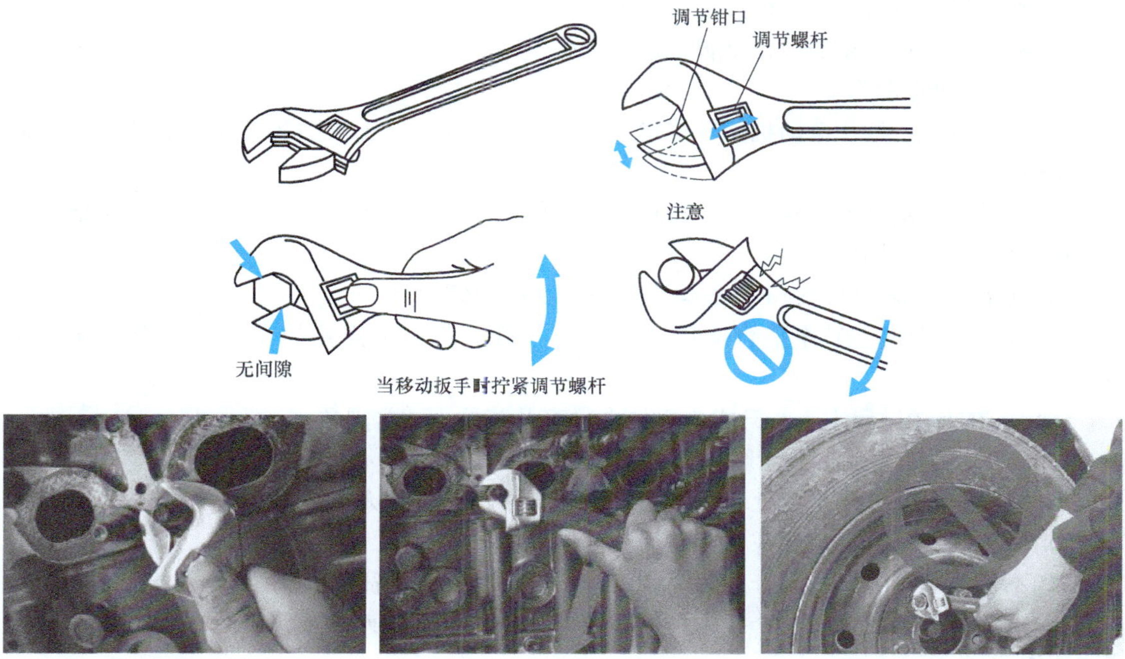

调节钳口　调节螺杆

注意

无间隙

当移动扳手时拧紧调节螺杆

图 1-42　活扳手的使用

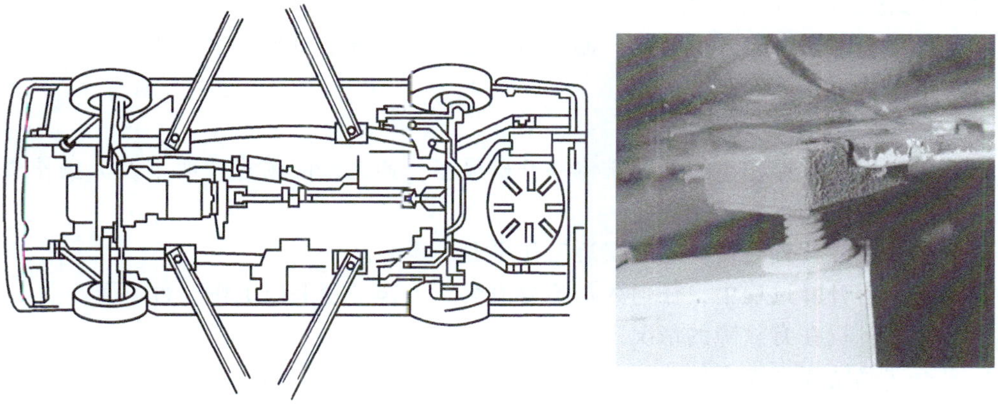

图 1-43　车辆底板上的支撑点

2）按上升按钮稍微举起汽车，拉开安全锁，并按下操纵手柄使汽车下降。

3）将摆臂向两端摆开，并将其缩短到最短位置。

4）驶走汽车。

技能拓展

一、四柱举升机的使用

1. 使用方法

（1）使用前的准备工作

1）按照说明书对有关部位进行日常检查。

2）检查液压油油箱的油位是否正常。

（2）举升机空载作业

1）接通电源，按住电动机上升按钮，工作平台应能正常上升；松开按钮，工作平台应能可靠停止。

2）上升到一定高度后松开上升按钮，将工作平台挂钩挂上，此时4个挂钩必须能可靠地挂在立柱内的挂板上。

3）转动换向阀供气时，4个挂钩应能完全脱离挂板。

4）按下降按钮，工作平台应以正常速度下降；松开下降按钮，工作平台应能可靠停止。

注意：在上述过程中，举升机应无异常噪声及其他不正常现象。

（3）举升机负载作业

1）将汽车驶到工作平台上，拉紧驻车制动器手柄，驾驶人离开工作平台。

2）将防滑支座可靠地垫在汽车轮胎的前、后方。

3）不供气状态下，按上升按钮，将工作平台升至所需的高度。

4）点动下降按钮，使4个挂钩均可靠地支承在挂板上，此时才可进入工作区进行维修或调整作业。

5）修理或调整工作完毕后，点动上升按钮，将换向阀转至供气位置，使4个挂钩脱离挂板，按下降按钮将工作平台降下。

6）工作平台降至下极限位置时，挪开防滑支座，将汽车驶离工作平台。

7）清洁工位。

2. 使用注意事项

1）日常应设专人操作、维护、维修举升机设备，禁止未阅读过说明书及无操作资格的人员擅自操作举升机。

2）汽车停放的位置应使其重心接近工作平台的重心。

3）工作平台升降过程中，任何人员不得滞留于工作平台上或工作平台下面。

4）禁止举升机在有故障的情况下运行。

5）只有在确定4个安全挂钩挂上后，操作人员才可进入工作区。

二、剪式举升机的使用与维护

1. 使用方法及注意事项

1）操作前，应先清除举升机周围和下方的障碍物。

2）升降时，举升机规定区域以及平台上的汽车内不能有人。

3）不能举升超过举升机举升能力范围的汽车。

4）举升时，应在汽车底盘下方垫上胶垫。

5）升降过程中，随时观察举升机平台是否同步，若发现异常，应及时停止，检查并排除故障后才能再次投入使用。

6）下降操作时，先将举升平台上升一点，注意观察两保险爪与保险齿间是否完全脱开，否则停止下降。

7）举升机长期不用或过夜时，应将平台降到最低位置，并驶走车辆、切断电源。

2. 维护注意事项

1）应由经过培训的操作人员进行作业。

2）举升机所有支铰轴处，每周用机油壶加机油一次。

3）保险齿条及上、下滑块等移动部位，每月加一次润滑脂。

4）每年更换一次液压油，油位应长期保持在上限位置。

项目2 汽车保险杠的拆装

项目要求

1. 熟悉汽油发动机、底盘、车身、电气总体构造及各组成部分的位置。

2. 能通过与客户交流、查阅相关维修技术资料等方式获得车辆信息。

3. 掌握前、后保险杠的拆装方法。

4. 能对操作结果进行测试，检查和评估其修复质量。

5. 能根据环境要求，妥善处理辅料、废弃液体和损坏的零件。

项目载体

一辆汽车发生碰撞，前保险杠发生严重损坏并变形脱落，需要拆卸更换。图 2-1 所示为碰撞损坏的汽车前保险杠。

汽车保险杠是吸收和缓冲外界冲击力、防护车身前部和后部的安全装置。目前，汽车的前、后保险杠一般都用塑料制成的，称为塑料保险杠，由外板、缓冲材料和横梁三部分组成。塑料保险杠具有一定强度、刚度和装饰性，在汽车发生碰撞事故时能起到缓冲作用，保护车体不受损伤。从外观上看，保险杠可以很自然地与车体结合在一起，成为装饰汽车外形的重要部件。因此，汽车碰撞或剐蹭后往往保险杠受损，需要拆卸后修复或更换。

图 2-1 碰撞损坏的汽车前保险杠

相关知识

汽车虽然结构复杂，种类繁多，但它们的基本组成是一致的，都是由发动机、底盘、车身和电气设备四大部分组成。桑塔纳汽车的总体结构如图 2-2 所示。

一、发动机

发动机是汽车行驶的动力装置，一般汽车都采用往复活塞式内燃机作为发动机。发动机（汽油机）主要包括两大机构和五大系统，即曲柄连杆机构、配气机构、燃料供给系统、冷却系统、润滑系统、点火系统和起动系统。汽车发动机的结构如图 2-3 所示。

（1）曲柄连杆机构 曲柄连杆机构将燃料燃烧释放的热能，通过活塞直线往复运动经连杆转变为曲轴旋转运动的机械能对外输出，驱动汽车行驶。

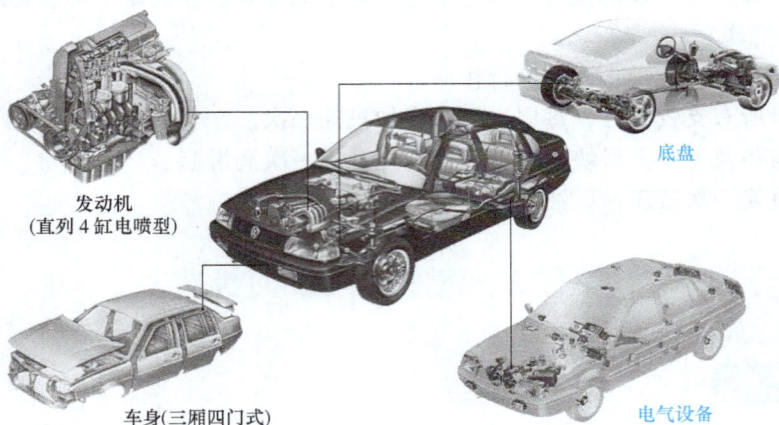

图 2-2　桑塔纳汽车的总体结构

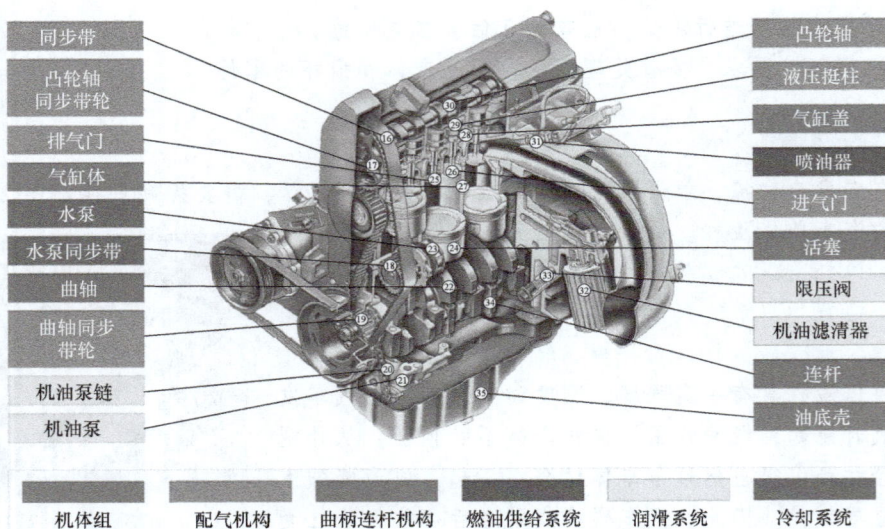

发动机
(直列 4 缸电喷型)

底盘

车身(三厢四门式)

电气设备

图 2-3　汽车发动机的结构

同步带
凸轮轴同步带轮
排气门
气缸体
水泵
水泵同步带
曲轴
曲轴同步带轮
机油泵链
机油泵

凸轮轴
液压挺柱
气缸盖
喷油器
进气门
活塞
限压阀
机油滤清器
连杆
油底壳

机体组　　配气机构　　曲柄连杆机构　　燃油供给系统　　润滑系统　　冷却系统

（2）配气机构　配气机构按照发动机每一气缸内所进行的工作循环或点火次序的要求，定时开启和关闭各气缸的进、排气门，使新鲜可燃混合气（汽油机）或空气（柴油机）及时进入气缸，废气及时从气缸中排出。

（3）燃料供给系统　燃料供给系统根据发动机不同工况的要求，向气缸供入一定数量和浓度的燃料，并在其燃烧做功后将燃烧后的废气排至大气中。

（4）点火系统　点火系根据发动机的工作需要，及时点燃气缸内的可燃混合气。

（5）润滑系统　润滑系统将机油连续不断地供给做相对运动的零部件，以减少它们之间的摩擦阻力，减轻机件的磨损，并部分地冷却摩擦部件，清洗摩擦表面。

（6）冷却系统　冷却系统利用冷却液冷却发动机的高温零部件，并通过散热器将热量散发到大气中去，以保证发动机在最适宜的温度下工作。

（7）起动系统 起动系统带动飞轮旋转以获得必要的动能和起动转速，使静止的发动机起动并转入自行运转状态。

（8）发动机布置形式 发动机通常有发动机前置后轮驱动（FR）、发动机前置前轮驱动（FF）、发动机后置后轮驱动（RR）、发动机中置后轮驱动（MR）、全轮驱动（4WD）等布置形式，如图2-4所示。

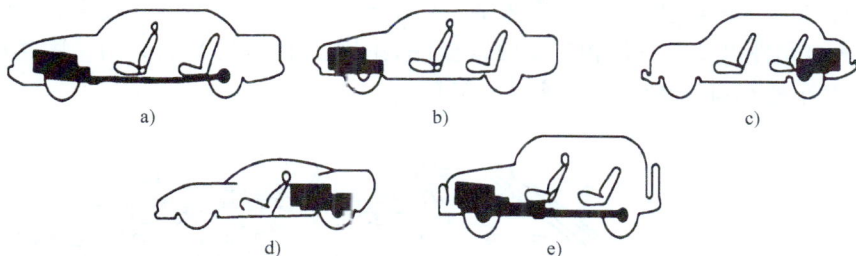

图 2-4 汽车发动机的布置形式

a）FR式 b）FF式 c）RR式 d）MR式 e）4WD式

二、底盘

汽车底盘是汽车装配与行驶的基体，其作用是支承及安装发动机、车身及汽车的其他总成及部件，形成汽车的整体，并接收发动机输出的动力，以保障汽车按驾驶人的操纵正常行驶。汽车底盘由传动系统、行驶系统、转向系统和制动系统组成，如图2-5所示。

（1）传动系统 传动系统主要由离合器、变速器、万向节、传动轴和驱动桥等组成。传动系统的功用是将发动机的动力传递到驱动车轮，同时具有减速、变速、倒车、中断动力、轮间差速和轴间差速等功能。传动系统与发动机配合工作，保证汽车在各种工况条件下的正常行驶，应具有良好的动力性和经济性。

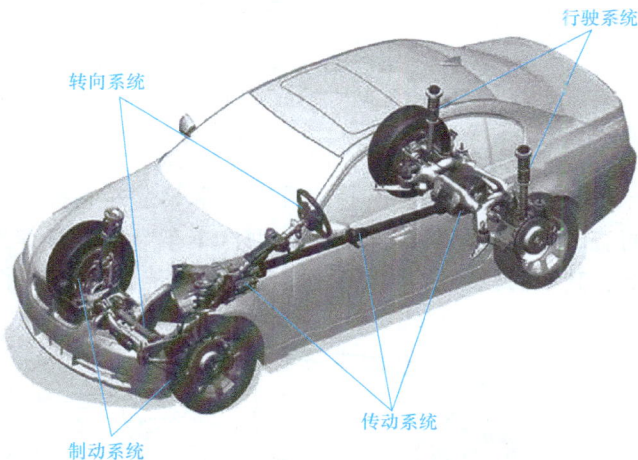

图 2-5 汽车底盘组成

（2）行驶系统 行驶系统一般由车架（或车身）、悬架、车桥（转向桥、驱动桥）和车轮等组成。行驶系统的功用是接收传动系统的动力，通过驱动轮与路面的作用产生牵引力，使汽车正常行驶；承受汽车的总重量和地面的反力；缓和不平路面对车身造成的冲击，衰减汽车行驶中的振动，保持行驶的平顺性与稳定性。

（3）转向系统 转向系统主要由转向操纵机构、转向器、转向传动机构组成。转向系统的功用是保证汽车能够按照驾驶人选定的方向行驶，并保持汽车直线行驶的稳定性。

（4）制动系统 制动系统一般包括行车制动系统和驻车制动系统两套相对独立的制动系统，每套制动系统都包括制动器和制动传动机构。现代汽车的行车制动系统一般都装配有

防抱死制动系统。制动系统的主要功用是使汽车减速、停车并能保证可靠地驻停。

三、车身

汽车车身总成结构主要包括车身壳体（白车身）、车身钣金件和覆盖件、车身内外装饰件、车身附件以及车身内部的通风、暖气、冷气、空气调节装置、缓冲和包垫装置等。

（1）车身壳体（白车身）　车身壳体是一切车身部件的安装基础，通常是指纵、横梁和支柱等主要承力元件以及与它们相连接的钣金件共同组成的刚性空间结构。图 2-6 所示为桑塔纳 2000 型汽车的车身壳体结构（承载式车身）。

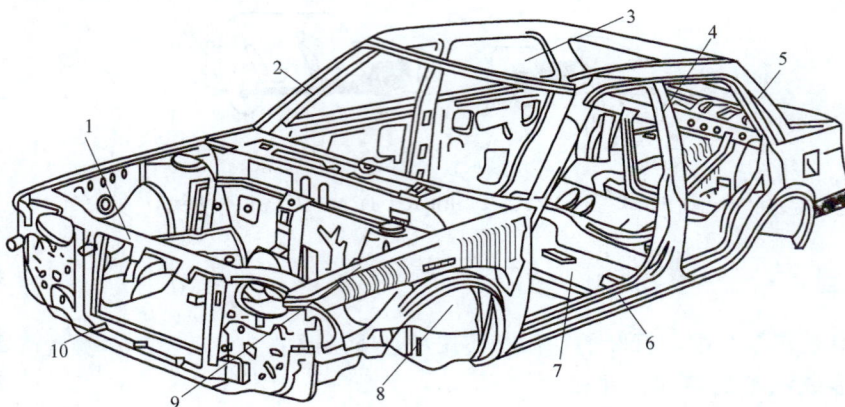

图 2-6　桑塔纳 2000 型汽车的车身壳体结构（承载式车身）

1—散热器支架　2—前柱　3—顶盖　4—中柱　5—后柱　6—门槛　7—地板　8—车轮挡泥罩
9—前翼板　10—前裙板

（2）车身钣金件和覆盖件　车身钣金件和覆盖件形成了容纳发动机、车轮等部件的空间。图 2-7 所示为桑塔纳 2000 型汽车车身钣金件和覆盖件。车门通过铰链安装在车身壳体上，其结构较复杂，是保证车身使用性能的重要部件。

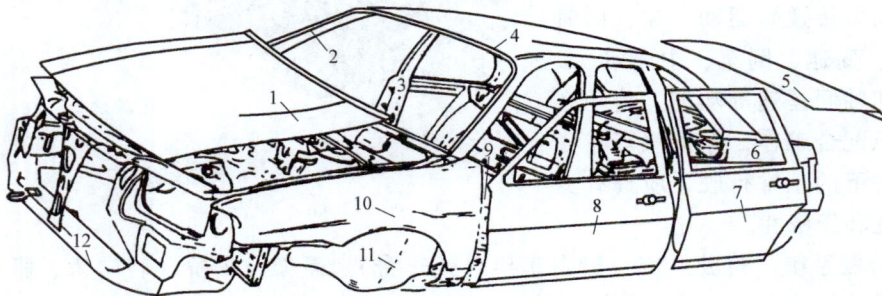

图 2-7　桑塔纳 2000 型汽车车身钣金件和覆盖件

1—发动机罩　2—前柱　3—中柱　4—顶盖　5—行李舱盖　6—后翼子板　7—后车门
8—前车门　9—地板　10—前翼子板　11—挡泥板　12—前围

（3）车身外部装饰件　车身外部装饰件主要是指装饰条、车轮罩护条、保险杠、外后视镜等。图 2-8 所示为桑塔纳 2000 型汽车的外饰件。

（4）车身内部装饰件　车身内部装饰件包括仪表板、顶篷、侧壁、座椅等表面覆饰物，

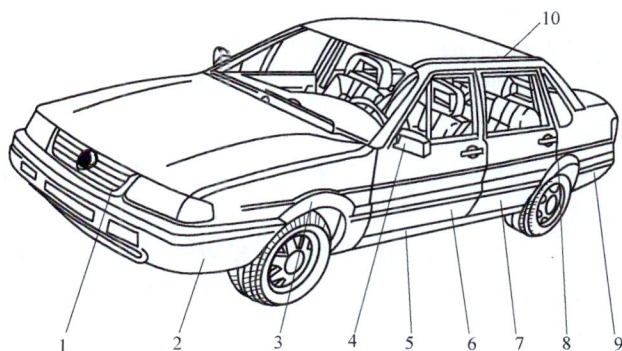

图 2-8 桑塔纳 2000 型汽车的外饰件

1—散热器格栅 2—前保险杠 3—前轮罩护条 4—外后视镜 5—门槛外饰板 6—前车门防护饰板
7—后车门防护饰板 8—后轮罩护条 9—后保险杠 10—车顶装饰条

以及窗帘和地毯。

（5）车身附件 车身附件包括门锁、门铰链、玻璃升降器、各种密封件、风窗刮水器、风窗洗涤器、遮阳板、后视镜、拉手、点烟器、烟灰盒等。

（6）车身内部的通风、暖气、冷气、空气调节装置 这些装置是维持车内正常环境、保证驾驶人和乘员安全舒适的重要装置。

（7）缓冲和包垫装置 为保证行车安全，现在汽车上广泛采用对乘员施加约束的安全带、头枕、安全气囊以及汽车碰撞时防止乘员受伤的各种缓冲和包垫装置。

四、电气设备

汽车电气设备主要包括电源系统、起动系统、点火系统、照明系统、仪表系统、信号系统和辅助用电设备，其分布与组成如图 2-9 所示。

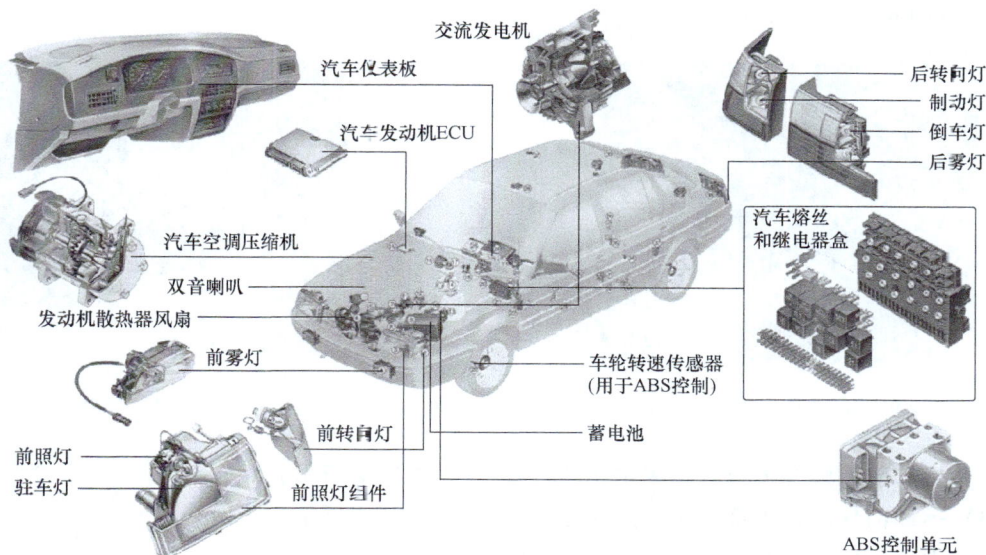

图 2-9 汽车电气设备分布与组成

（1）电源系统　包括蓄电池、交流发电机及电压调节器。

（2）起动系统　包括直流起动机和进气预热装置。

（3）点火系统　包括点火开关、点火线圈、分电器（AJR发动机无）、霍尔式传感器、点火控制器和火花塞等。

（4）照明系统　包括前照灯、雾灯、牌照灯、顶灯、阅读灯、仪表板照明灯、行李舱灯、门灯和发动机舱照明灯等。

（5）仪表系统　包括车速里程表、燃油表、冷却液温度表和发动机转速表等。

（6）信号系统　包括音响信号和灯光信号装置，制动信号灯、转向信号灯、倒车信号灯以及各种警告指示灯等。

（7）辅助用电设备　包括电动玻璃升降器、中央集控门锁、电动后视镜、风窗刮水器、洗涤器、电喇叭和点烟器等。

技能操作

一、准备工作及注意事项

1. 准备好常用拆装工具若干套。
2. 准备好实训车辆若干辆。
3. 准备好举升机若干台。
4. 准备好清洁工具。
5. 工作过程中应注意安全及环保工作是否到位。

二、帕萨特汽车前、后保险杠的拆装

1. 帕萨特汽车前保险杠的拆装

1）拆卸散热器格栅上部3个固定螺栓（沿图2-10中箭头A所示方向），并拆卸散热器格栅（沿图2-10中箭头B所示方向）。

图2-10　拆卸散热器格栅固定螺栓

图2-11　拆卸保险杠上部螺栓

2）拆卸前保险杠上部4个固定螺栓（图2-11中箭头所示）。

3）拆卸前保险杠下部3个固定螺栓（图2-12中箭头所示）。

4）拆卸前保险杠与前轮罩的3个联接螺栓（图2-13中箭头所示）。

5）脱开前照灯清洗装置软管（沿图2-14中箭头A方向），脱开前雾灯插头（沿图2-14

中箭头 B 方向）。

图 2-12　拆卸保险杠下部螺栓　　图 2-13　拆卸前保险杠与前轮罩螺栓　　图 2-14　脱开软管和雾灯插头

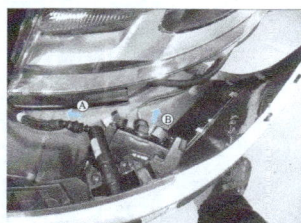

2. 帕萨特汽车后保险杠的拆装

1）打开六碟 CD 内饰盖（左侧），其位置如图 2-15 所示。

2）拆卸车身左侧内饰板 1 个固定螺钉（图 2-16 中箭头所示）。

图 2-15　CD 内饰盖位置

图 2-16　拆卸车身左侧内饰板固定螺钉

3）使用套筒拆卸尾灯安装螺母（图 2-17 中箭头 B 所示）。

4）拆卸尾灯的 4 个固定螺母（图 2-18 中箭头 A 所示）；拔下尾灯电插头（如图 2-18 箭头 B 所示）。

图 2-17　拆卸尾灯安装螺母

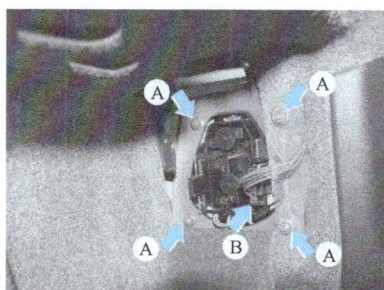

图 2-18　拔下尾灯电插头

5）拆卸尾灯连接插头（图 2-19 中箭头所示）。

6）拆卸后保险杠左侧上部 2 个固定螺栓（图 2-20 中箭头所示）。

7）拆卸后保险杠与轮罩的 3 个固定螺栓（图 2-21 中箭头所示）。

8）拆卸后保险杠底部 3 个固定螺栓（图 2-22 中箭头所示）。

9）拆卸后雾灯联接螺栓（图 2-23 中箭头所示）。

10）拔下驻车辅助传感器插头（4 个，2 个未示出），如图 2-24 中箭头所示。

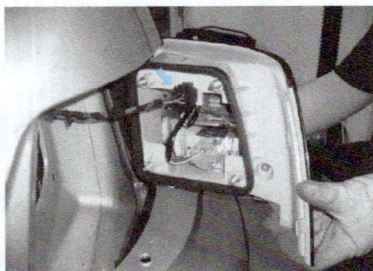

图 2-19　拆卸尾灯连接插头

图 2-20　拆卸后保险杠左侧上部固定螺栓

图 2-21　拆卸后保险杠与轮罩固定螺栓

图 2-22　拆卸后保险杠底部固定螺栓

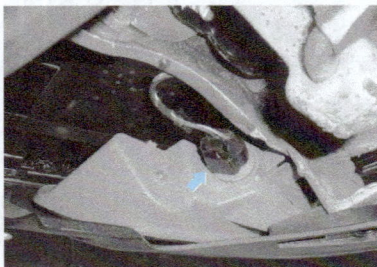

图 2-23　拆卸后雾灯联接螺栓

图 2-24　拔下驻车辅助传感器插头

技能拓展

一、桑塔纳汽车前保险杠的拆装

1）拆卸前车牌上的 4 个铆钉，取下前车牌（图 2-25）。

2）拆卸进气格栅上的固定螺钉（图 2-26）。

图 2-25　拆卸前车牌

图 2-26　拆卸进气格栅上固定螺钉

3）取下进气格栅，拆卸前保险杠上方的 3 个紧固螺钉（图 2-27）。

4）拆卸前翼子板下方两侧与保险杠的联接螺钉（图 2-28）。

图 2-27　拆卸前保险杠上紧固螺钉

图 2-28　拆卸前翼子板与保险杠联接螺钉

5）举升车辆，拆卸前保险杠下方与车身的联接螺钉（图 2-29）。

6）取下前保险杠（图 2-30）。

7）安装前保险杠，按与拆卸相反的顺序进行。

图 2-29　拆卸前保险杠下方与
　　　　　车身联接螺钉

图 2-30　取下前保险杠

二、桑塔纳汽车后保险杠的拆装

1）拆卸后车牌上的 4 个铆钉，取下后车牌（图 2-31）。

2）拆卸后保险杠上的 2 个扣板（图 2-32）。

3）拆卸后保险杠上的联接螺钉（图 2-33）。

4）拆卸牌照灯上的固定螺钉，取下后牌照灯（图 2-34）。

5）拆卸后牌照灯盒内的联接螺钉（图 2-35）。

6）拆卸后翼子板下方两侧与保险杠的联接螺钉（图 2-36）。

图 2-31　拆卸后车牌

图 2-32　拆卸后保险杠扣板

图 2-33　拆卸后保险杠上的联接螺钉

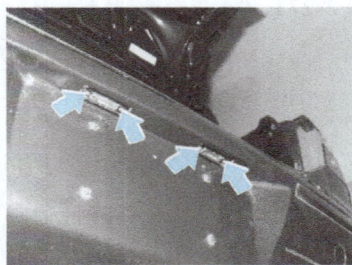

图 2-34　拆卸牌照灯上的
固定螺钉

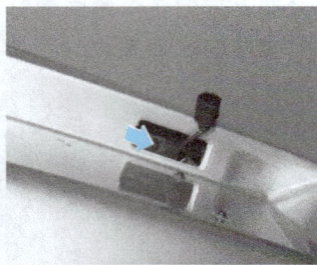

图 2-35　拆卸后牌照灯盒内的
联接螺钉

图 2-36　拆卸后翼子板与
保险杠的联接螺钉

7）举升车辆，拆卸后保险杠下方与车身的联接螺钉（图 2-37）。

8）取下后保险杠（图 2-38）。

9）安装后保险杠，按与拆卸相反的顺序进行。

图 2-37　拆卸后保险杠下方与车身的联接螺钉

图 2-38　取下后保险杠

项目 3　汽车车门内饰板的拆装

项目要求

1. 熟悉汽车内饰件的组成及各组成部分的位置。
2. 能通过与客户交流、查阅相关维修技术资料等方式获得车辆信息。
3. 掌握汽车车门内饰板的拆装方法。
4. 能对操作结果进行测试，检查和评估其修复质量。
5. 能根据环境要求，妥善处理辅料、废弃液体和损坏的零件。

项目载体

一辆帕萨特汽车车窗电动玻璃升降器不工作。

车窗电动玻璃升降器、电动机等部件都安装在车门内，在检查和维修或更换时，首先需拆卸车门内护板。此外，汽车的电路线束大部分隐藏在内饰件下，在进行维修检查时首先需熟练掌握汽车内饰件的拆装方法。

汽车内饰件包括仪表板、车门内饰板、座椅、转向盘、顶篷、后围护板、地垫等。

1. 仪表板

仪表板也称仪表盘，是汽车上的主要内饰件。它壁薄、体积大，上面开有很多方孔、圆孔等仪表孔，结构形状十分复杂。仪表板上装有各种仪表及指示、显示和警告装置等，这些都是驾驶人在操作时注视最频繁的部分，也是车身饰件中造型设计难度较高、生产工艺较复杂、融功能性和装饰性为一体的复杂部件。图 3-1 所示为桑塔纳 2000 型汽车的仪表板总成。

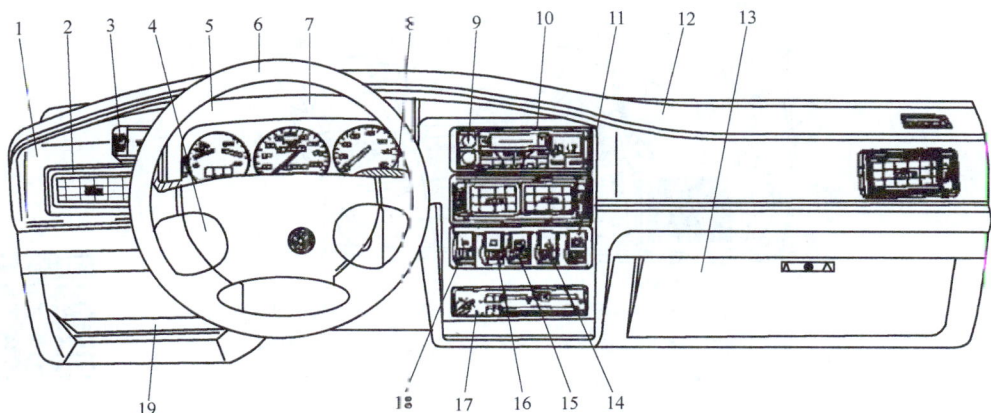

图 3-1　桑塔纳 2000 型汽车的仪表板总成

1—左黑色饰板　2—通风口　3—灯光和仪表开关　4—喇叭按钮　5—中黑色饰板　6—转向盘　7—组合仪表
8—组合开关　9—收放机　10—右黑色饰板　11—ABS 指示灯　12—仪表板本体　13—杂物箱　14—防盗器警告指示灯
15—警告闪光开关　16—后风窗加热开关　17—空调开关及温度调节控制　18—雾灯开关　19—小杂物箱

在右黑色饰板的下部连接了中央副仪表板，在通道的后半段还增加了中央延长饰板（图 3-2）。

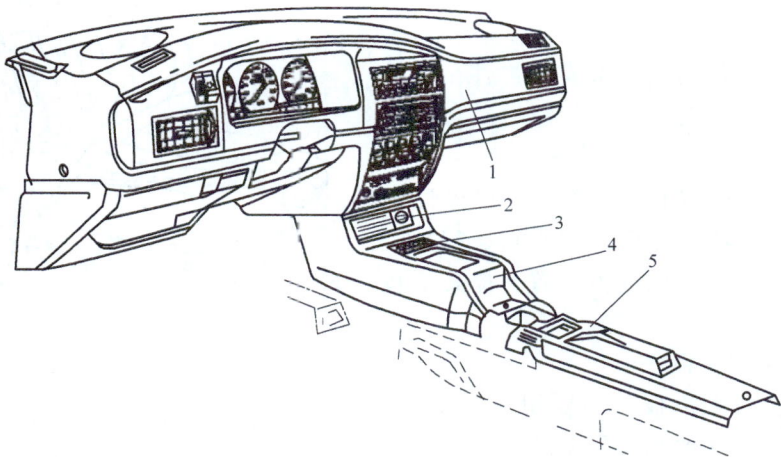

图 3-2　桑塔纳 2000 型汽车的中央副仪表板和延长饰板

1—仪表板总成　2—点烟器和烟灰缸　3—车门玻璃升降开关　4—中央副仪表板　5—中央延长饰板

2. 车门内饰板

车门内饰板占据了驾驶室内左、右两个侧面，是汽车内饰中重要的功能件和内饰件，使用十分频繁。车门内饰板上装有门锁内手柄、门锁开启按钮、玻璃升降手柄、扶手、杂物袋、扬声器等，内饰板对肘部活动空间有直接影响。许多仪表板控制件和座椅的扶手都布置在车门内饰板上。图 3-3 所示为桑塔纳 2000 型汽车右前车门的结构。

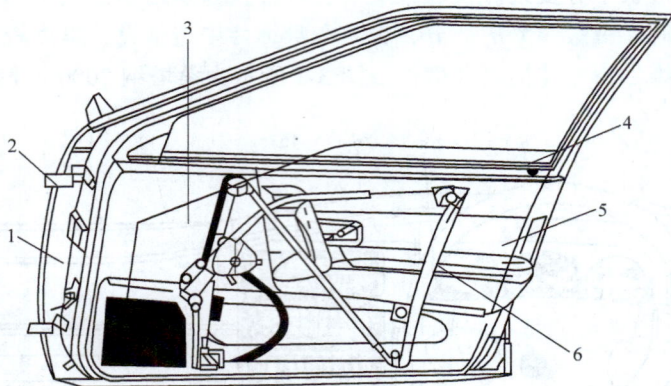

图 3-3　桑塔纳 2000 型汽车右前车门的结构

1—前车门焊接总成　2—铰链　3—玻璃　4—前门锁定按钮
5—前门内饰件　6—双导轨电动玻璃升降器

汽车座椅的
拆卸

3. 座椅

汽车座椅是保证驾驶和乘坐舒适性的重要部件，由头枕、座椅软垫、座椅骨架等组成。图 3-4 所示为桑塔纳 2000 型汽车前座椅的结构，每个座椅均有"面包圈"式可调节装置的头枕，座椅具有可调节装置，保障驾驶操纵和乘坐的舒适性。

4. 转向盘

转向盘既是操作功能件又是装饰件，一般由盘毂、圆周和盘辐及附件等组成，集合多种功能，一般在其上布置有一些操控件和按钮（图 3-5）。转向盘内装有安全气囊，以保证汽车的被动安全性。转向盘尺寸不宜过大或过小，一般新型汽车中配备转向助力装置，提高了转向操作的舒适性。

5. 顶篷、后围护板

车内顶篷、后围护板（主要用于商用车）是内饰件中材料和品种花样最多的一种复合层压制品。它除了起装饰作用外，还有隔热、隔声等功能（图 3-6）。

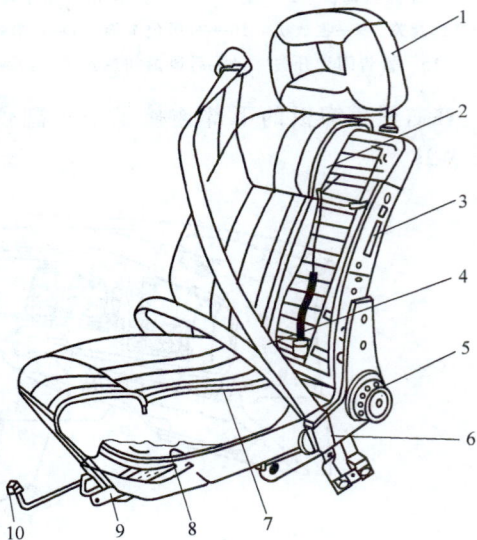

图 3-4　桑塔纳 2000 型汽车前座椅的结构

1—头枕和可调装置　2—靠背软垫　3—座椅骨架
4—安全带　5—调节钮　6—安全带锁扣
7—座椅软垫　8—座盆支架
9—前后调节机构　10—手柄

图 3-5　桑塔纳 2000 型汽车转向盘

图 3-6　汽车顶篷

6. 地垫

地垫对于汽车来说主要有装饰、勾污、防滑等作用，以美观、漂亮为本。汽车中的地垫一般都采用美观、漂亮的复合成形垫，如橡胶、PVC、毛、麻类（图 3-7）。

图 3-7　汽车整体地垫

⚙ 技能操作

一、准备工作及注意事项

1. 准备好常用拆装工具若干套。
2. 准备好实训车若干辆。
3. 准备好举升机若干台。
4. 准备好清洁工具。
5. 工作过程中应注意安全及环保工作是否到位。

二、汽车车门内饰板的拆装

帕萨特领驭汽车左前门内饰板的拆卸步骤如下：

1）断开蓄电池搭铁线。

2）在车门饰板的工作区域贴上保护胶带，可以使用塑料板作为支撑，使用一字螺钉旋具拆卸把手饰板，如图 3-8 中箭头所示。

3）拆卸车门饰板把手内的 2 个固定螺栓，如图 3-9 中箭头所示。

4）拆卸车门饰板下部的 1 个固定螺栓，如图 3-10 中箭头所示。

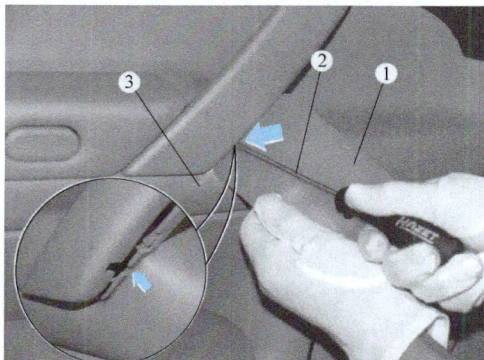

图 3-8　拆卸把手饰板

1—塑料板　2——字螺钉旋具　3—保护胶带

图 3-9　拆卸车门饰板把手螺栓

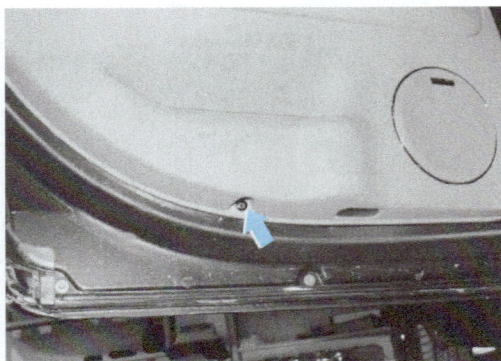

图 3-10　拆卸车门饰板下部固定螺栓

5）使用专用工具拆卸钳 3392 拧松车门饰板，如图 3-11 所示。

6）将车门内饰板按图 3-12 中箭头方向从窗框密封条上揭起。

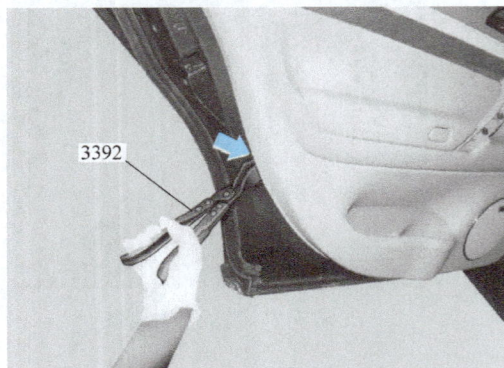

图 3-11　拧松车门饰板

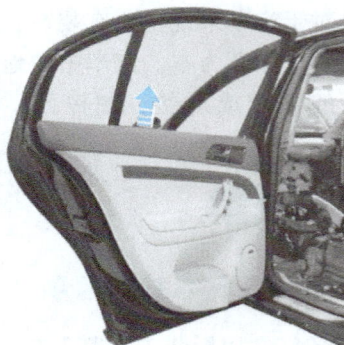

图 3-12　揭起车门内饰板

7）沿图 3-13 中箭头 A 的方向向后拉动拉索，使拉索上的卡钩与车门内操控机构松开，拆卸拉钩。

8）分别脱开车门把手照明插头（图 3-14 中箭头 A 所示）、车窗玻璃升降器开关插头（图 3-14 中箭头 B 所示）和高音扬声器插头（图 3-14 中箭头 C 所示）。

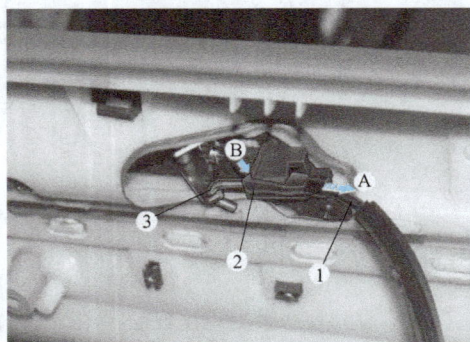

图 3-13　拆卸车门拉钩

1—拉索　2—卡钩　3—拉钩

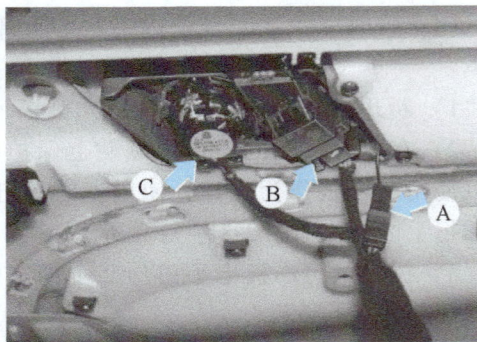

图 3-14　脱开车门把手照明、车窗玻璃
升降器开关、高音扬声器插头

9）拆卸储物箱排水管（图 3-15 中箭头 A 所示），脱开登车照明灯插头，（图 3-15 中箭头 B 所示）。图 3-16 所示为拆卸车门饰板后的车门。

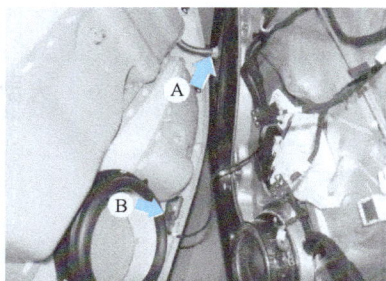

图 3-15 拆卸储物箱排水管及断开等车照明灯电气

图 3-16 拆卸车门饰板后的车门

10）安装左前车门内饰板，按与拆卸相反的顺序进行。

技能拓展

认识车辆识别代号（VIN）

1. 车辆识别代号（VIN）的意义和作用

1）车辆管理：登记注册、信息化管理的关键字。

2）车辆检测：用于年检和排放检测。

3）车辆防盗：可识别车辆和零部件，可入盗抢数据库。

4）车辆维修：用于诊断、计算机匹配、配件订购、客户关系管理。

5）二手车交易：可查询车辆历史信息。

6）汽车召回：含年代、车型、批次和数量信息。

7）车辆保险：用于保险登记、理赔、浮动费率的信息查询。

2. 车辆识别代号（VIN）详解

VIN 由 17 位字母、数字组成，又称 17 位识别代码，是全世界识别车辆唯一准确的"身份证"。它包含着车辆生产国家、生产厂家、生产日期及技术参数等诸多相关车辆的信息，具有唯一性、规律性和可检索性。图 3-17 所示为 VIN 的组成。

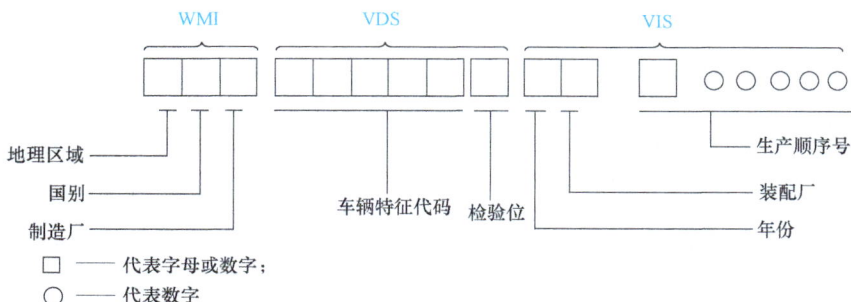

图 3-17 VIN 的组成

1～3 位是世界制造厂识别代号（WMI）；4～9 位是车辆说明部分（VDS）；10～17 是车辆指示部分（VIS）。

举例：LSVFA49J732045131。LSV 是厂家代码，F 是车辆品牌/类型，A 是车身类型，4是车身系列，9 是约束系统/制动系统，J 是发动机类型/驱动形式，7 是检验位，3 是年份，2 是装配厂，后边 6 位是生产序列号。

VIN 一般以标牌的形式贴在汽车的不同部位。VIN 一般应位于仪表板上，也可能固定在车辆门铰链柱、门锁柱或与门锁柱接合的柱子上等接近于驾驶人员座位的地方。大型客车、货车的 VIN 可能贴在整车底盘等地方。

模块 2

汽车发动机的拆装与调整

项目 4　发动机总成的拆装

项目要求

1. 熟悉汽油发动机构造及各组成部分的位置。
2. 能通过与客户交流、查阅相关维修技术资料等方式获得车辆信息。
3. 掌握发动机总成的拆装方法。
4. 能对操作结果进行测试，检查和评估其修复质量。
5. 能根据环境要求，妥善处理辅料、废弃液体和损坏的零件。

项目载体

　　一辆桑塔纳汽车行驶中发动机出现异响，初步判断曲轴轴瓦烧损、曲轴严重磨损，需进行发动机大修，首先需要吊出发动机总成。

　　一般情况下，以下两种情况需要吊出发动机总成：一是发动机在事故中严重损毁；二是发动机出现故障需要大修，排除少部分可以在车辆上作业的大修作业，大部分大修作业需要将发动机总成从车辆上拆卸下来。检修完毕后，需要按照正确的方法装复发动机总成。

相关知识

一、汽车发动机的类型

　　汽车用发动机是汽车的"心脏"，是汽车的动力源。汽车发动机一般是内燃机，即将液体燃料或气体燃料和空气混合后输入机器内部或者直接输入机器内部燃烧产生热能，热能再转变为机械能。内燃机具有热效率高、结构紧凑、体积小、质量小和容易起动等优点，因而广泛用做汽车发动机。汽车发动机可根据不同的分类方法进行分类。

　　1）按活塞运动方式的不同，汽车发动机可分为活塞在气缸内做往复直线运动的往复活塞式发动机和活塞在气缸内做旋转运动的转子式发动机。

　　2）按所用燃料不同，活塞式发动机主要分为汽油机、柴油机和气体燃料发动机。使用汽油的内燃机称为汽油机，使用柴油的内燃机称为柴油机。汽油机和柴油机各有特点。汽油机转速高、质量小、噪声小、容易起动、制造成本低；柴油机压缩比大，热效率高，经济性

能和排放性能较好。使用天然气、液化石油气（LPG）和其他气体燃料的活塞式发动机称为气体燃料发动机。

3）按完成一个工作循环所需的行程数不同，发动机可分为四冲程发动机和二冲程发动机。曲轴旋转两圈（720°），活塞在气缸内上下往复运动4个行程，完成一个工作循环的发动机称为四冲程发动机；曲轴旋转一圈（360°），活塞在气缸内上下往复运动两个行程，完成一个工作循环的发动机称为二冲程发动机。汽车发动机广泛使用四冲程发动机。

4）按冷却方式的不同，活塞式发动机分为水冷式发动机和风冷式发动机。水冷式发动机是利用冷却液作为冷却介质进行冷却的；风冷式发动机是利用流动于气缸体与气缸盖外表面散热片之间的空气作为冷却介质进行冷却的。水冷式发动机冷却均匀，工作可靠，冷却效果好，被广泛应用于现代车用发动机。

5）按气缸数目的不同，发动机可以分为单缸发动机和多缸发动机。仅有一个气缸的发动机称为单缸发动机；有两个及以上气缸的发动机称为多缸发动机，如两缸、三缸、四缸、六缸、八缸、十二缸发动机等都是多缸发动机。在同等缸径下，通常缸数越多排量越大，功率越高；在发动机排量相同的情况下，缸数越多，缸径越小，发动机转速就可以越高，从而获得较大的功率。

6）按气缸排列方式的不同，发动机可分为单列式和双列式。单列式发动机的各个气缸排成一列，一般是垂直布置的，但为了降低高度，可把气缸布置成倾斜的甚至水平的；双列式发动机把气缸排成两列，两列之间的夹角小于180°（一般为90°）时称为V形发动机，两列之间的夹角等于180°时称为对置式发动机。

7）按进气状态不同，发动机可分为增压式发动机和自然吸气式（非增压式）发动机。若进气是在接近大气压状态下进行的，则为自然吸气式发动机；利用增压器将进气压力增大，进气密度增大的，则为增压式发动机。增压可以提高发动机功率。

目前，应用最广、数量最多的汽车发动机为四冲程往复活塞式发动机。

二、汽车发动机的总体构造

汽油机通常由两大机构、五大系统组成，而柴油机由两大机构、四大系统组成。两大机构是指曲柄连杆机构和配气机构，五大系统是指燃料供给系统（包括燃油供给系统、空气供给系统、排气系统和电子控制系统）、冷却系统、润滑系统、点火系统（柴油机无此系统）和起动系统。

桑塔纳2000GSi型汽车装用的是AJR发动机，是一种两气门、横流扫气的汽油发动机。AJR发动机的外形如图4-1所示。AJR发动机总成正视剖视图如图4-2所示。

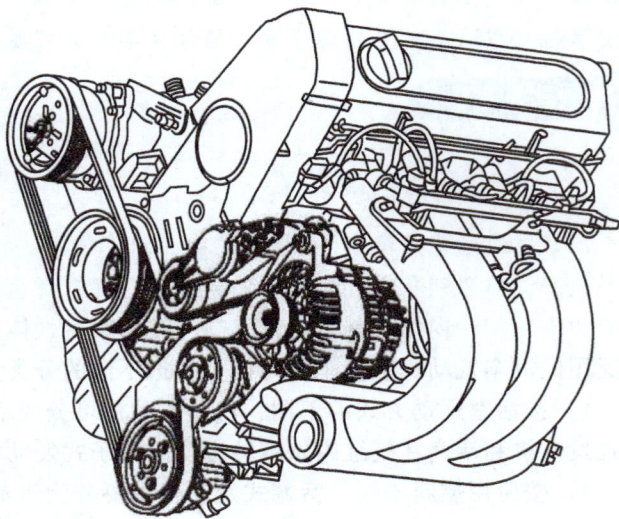

图4-1　AJR发动机的外形

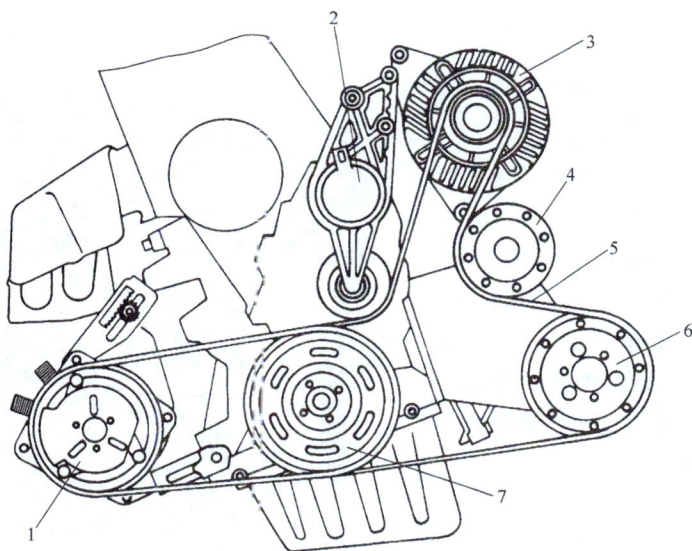

图 4-2　AJR 发动机总成正面剖视图

1—空调压缩机　2—张紧装置　3—交流发电机　4—导向轮　5—锯齿形传动带　6—动力转向盘　7—曲轴带轮

1. 曲柄连杆机构

曲柄连杆机构是发动机的主体部分，是发动机实现能量转换并将活塞的往复直线运动转变成曲轴旋转运动的核心机构。

曲柄连杆机构由机体组、活塞连杆组和曲轴飞轮组组成。机体组主要包括气缸盖罩、气缸盖、气缸垫、气缸体及油底壳等；活塞连杆组主要包括活塞、活塞环、活塞销、连杆等；曲轴飞轮组主要包括曲轴、飞轮等。曲柄连杆机构如图 4-3 所示。

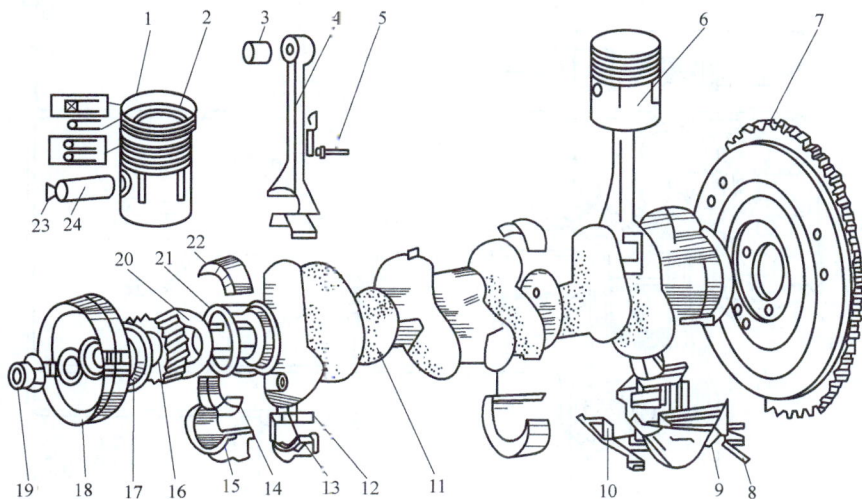

图 4-3　曲柄连杆机构

1—气环　2—油环　3—连杆衬套　4—连杆　5—连杆螺栓　6—活塞　7—飞轮　8—曲轴后主轴承盖
9—曲轴后主轴承油封座　10—螺栓扣片总成　11—曲轴　12—连杆轴瓦　13—连杆盖　14—曲轴主轴瓦
15—主轴承盖　16—曲轴齿轮　17—曲轴前挡油盘　18—曲轴带轮　19—曲轴起动爪　20、21—止动前垫圈
22—止动后垫圈　23—活塞销锁环　24—活塞销

2. 配气机构

配气机构根据发动机的工作状况，准确地控制各缸进、排气门的开启和闭合，以便及时向气缸供入混合气，并把燃烧后生成的废气从气缸中排出。

配气机构由气门组和气门传动组组成。气门组包括气门、气门座、气门导管和气门弹簧等部件；气门传动组主要包括凸轮轴、凸轮轴同步带轮、同步带、张紧轮、液压挺柱等部件。配气机构如图4-4所示。

3. 燃料供给系统

燃料供给系统提供新鲜的空气和清洁的燃油，并把两者形成的混合气（汽油机）输入气缸，同时将燃烧生成的废气净化后排入大气。电子控制汽油喷射系统主要由空气供给装置、燃油供给装置和电子控制装置组成，如图4-5所示。

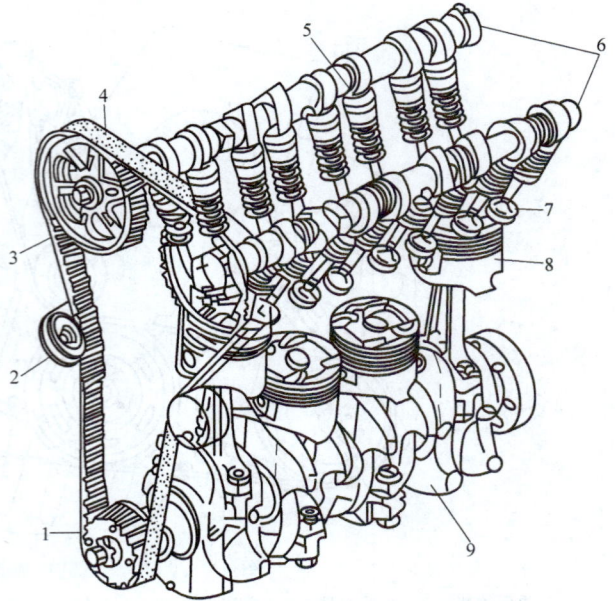

图4-4 配气机构

1—曲轴同步带轮 2—张紧轮 3—凸轮轴同步带轮
4—同步带 5—液压挺柱 6—凸轮轴 7—气门
8—活塞 9—曲轴

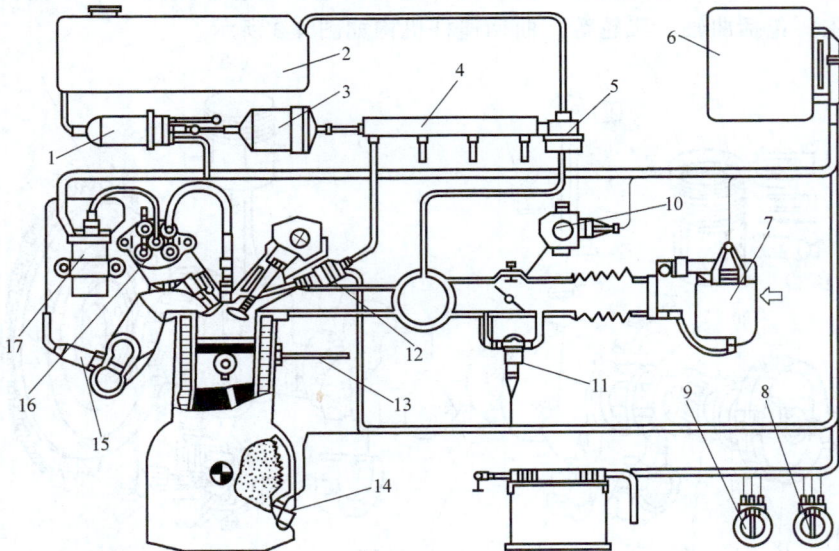

图4-5 电子控制汽油喷射系统

1—电动汽油泵 2—燃油箱 3—汽油滤清器 4—燃油分配管 5—油压调节器
6—ECU 7—空气流量计 8—空调开关 9—点火开关 10—节气门位置传感器
11—怠速空气调节器 12—喷油器 13—温度传感器 14—曲轴位置传感器
15—氧传感器 16—分电器 17—点火线圈

4. 冷却系统

冷却系统通过冷却介质把受热机体的热量散发到大气中去，以保证发动机在最佳工作温度下正常工作。其主要由水泵、散热器、风扇、节温器、水套、分水管等组成，如图4-6所示。

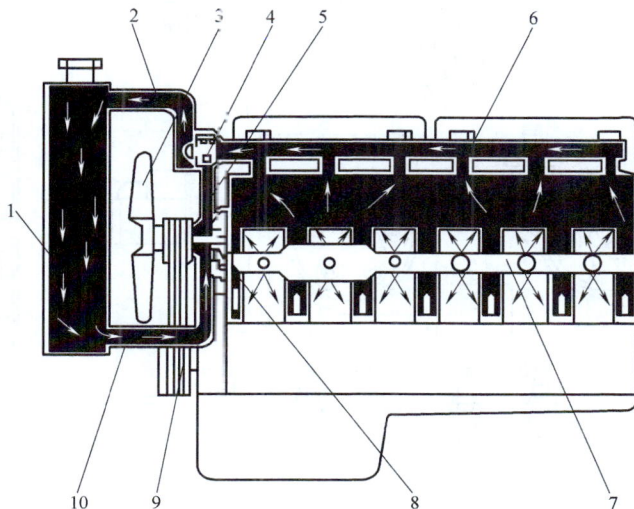

图4-6 冷却系统

1—散热器 2—上水管 3—风扇 4—节温器 5—旁通道
6—水套 7—分水管 8—水泵 9—风扇传动带 10—下水管

5. 润滑系统

润滑系统将一定压力的润滑油（机油）输送到运动副的表面，从而减轻机件的磨损，延长发动机的使用寿命。其主要由机油泵、机油滤清器、集滤器、油底壳、安全阀、旁道阀等组成，如图4-7所示。

6. 点火系统

点火系统利用产生的高压电火花，通过火花塞定时点燃气缸中被压缩的可燃混合气（汽油机）。传统点火系统主要由蓄电池、起动机、点火线圈、分电器、火花塞、点火开关等组成，如图4-8所示。

7. 起动系统

发动机由起动机带动曲轴运转，由相对静止转入自行运转状态，当发动机正常工作后，起动机不再起作用。起动系统主要由起动机及其附属装置组成，如图4-9所示。

三、汽车发动机的基本术语

发动机的基本术语和参数如图4-10所示。

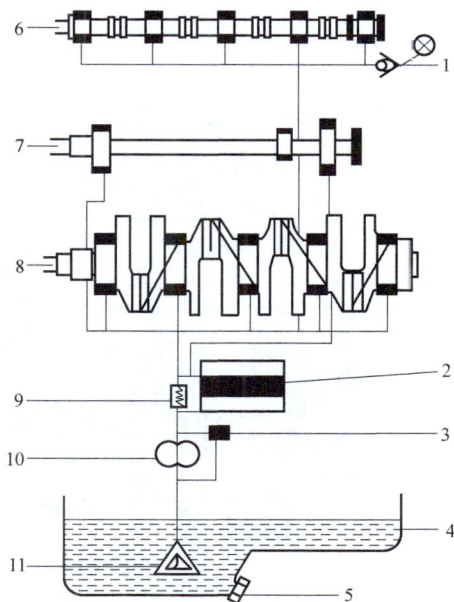

图4-7 润滑系统

1—低压报警开关 2—机油滤清器 3—安全阀
4—油底壳 5—放油螺塞 6—凸轮轴
7—中间轴 8—曲轴 9—旁通阀
10—机油泵 11—集滤器

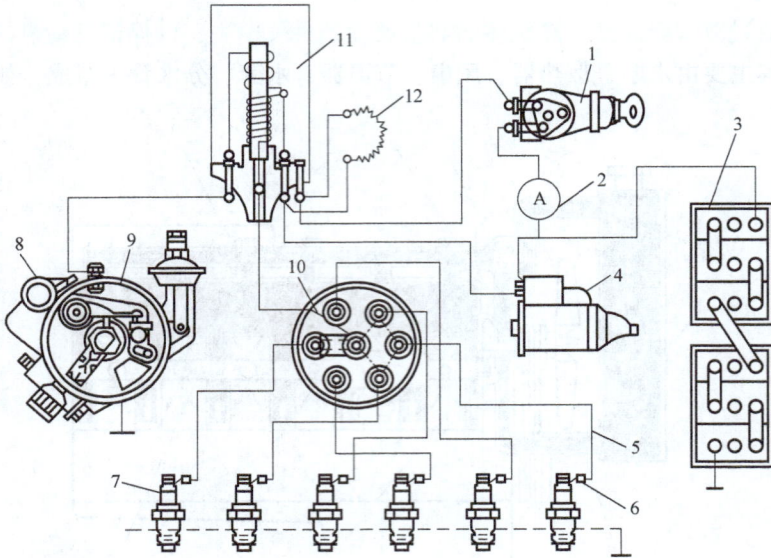

图 4-8　传统点火系统

1—点火开关　2—电流表　3—蓄电池　4—起动机　5—高压导线
6—阻尼电阻　7—火花塞　8—电容器　9—断电器　10—分电器
11—点火线圈　12—附加电阻

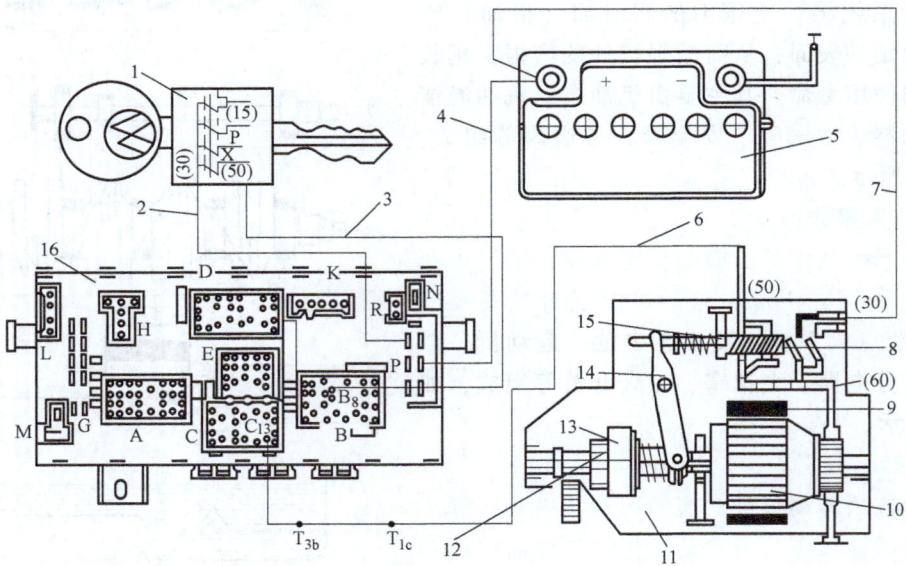

图 4-9　起动系统

1—点火开关　2、4—导线（红线）　3、6—导线（红/黑线）　5—蓄电池　7—导线（黑线）
8—电磁开关　9—定子　10—转子　11—起动机总成　12—小齿轮　13—滚柱单向离合器
14—传动叉　15—回位弹簧　16—中央电气装置电路板

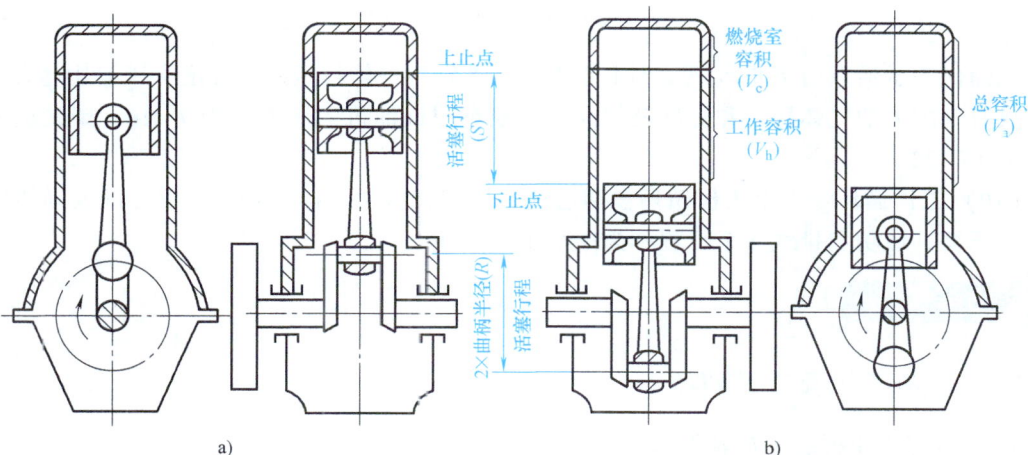

图 4-10　发动机的基本术语和参数

a）活塞在上止点位置　　b）活塞在下止点位置

（1）上止点　活塞在气缸内做往复直线运动时，活塞向上运动到的最高位置，即活塞顶面距离曲轴回转中心最远的极限位置，称为上止点。

（2）下止点　活塞在气缸内做往复直线运动时，活塞向下运动到的最低位置，即活塞顶面距离曲轴回转中心最近的极限位置，称为下止点。

（3）活塞行程 S（mm）　活塞从一个止点到另一个止点移动的距离，即上、下止点之间的距离称为活塞行程，一般用 S 表示。完成一个活塞行程，曲轴旋转 180°。

（4）曲柄半径 R（mm）　曲轴主轴颈中心线到连杆轴颈中心线的垂直距离称为曲柄半径，一般用 R 表示。通常活塞行程为曲柄半径的两倍，即 $S=2R$。

（5）气缸工作容积 V_h（L）　活塞从一个止点到另一个止点所扫过的容积，称为气缸工作容积，一般用 V_h 表示。其计算式为

$$V_h = \frac{\pi}{4}D^2 S \times 10^{-6} \tag{4-1}$$

式中　D——气缸直径，单位为 mm；

S——活塞行程，单位为 mm。

（6）燃烧室容积 V_c（L）　活塞位于上止点时，活塞顶面上方的空间为燃烧室，它的容积称为燃烧室容积，一般用 V_c 表示。

（7）发动机排量 V_L（L）　多缸发动机所有工作容积之和称为发动机排量，一般用 V_L 表示。设发动机的气缸数为 i，则

$$V_L = V_h i \tag{4-2}$$

（8）气缸总容积 V_a（L）　活塞位于下止点时，活塞顶面上方的容积称为气缸总容积，一般用 V_a 表示。气缸总容积等于气缸工作容积与燃烧室容积之和，即

$$V_a = V_h + V_c \tag{4-3}$$

（9）压缩比 ε　气体压缩前的容积与气体压缩后的容积之比，即气缸总容积与燃烧室容积之比称为压缩比，一般用 ε 表示。

$$\varepsilon = \frac{V_a}{V_c} = 1 + \frac{V_h}{V_c} \qquad\qquad (4\text{-}4)$$

压缩比表示活塞由下止点运动到上止点时，气缸内气体被压缩的程度。压缩比越大，压缩完成时气缸内的气体压力和温度就越高。一般车用汽油机的压缩比为 7～10，柴油机的压缩比为 15～22。

（10）工作循环　一个工作循环包括进气、压缩、做功、排气 4 个行程，即发动机完成进气、压缩、做功和排气 4 个行程称为一个工作循环。

技能操作

一、准备工作及注意事项

1. 准备好常用拆装工具若干套。
2. 准备好实训车辆若干辆。
3. 准备好举升机若干台。
4. 准备好清洁工具。
5. 工作过程中应注意安全及环保工作是否到位。

二、从汽车上拆卸发动机总成（以桑塔纳 AJR 发动机为例）

1. AJR 发动机总成的拆卸

一般在拆卸发动机前，应断开或松开所有的电缆插头，并将发动机与变速器脱离，然后从前面将发动机拆卸下来，具体的拆卸步骤如下。

1）在点火开关切断的情况下拆卸蓄电池搭铁线。

2）拆卸蓄电池。注意先向外拉出后再取下。

3）旋松蓄电池支架紧固螺栓，拆卸蓄电池支架，如图 4-11 所示。

4）在发动机下放置一个收集盘。

5）旋开膨胀水箱盖。

6）松开散热器下水管的夹箍，拔下散热器的下水管（图 4-12），放出冷却液。所抽取的冷却液必须用干净的容器予以收集，用于处理或再使用。

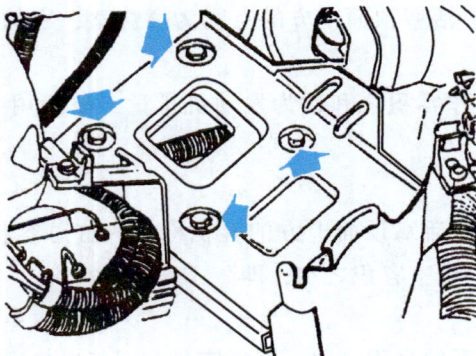

图 4-11　拆卸蓄电池支架　　　　　图 4-12　拔下散热器的下水管

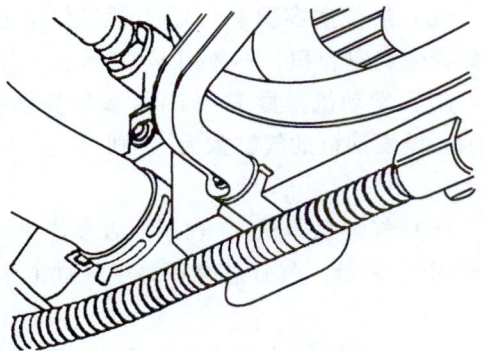

7）拔下电动冷却风扇的导线插头，如图 4-13 所示。

8）拔下散热器左侧的热敏开关插头，如图 4-14 所示。

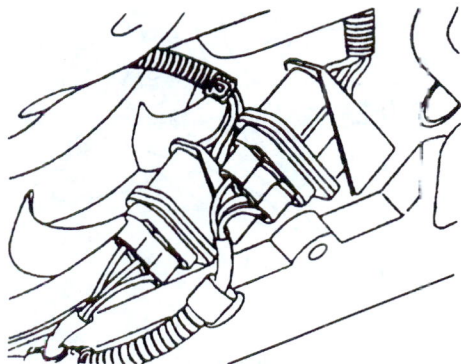

图 4-13　拔下电动冷却风扇的导线插头

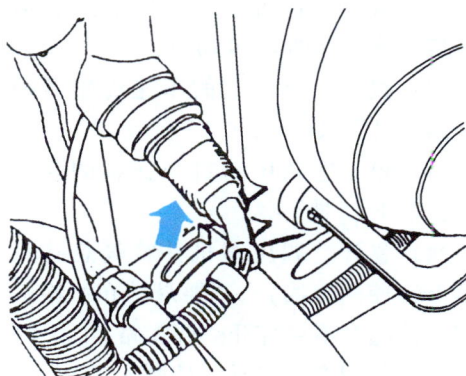

图 4-14　拔下散热器左侧的热敏开关插头

9）松开散热器上水管的夹箍，拔下散热器的上水管。

10）旋松电动冷却风扇的 4 个紧固螺栓，拆卸电动冷却风扇和散热器。

11）拔下空气流量计的导线插头，如图 4-15 所示。

12）拔下活性炭罐电磁阀（ACF 阀）的导线插头，如图 4-16 所示。

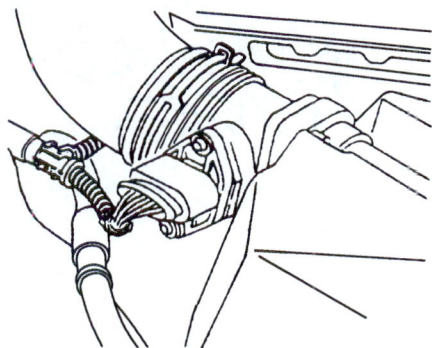

图 4-15　拔下空气流量计的导线插头

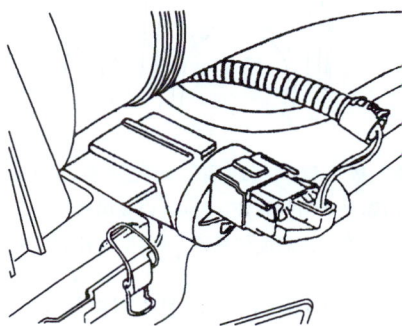

图 4-16　拔下活性炭罐电磁阀的导线插头

13）从空气滤清器上取下活性炭罐电磁阀。

14）拆卸空气滤清器至节气门控制器之间的空气管路。

15）拆卸空气滤清器罩壳。

16）拔下燃油分配管上的供油管和回油管（图 4-17）。注意：燃油系统是有压力的，在打开系统之前，先在开口处放置抹布，然后小心地松开接头以放出压力。

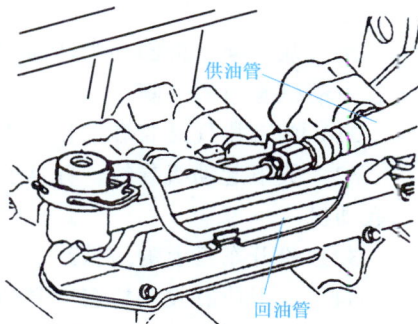

17）松开节气门拉索，如图 4-18 箭头所示。

18）拔下通向活性炭罐电磁阀的真空管（图 4-18）。

19）拔下通向制动助力装置的真空管（图 4-18）。

供油管

回油管

图 4-17　拔下供油管和回油管

20）拔下位于发动机底部通向暖风热交换器的冷却液管。

21）拔下气缸盖通向暖风热交换器的冷却液管，如图 4-19 所示。

22）拔下变速器上的车速传感器插头、倒车灯开关。

23）松开空调压缩机与支架的联接螺栓，取下 V 带。

24）移开空调压缩机并将其悬挂在副梁上（使用导线），不要悬挂在制冷剂管道上。此时不要打开空调管路。

通向活性炭罐电磁阀的真空管

通向制动助力装置的真空管

图 4-18　松开节气门拉索

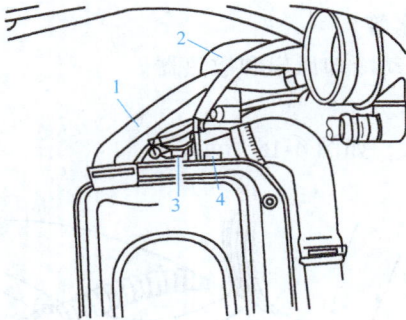

25）使用专用工具，按图 4-20 所示的方向扳动张紧轮，使传动带松开。

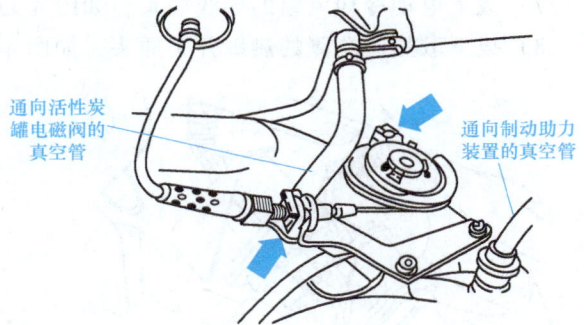

图 4-19　拔下气缸盖通向暖风热交换器的冷却液管
1—通向膨胀水箱的软管　2—通向暖风热交换器的软管
3—冷却液温度传感器　4—空调控制开关

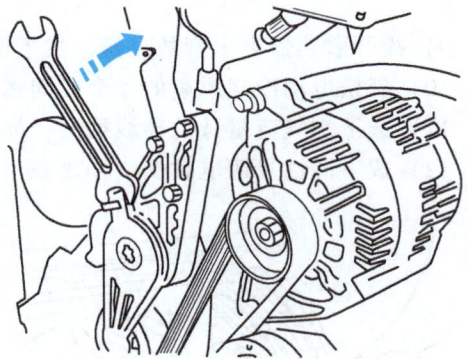

图 4-20　用专用工具扳动张紧轮

26）使用销钉 3204 固定住张紧轮。

27）从发电机上取下 V 带。

28）取下销钉 3204。

29）松开动力转向油泵的 V 带轮的螺栓，拆卸 V 带轮。

30）从支架上拆卸动力转向油泵，并将其固定在发动机舱内的一侧。

31）旋下排气歧管和前排气管的联接螺栓。

32）拔下起动机导线，并从变速器壳体上拆卸起动机。

33）松开车身上的搭铁线。

34）旋下所有发动机与车身的联接螺栓。

35）使用变速器托架托住变速器的底部，或者将支承工具 10-222A 固定在车身两侧（图 4-21），使

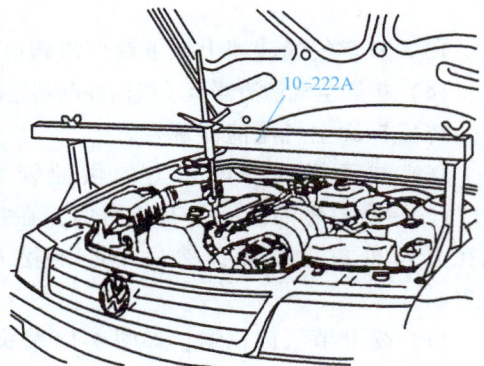

10-222A

图 4-21　安装支承工具 10-222A

用变速器吊装工具 3147 吊住变速器。

36）旋下发动机与变速器的紧固螺栓，留下一个螺栓定位。

37）使用起重机 V. A. G1202 和发动机吊架 2024A 吊住发动机的吊耳。

38）松开最后一个紧固螺栓。

39）小心地将发动机吊离发动机舱。

2. AJR 发动机总成的安装

AJR 发动机的安装按与拆卸相反的步骤进行，但是要特别注意以下几点。

1）在安装时，应检查发动机和变速器之间的定位销是否安装好。

2）更换所有的锁紧螺母。

3）更换所有已经按照拧紧力矩紧固过的螺栓。

4）更换所有密封圈和衬垫。

5）在变速器输入轴上涂薄薄的一层 G000100 润滑脂（分离轴承的导向套不必润滑）

6）必要时，检查离合器膜片各分离杠杆的同轴度。

7）检查曲轴后部滚针轴承是否安装上。

8）如果气缸盖和气缸体都没有更换，则可以使用原来排出的冷却液。

9）安装发动机支架时，摇动发动机使其安装到位。

10）调整节气门拉索，使其活动灵活。

11）在不拧紧螺栓的情况下，调整排气管。

12）当拔下电气元件插头时，会导致故障码被存储，查询故障码，必要时删除故障码。

技能拓展

帕萨特汽车 ANQ 发动机总成拆装

帕萨特汽车 ANQ 发动机编号包括发动机标识代码及生产流水号，打印在气缸体前端面链条罩盖右侧位置的气缸体上，其位置如图 4-22 所示。

1. ANQ 发动机总成拆卸

拆卸发动机时断开或切断的蓄电池搭铁线和线束插头，在安装发动机时必须安装到原位。拆卸时应将发动机与变速器分离，从前端抬下；应拆卸前保险杠；应排空冷却液，并收集在一个干净容器内，以便再次使用或处理。

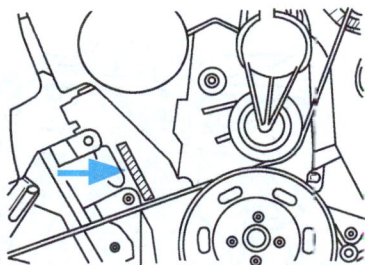

图 4-22　帕萨特汽车 ANQ
发动机编号位置

1）查取车载收音机代码；关闭点火开关，断开蓄电池搭铁线；拆卸发动机舱盖。

2）拆卸油底壳护板，如图 4-23 所示。

3）拧下散热器下端的动力转向液压油冷却蛇形管路，让它自由活动，注意不要打开液压油的回路（图 4-24）。

4）取下散热器上的堵头，将发动机冷却液放掉。散热器堵头的位置如图 4-25 所示。

5）拔下前照灯线束插头和散热器风扇区域温度传感器的线束插头，如图 4-26 所示。

6）拔下 ABS 控制单元前的防盗报警器、空调压缩机电磁离合器和喇叭的线束插头，如图 4-27 所示。

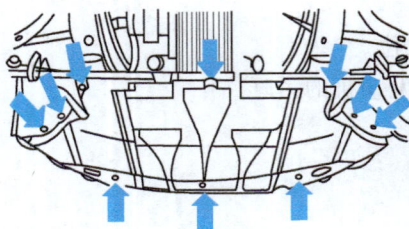

图 4-23　拆卸油底壳护板　　图 4-24　拧下动力液压油冷却管　　图 4-25　散热器堵头的位置

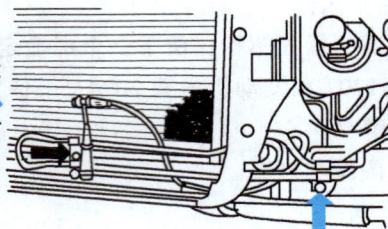

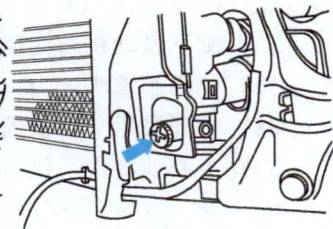

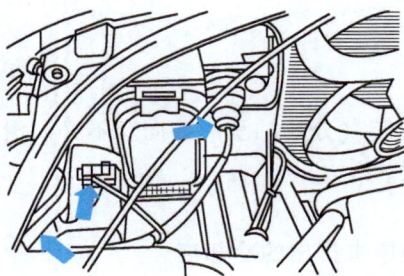

图 4-26　拔下前照灯线束插头及散热器
风扇区域温度传感器的线束插头

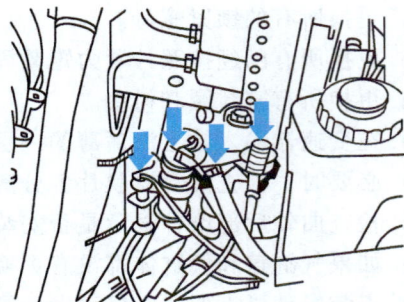

图 4-27　拔下防盗报警器、空调压缩机
电磁离合器和喇叭的线束插头

7）拔下空气流量计和燃油箱通风电磁阀线束插头，如图 4-28 所示。取下空气滤清器与节气门体之间的空气导管、空气滤清器壳体和冷却液储液罐。

8）拆卸发动机电控单元（ECU），拔掉发动机 ECU 的线束插头，如图 4-29 所示。

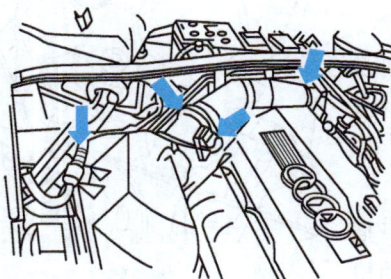

图 4-28　拔下空气流量计和
燃油箱通风电磁阀线束插头

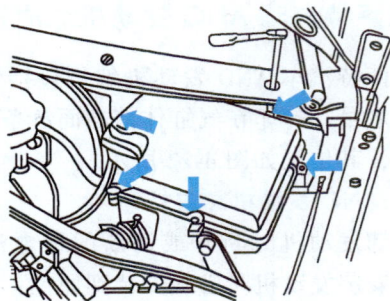

图 4-29　拔掉发动机 ECU 的线束插头

9）拆卸搭铁线和支架，如图 4-30 所示。

10）取下节气门拉索滑轮和支座处的节气门拉索，如图 4-31 所示。

11）用专用工具 3204 拆卸动力转向泵、黏液型风扇和发动机的多楔带，如图 4-32 所示。

12）拧下制冷剂管道的固定夹，拆卸空调压缩机。拧下空调压缩机多楔带张紧器的固定螺栓，拆卸空调压缩机的多楔带，如图 4-33 所示。

13）拆卸黏液型风扇带轮，如图 4-34 所示。

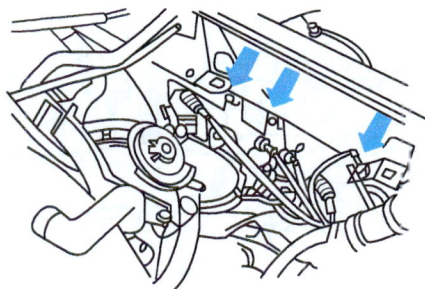

图 4-30 拆卸搭铁线和支架

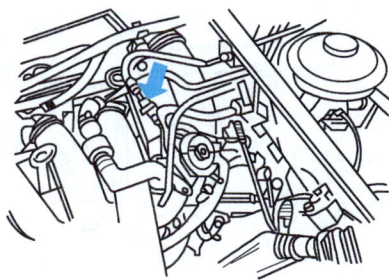

图 4-31 取下节气门拉索滑轮和
支座处的节气门拉索

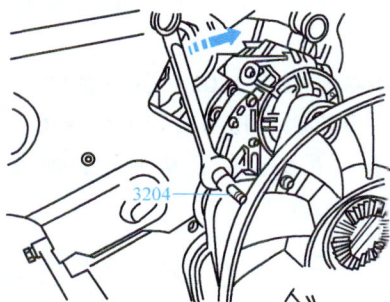

图 4-32 拆卸动力转向泵、黏液型
风扇和发动机的多楔带

图 4-33 拆卸空调压缩机的多楔带

14）拆卸水泵带轮，取下水泵多楔带，如图 4-35 所示。随后取下动力转向泵带轮，把动力转向泵从支架取下，但不拆与动力转向泵相连的管路。拆卸空调压缩机但不拆卸与其相连的管路。然后拆卸排气歧管与前排气管之间的联接螺栓，取下前排气管。拆卸起动机，松开发动机悬置固定螺栓。

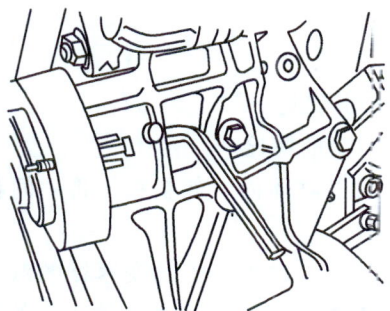

图 4-34 拆卸黏液型风扇带轮

图 4-35 取下水泵多楔带

15）对于带自动变速器的汽车，从驱动盘上拆卸 3 个固定螺母，取下液力变矩器，如图 4-36 所示。拆卸发动机时，要注意不要让液力变矩器掉下来。

16）用装配吊架 V. A. G1202A 将发动机和变速器顶起，拧下发动机和变速器下部的联接螺栓（图 4-37）。

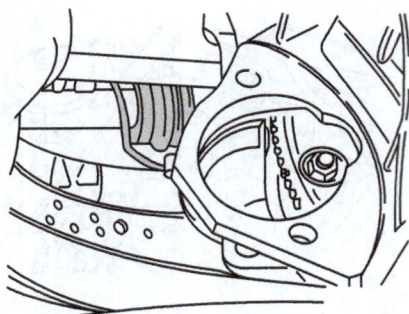

图 4-36　取下液力变矩器

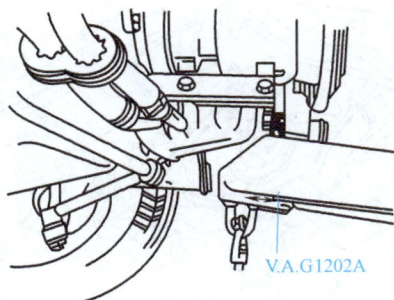

图 4-37　松开发动机和变速器的连接

17）将支承工具 10-222A 固定在挡泥板边缘上，把变速器挂钩 3147 挂在变速器壳体的螺栓孔内，如图 4-38 所示。

18）用发动机吊架 2024A 吊住发动机，再用车间装配吊架 1202A 小心地提升发动机（图 4-39）。注意吊钩和吊架杆必须用锁止销固定，驱动带轮侧带孔吊架臂上位置 1（发动机吊架臂上 1、…、4 标记指向带轮侧）对准吊钩第 4 个孔（吊钩上的孔从下向上数起）并插入销钉；飞轮侧带孔吊架臂上位置 8 对准吊钩第 3 个孔插入销钉。

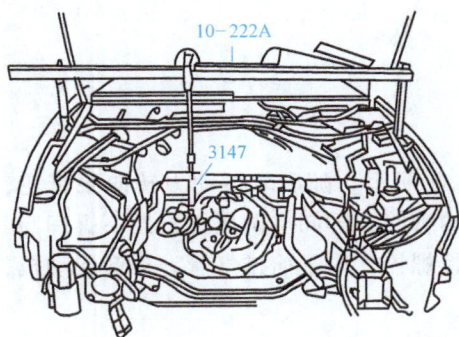

图 4-38　挂钩 3147 挂在变速器壳体的螺栓孔内

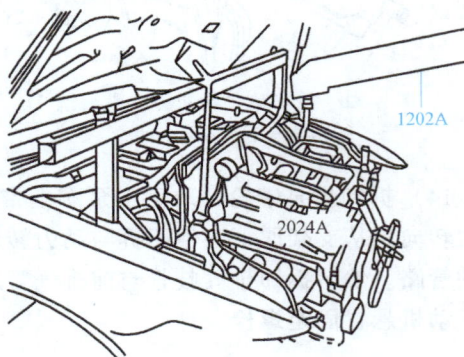

图 4-39　用吊架提升发动机

2. ANQ 发动机总成安装

按与拆卸相反的顺序安装发动机，安装时要注意下列问题。

1）应更换密封件、衬垫、自锁螺母及有规定拧紧力矩的螺栓。

2）检查发动机与变速器对中定位套筒是否在发动机气缸体内。如果在，将中间板压到定位套筒上。

3）装配自动变速器的车型，曲轴内不得安装滚针轴承。对于带手动变速器的汽车，要检查离合器分离轴承的磨损情况，磨损严重时要更换。装配时，在离合器和输入轴的花键部分涂少许 G000 100 润滑脂（分离轴承的导向套不必润滑）。

4）必须用规定的螺母紧固变矩器和驱动盘。安装发动机前，旋转变矩器和驱动盘，使一个孔及一个螺栓与起动机上的小孔处于同一水平高度。然后，检查 ATF（自动变速器油）油位。

若已正确安装变矩器，则变矩器螺柱底部的接合面与变矩器钟形壳体上的接合面之间的

距离约为 23mm（装配 01N 型自动变速器时）。图 4-40 所示为测量变矩器接合面与变矩器接合面之间的距离。若变矩器未完全插入，则该距离约为 11mm，此时一旦将变速器连接到发动机上，将严重损坏变矩器、驱动盘或 ATF 泵。

图 4-40　测量变矩器接合面与变矩器接合面之间的距离

5）只有安装原气缸盖或原气缸体时，才能重复使用之前放出的冷却液。

6）连接蓄电池后，输入收音机防盗密码。用电动开关完全关闭前门电动门窗，然后沿关闭方向再次操纵所有电动门窗开关（至少 1s），启动单触功能，调整时钟。

7）检查机油油位，起动发动机。

8）匹配节气门控制单元，查询是否有故障码。

9）按规定力矩拧紧发动机与变速器紧固螺栓。

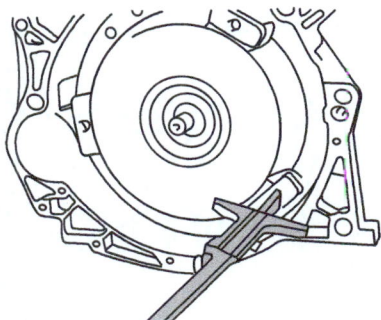

项目 5　发动机气缸组件的拆装

项目要求

1. 熟悉气缸体、气缸盖、气缸垫的功用和结构。
2. 能通过与客户交流、查阅相关维修技术资料等方式获得车辆信息。
3. 掌握气缸盖、气缸垫的拆装方法。
4. 能对操作结果进行测试，检查和评估其修复质量。
5. 能根据环境要求，妥善处理辅料、废弃液体和损坏的零件。

项目载体

一辆汽车，发动机运转时排气管排放大量的白雾，且排气管口滴水（图 5-1），同时发动机动力下降，运转无力。

发动机运转一段时间后持续排放大量白雾，说明有水进入气缸内，在气缸内转化为水蒸气，随排气管排出车外，在排气管口形成水雾。发动机排放白雾的主要原因：一是燃油箱内积水进入气缸；二是由于气缸体裂纹、气缸垫破损等原因使发动机冷却液漏入气缸。当气缸垫出现破损时，需要进行拆装更换。

图 5-1　发动机运转时排气管排放大量白雾

相关知识

发动机机体组（图 5-2）是发动机的支架，是曲轴连杆机构、配气机构和发动机各系统主要零部件的装配基体。机体组主要由气缸盖、气缸垫、气缸体以及油底壳等部分组成。

气缸盖

气缸垫

气缸体

油底壳

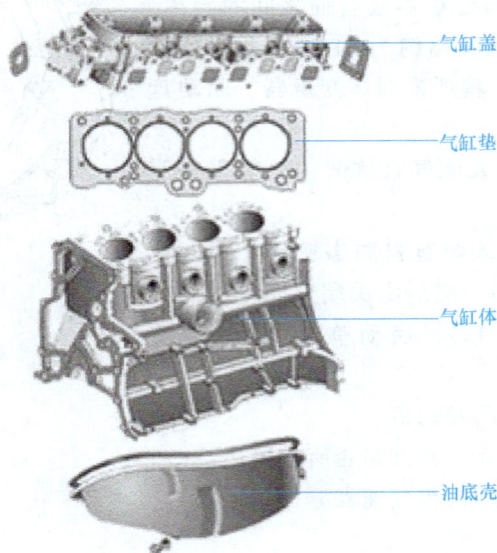

图 5-2　发动机机体组

一、气缸盖的功用、结构

1. 气缸盖的功用

气缸盖安装在气缸体的上面，其主要作用是封闭气缸，并与活塞顶部形成燃烧室。它经常与高温高压燃气相接触，因此承受很大的热负荷和机械负荷。

2. 气缸盖的结构

水冷式发动机气缸盖内部制有冷却水套，气缸盖下断面的冷却液孔与气缸体的冷却液孔相通，利用循环冷却液来冷却燃烧室等高温部分。气缸盖上还装有进、排气门座，设有气门导管孔、进气道和排气道等。汽油机的气缸盖上加工有安装火花塞的孔，而柴油机的气缸盖上加工有安装喷油器的孔。顶置凸轮轴式发动机的气缸盖上还加工有凸轮轴轴承孔，用以安装凸轮轴。图5-3 所示为桑塔纳 AJR 发动机的气缸盖。

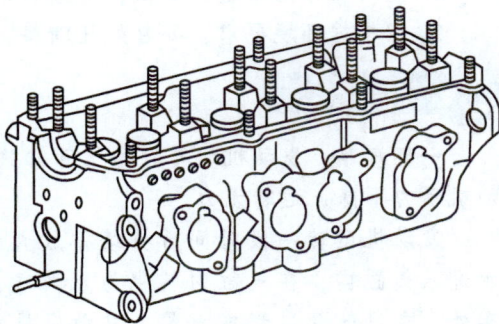

图 5-3　桑塔纳 AJR 发动机的气缸盖

3. 燃烧室形式

汽油机的燃烧室是由活塞顶部与气缸盖上相应的凹部空间形成的。其形状直接影响发动机的动力性、经济性和环保性。常用的汽油机燃烧室有楔形燃烧室、盆形燃烧室、半球形燃烧室（图 5-4）。

（1）楔形燃烧室　如图 5-4a 所示，其结构简单、紧凑，气门斜置，气道导流效果较好，充气效率高，易形成一定的挤气涡流，故动力性和经济性较好。

（2）盆形燃烧室　如图 5-4b 所示，其结构简单，但不够紧凑，能产生一定的挤气涡流，

但盆的形状狭窄，气门尺寸受到限制，气道弧线较差，影响换气质量，故动力性和经济性均不如楔形燃烧室。

（3）半球形燃烧室　如图5-4c所示，其结构紧凑，散热面积小，火花塞多位于燃烧室的中部，火焰传播距离短，燃烧速度快，不易发生爆燃燃烧，但由于进、排气门分置于气缸盖两侧，配气机构复杂。半球形燃烧室在现代发动机上应用较多，如桑塔纳2000GSi型汽车AJR发动机采用这种燃烧室。

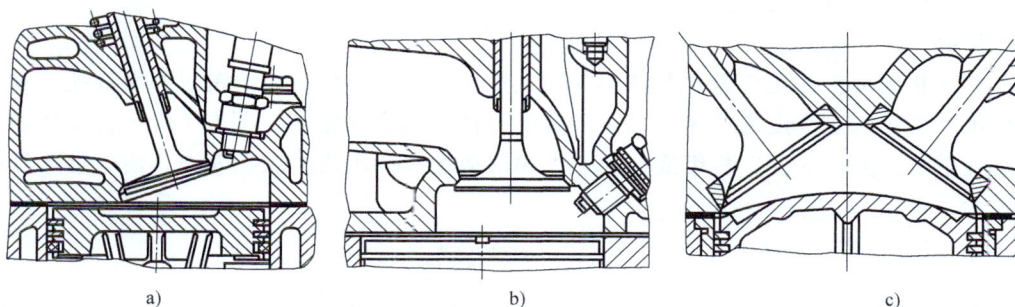

a)　　　　　　　　　　b)　　　　　　　　　　c)

图5-4　汽油机燃烧室的形状

a）楔形　b）盆形　c）半球形

二、气缸垫的功用、结构

1. 气缸垫的功用

气缸垫安装在气缸盖和气缸体之间，其作用是保证气缸盖与气缸体接触面的密封，防止漏气、漏水及窜油。气缸垫受到高温、高压和腐蚀作用，因此要求具有足够的强度和耐高温、耐腐蚀的性能。

2. 气缸垫的结构

气缸垫可分为金属型橡胶气缸垫、全金属型气缸垫、复合型气缸垫和黏结型气缸垫等多种类型（图5-5）。

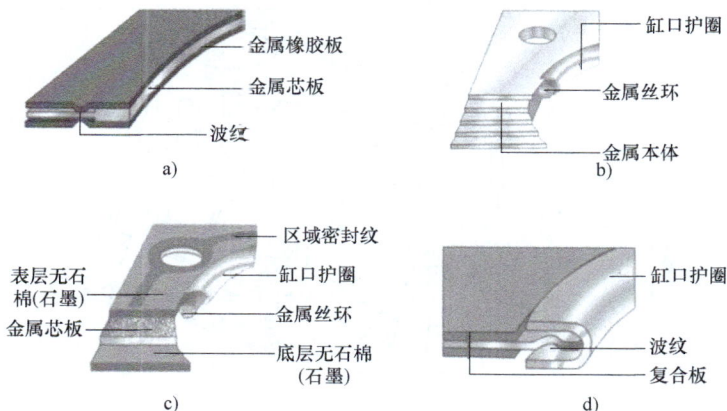

金属橡胶板
金属芯板
波纹
a)

缸口护圈
金属丝环
金属本体
b)

表层无石棉(石墨)
金属芯板
区域密封纹
缸口护圈
金属丝环
底层无石棉(石墨)
c)

缸口护圈
波纹
复合板
d)

图5-5　气缸垫的种类

a）金属型橡胶气缸垫　b）全金属型气缸垫　c）复合型气缸垫　d）黏结型气缸垫

目前汽车上应用最多的是金属-石棉气缸垫，在石棉中间夹有金属丝或金属屑，外包铜皮或钢皮。气缸垫上制有气缸口、水孔、油孔、螺纹孔等，在孔的周围通常采用铜片、镍片等金属镶边，以防化学和高温腐蚀。金属-石棉气缸垫强度较高，弹性大，密封性好，可重复使用，其外形如图 5-6 所示。

图 5-6　金属-石棉气缸垫外形

一些强化发动机采用金属片叠加作为气缸垫，这种气缸垫在需要密封的气缸孔、水孔和油孔周围冲压出一定高度的凸棱，利用凸棱的弹性变形实现密封。图 5-7 所示为桑塔纳 AJR 发动机气缸垫，其由 3 层钢板组成，上、下两层薄钢板冲压成波纹状表面，使气缸垫具有一定的弹性。

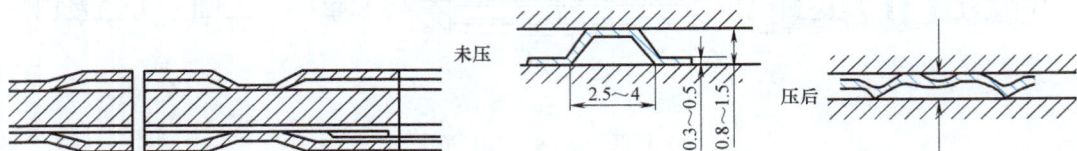

图 5-7　桑塔纳 AJR 发动机气缸垫

三、气缸体总成结构

气缸体是发动机中体积最大、结构最复杂的零部件。它不仅承受高温、高压气体的作用，而且还是发动机各机构和系统装配机体，因此要求气缸体具有足够的强度和刚度，并应对气缸体进行适当的冷却，以免机体损坏和变形。

水冷式发动机的气缸体和曲轴箱常铸成一体，称为气缸体-曲轴箱，通常简称为气缸体，如图 5-8 所示。气缸体上部按一定规律排列，为活塞运动导向的圆柱形空腔称为气缸，气缸外壁周围的空腔相互连通构成水套，冷却液在其间流动，以增强散热。气缸体下部支承曲轴

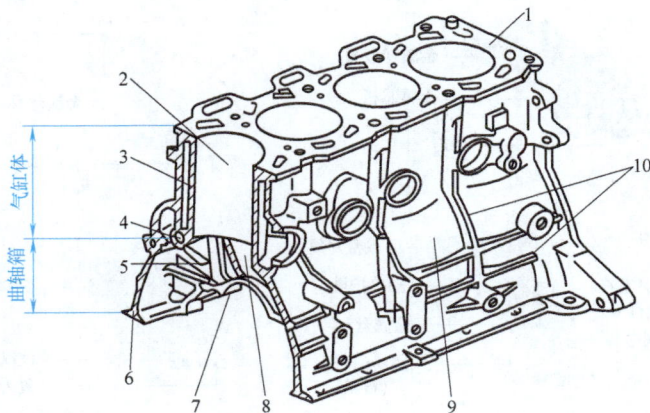

图 5-8　水冷式发动机的气缸体

1—气缸体顶面　2—气缸　3—水套　4—主油道　5—横隔板上的加强筋　6—气缸体底部
7—主轴承座　8—气缸间隔隔板　9—气缸体侧壁　10—侧壁上的加强筋

转动的空间称为曲轴箱，在曲轴箱的前、后端及中间隔板处布有纵、横油道，以满足润滑需要。气缸体的结构形式有一般式、龙门式和隧道式3种，如图5-9所示。

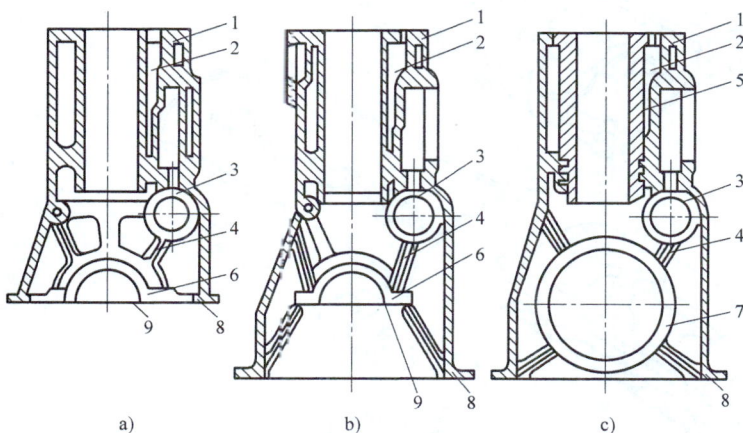

图5-9 气缸体的结构形式

a）一般式 b）龙门式 c）隧道式

1—气缸体 2—水套 3—凸轮轴座孔 4—加强筋 5—湿缸套 6—主轴承座
7—主轴承座孔 8—安装油底壳的加工面 9—安装主轴承的加工面

四、油底壳

油底壳俗称机油盘，其主要功用是储存发动机润滑油（机油），并与曲轴箱一起封闭发动机。由于油底壳受力不大，一般用薄钢板冲压而成，如图5-10所示。它与曲轴箱用螺栓联接，结合处有衬垫，以防漏油。油底壳底部有深度较大的集油池，壳内装有稳油挡板。集油池底部有放油螺塞，大多数放油螺塞带有磁性，可将铁屑吸住以减少机件磨损。

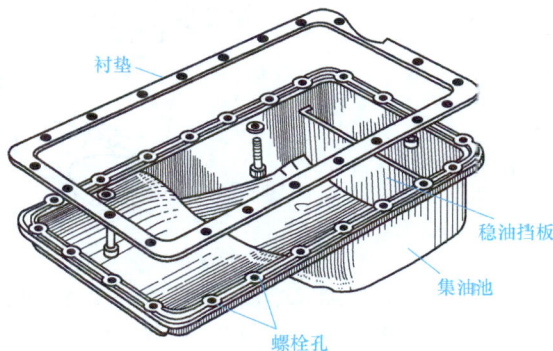

衬垫
稳油挡板
集油池
螺栓孔

图5-10 油底壳

技能操作

一、准备工作及注意事项

1. 准备好常用拆装工具若干套。
2. 准备好拆装用发动机总成若干台。
3. 准备好举升机若干台。
4. 准备好清洁工具。
5. 工作过程中应注意安全及环保工作是否到位。

二、气缸盖和气缸垫的拆装

帕萨特汽车ANQ发动机气缸盖零件分解图如图5-11所示。

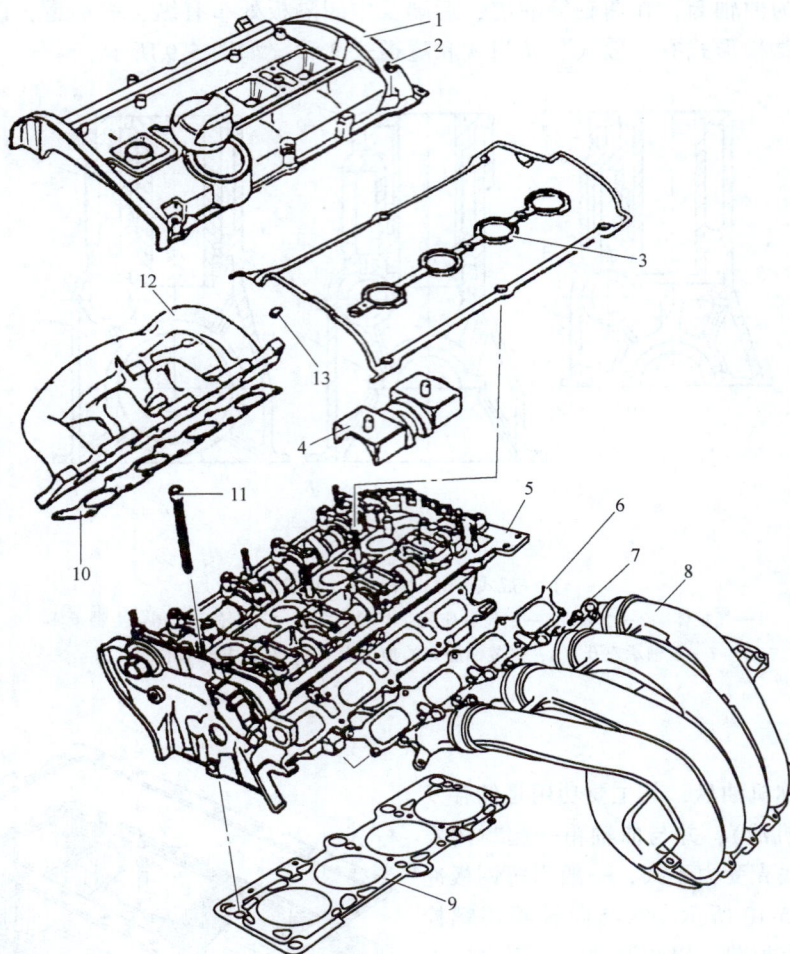

图 5-11　帕萨特汽车 ANQ 发动机气缸盖零件分解图

1—气缸盖罩　2、13—螺母　3—气缸盖罩衬垫　4—挡油罩　5—气缸盖　6—进气歧管密封垫
7—螺栓　8—进气歧管　9—气缸垫　10—排气歧管密封垫　11—气缸盖螺栓　12—排气歧管

1. 帕萨特汽车 ANQ 发动机气缸盖和气缸垫的拆卸

1）查取车载收音机密码，关闭点火开关，断开蓄电池搭铁线。

2）排空冷却液。

3）拔下燃油分配管上的输油管和回油管。拆卸时要注意燃油系统是有压力的，拆卸后要封闭管路，以免污染燃油系统。

4）拆卸进气歧管。

① 拆卸膨胀水箱及软管。

② 拆卸节气门控制单元处及支架的节气门拉索（不拆卸节气门拉索夹持器），拆卸节气门控制单元处的空气软管，断开通向活性炭罐的真空管 1，拉出通向制动助力装置的真空管 2（图 5-12）。

③ 拔下进气温度传感器及节气门控制单元插头，再从霍尔式传感器上拉出插头（图 5-13）。

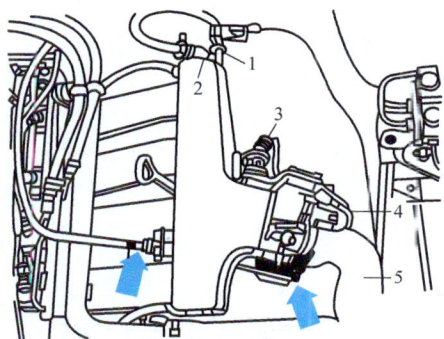

图5-12 拆卸节气门控制单元相关组件

1、2—真空管 3—进气温度传感器（G42）
4—节气门控制单元（138）插头 5—空气软管

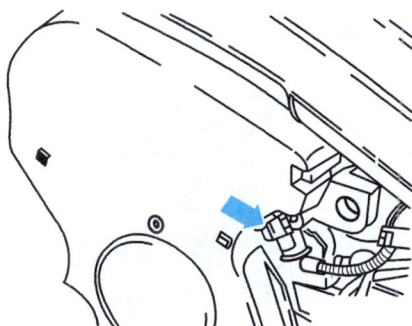

图5-13 拔下进气温度传感器的插头

④ 拆卸燃油歧管紧固螺栓，将真空管拉离燃油压力调节器（图5-14）。将带喷油器的燃油歧管从进气歧管上取下，并置于发动机舱后面的干净抹布上。

⑤ 从上部冷却液管上拆卸冷却液软管，从气缸盖后侧的进气歧管及冷却液管法兰上拆卸下部冷却液管紧固螺栓（图5-15）。

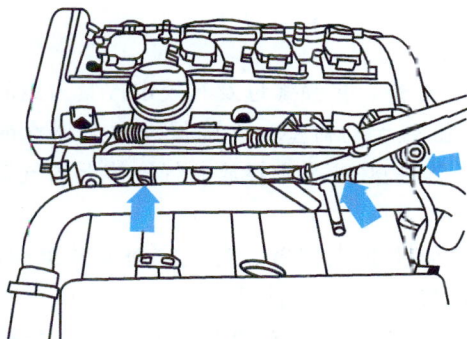

图5-14 拆卸真空管

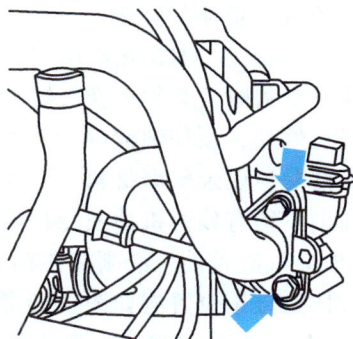

图5-15 拆卸冷却液软管

⑥ 拆卸进气歧管处的曲轴箱通风软管，拆卸进气歧管支架，如图5-16箭头所示，拔出机油标尺，拧开法兰处进气歧管紧固螺栓，取下进气歧管。用干净抹布堵住气缸盖上的进气口。

5）从排气歧管上拆卸前排气管的螺栓，拔下氧传感器插头。

6）按顺序拆卸活性炭罐电磁阀、点火线圈的功率终端及空气流量计的插头。

7）拔出软管的接头，拆卸空气滤清器壳体。拔下点火线圈上的插头，拔下冷却液温度传感器上的插头。从气缸盖上打开所有导线的卡箍，将导线置于一边。

8）拔出通向气缸盖后侧热交换器的冷却液软管（须先松开连接法兰上的保持器）。拆卸同步带上护罩。通过曲轴同步带轮上的中心螺栓，沿发动机旋转方向转动曲轴，将曲轴调至1缸上止点位置。

9）用专用工具T45扳手松开同步带张紧装置，向下压同步带张紧装置，从凸轮轴同步带轮上拆卸同步带，拧开内梅花头螺栓，向前摆动张紧装置。

10）拆卸气缸盖罩。

11）按图5-17所示的顺序拧下气缸盖螺栓，取下气缸盖。

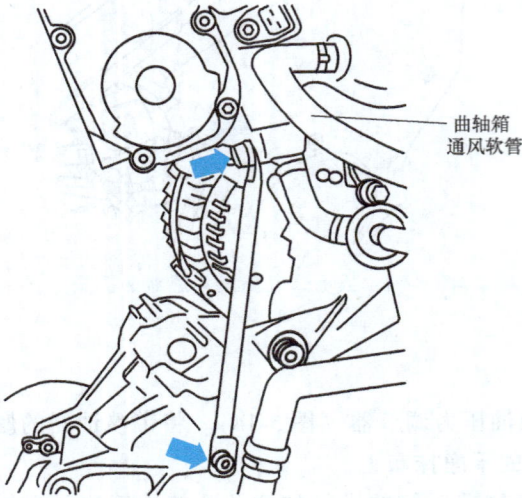

图5-16　拆卸进气歧管支架

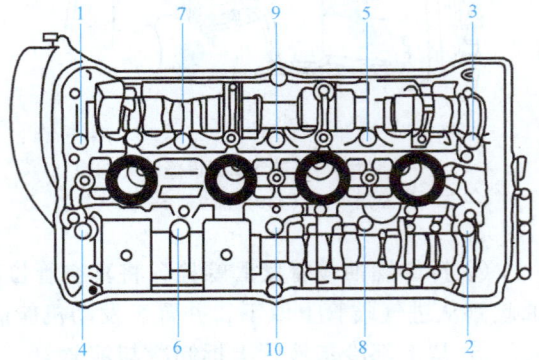

图5-17　拧下气缸盖螺栓顺序

12）检查、更换气缸垫。

2. 帕萨特汽车 ANQ 发动机气缸盖和气缸垫的安装

安装气缸盖时，必须更换气缸盖螺栓、密封件、衬垫、自锁螺母及有规定拧紧力矩的螺栓。若经过修理，须仔细清除掉残留在气缸体及气缸盖上的衬垫，并确保表面无划痕或擦伤。仔细清除掉残余研磨材料、金属粒屑和布片，气缸垫必须小心轻放。气缸体上的气缸盖螺栓盲孔内不得有残留机油或冷却液。

1）安装气缸盖前，必须将曲轴和凸轮轴转到1缸上止点位置。将气缸垫安放就位时，注意气缸体定位销位置应如图5-18箭头所示，进气侧须可看见备件号。

2）将气缸盖安放就位，插入气缸盖螺栓，用手拧紧。按图5-19所示的顺序，分两步拧紧气缸盖螺栓，第1次拧紧力矩为60N·m；第2次用刚性扳手拧1/2圈（允许分两次拧1/2圈）。

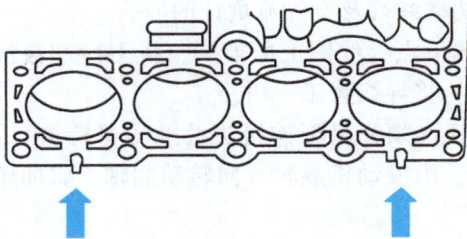

图5-18　气缸体定位销位置

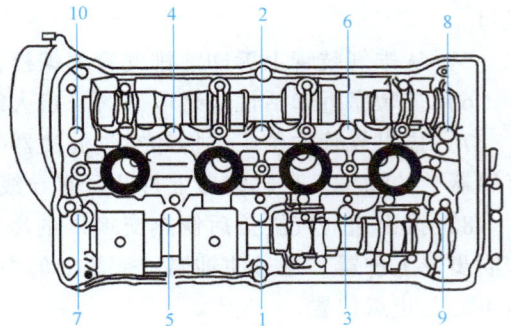

图5-19　气缸盖螺栓拧紧顺序

3）安装同步带（调整配气正时）。安装气缸盖罩、多楔带及张紧装置。

4）调整节气门拉索，将新鲜冷却液加入冷却系统。连接蓄电池后，输入收音机防盗密码。用电动开关完全关闭前门电动门窗，沿关闭方向，操作所有电动门窗开关（至少 1s），启动单触功能。调整时钟，进行节气门控制单元的匹配，查询及清除故障存储器内的故障码。

技能拓展

桑塔纳 2000GSi 型汽车 AJR 发动机气缸垫的更换

桑塔纳 2000GSi 型汽车 AJR 发动机气缸盖零件分解图如图 5-20 所示。

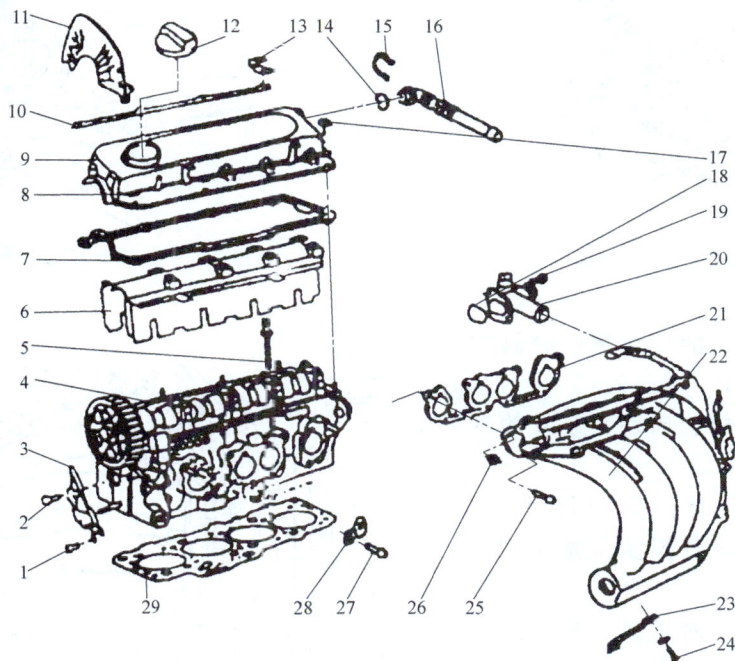

图 5-20　桑塔纳 2000GSi 型汽车 AJR 发动机气缸盖零件分解图

1—螺栓（拧紧力矩为 15N·m）　2、25、27—螺栓（拧紧力矩为 20N·m）　3—同步带后护板
4—气缸盖总成　5—气缸盖螺栓　6—机油反射罩　7—气门罩盖衬垫　8—紧固压条　9—气门罩盖
10—压条　11—同步带上护罩　12—加机油口盖　13—支架　14—密封圈　15—夹箍
16—曲轴箱通气软管　17—螺母（拧紧力矩为 12N·m）　18—密封圈　19—螺栓（拧紧力矩为 10N·m）
20—凸缘　21—进气歧管衬垫　22—进气歧管　23—进气歧管支架　24—进气歧管支架紧固螺栓
26—螺母（拧紧力矩为 20N·m）　28—吊耳　29—气缸垫

1. 气缸盖的拆卸

1）关闭点火开关，拆下蓄电池搭铁线。

2）抽取冷却液。

3）拆卸发动机罩盖。

4）断开空气流量计的插头。

5）断开活性炭罐电磁阀（ACF 阀）的插头。

6）拔下空气滤清器罩壳上的活性炭罐电磁阀。

7）拆卸空气滤清器和节气门控制器之间的空气管路。拆卸空气滤清器罩壳。

8）拔下散热器底部和发动机上的冷却液软管。

9）拆卸膨胀水箱，拆卸散热器的冷却液软管。

10）拔下燃油分配管上的供油管和回油管（图5-21）。注意燃油系统是有压力的，在打开管路之前需在开口处放上抹布，然后缓慢地打开接头以排出压力。

11）拆卸节气门拉索，如图5-22箭头所示。

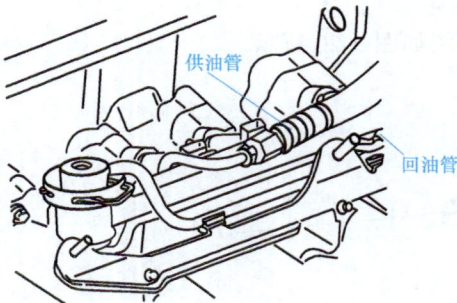

图 5-21　拆卸供油管和回油管

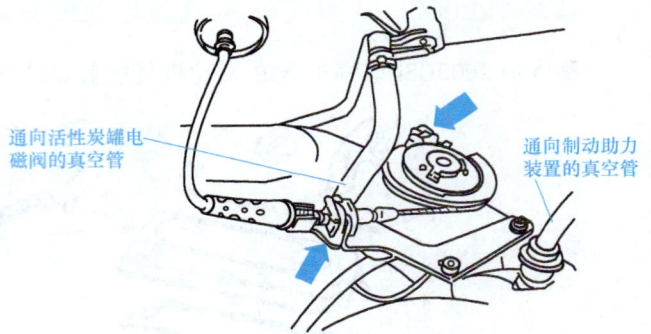

图 5-22　拆卸节气门拉索

12）拔下通向活性炭罐电磁阀的真空管（图5-22）。

13）拔下通向制动助力装置的真空管（图5-22）。

14）拔下喷油器、节气门控制器、霍尔式传感器、进气温度传感器插头（图5-23）。

15）拔下通向暖风热交换器的冷却液软管，如图5-24所示。

16）拔下冷却液温度传感器上的插头，拔下机油温度传感器的插头。

17）旋下进气歧管支架的下紧固螺栓，如图5-25所示。从排气歧管上拆卸前排气管的螺栓。

18）拔下氧传感器的插头，如图5-26所示。

19）拆卸同步带上护罩。对准凸轮轴同步带轮与同步带护罩上的标记，如图5-27所示。

20）将曲轴转动到1缸的上止点位置，如图5-28所示。

21）松开半自动张紧轮，并从凸轮

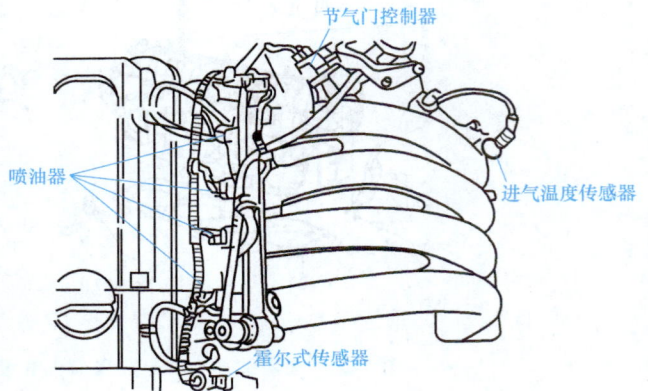

图 5-23　拔下各个插头

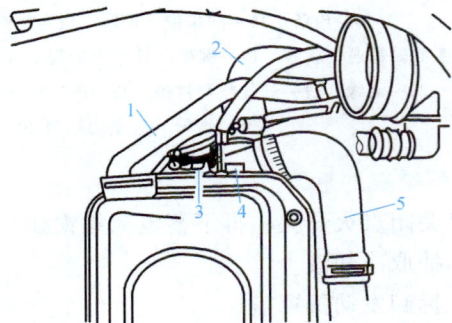

图 5-24　拔下通向暖风热交换器的冷却液软管

1—通向膨胀水箱软管　2—通向暖风热交换器的冷却液软管
3—冷却液温度传感器　4—空调控制开关　5—通向散热器软管

轴同步带轮上拆卸同步带。

22）旋下同步带后护罩的螺栓。

23）拔出火花塞插头，并放置在一边。

24）拆卸气门罩盖。按照图 5-29 所示从 1 到 10 的顺序拆卸气缸盖螺栓。

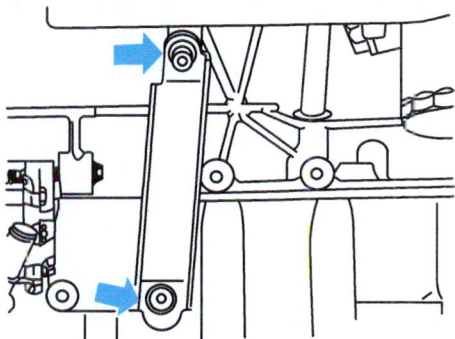

图 5-25　旋下进气歧管支架的下紧固螺栓

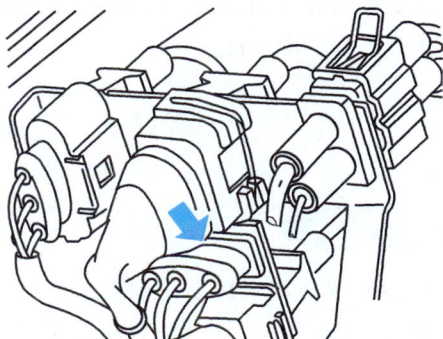

图 5-26　拔下氧传感器的插头

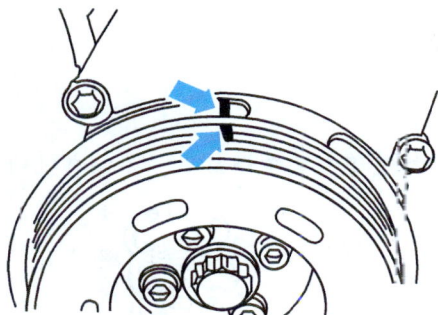

图 5-27　对准凸轮轴同步带轮与同步带护罩上的标记

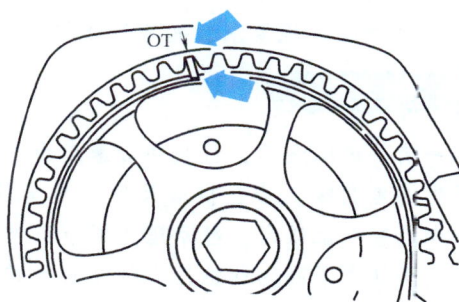

图 5-28　将曲轴转动到 1 缸的上止点位置

25）将气缸盖与气缸垫一起取下。

2. 气缸盖的安装

1）在安装气缸盖之前，要将曲轴转动到 1 缸的上止点位置。

2）安装气缸垫时，有标号（配件号）的一面必须可见。

3）更换气缸盖紧固螺栓，不能重复使用已经按照拧紧力矩拧紧过的螺栓。

4）按照图 5-30 所示的顺序以 40N·m 的力矩拧紧气缸盖螺栓，然后用扳手拧紧 180°。

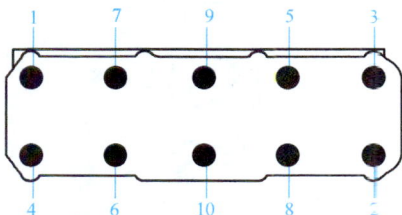

图 5-29　气缸盖螺栓拆卸顺序

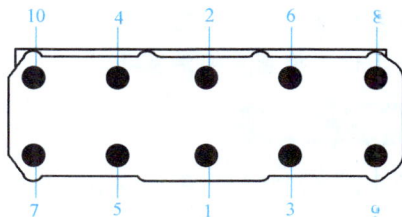

图 5-30　气缸盖螺栓拧紧顺序

5）安装同步带（调整配气相位），安装气门罩盖。

6）调整节气门拉索，加注新的冷却液。

7）进行节气门控制单元匹配。

8）查询故障码。拔下电控单元电子元件插头会导致故障存储，查询故障码，必要时删除故障码。

9）注意主要部件螺栓的拧紧力矩。前排气管与排气歧管紧固螺栓拧紧力矩为20N·m，进气歧管支架与发动机之间的紧固螺栓拧紧力矩为20N·m，进气歧管支架与进气歧管紧固螺栓拧紧力矩为30N·m。

项目6　发动机活塞环的更换

项目要求

1. 熟悉活塞连杆组的功用和组成。
2. 能通过与客户交流、查阅相关维修技术资料等方式获得车辆信息。
3. 掌握活塞连杆组的拆装方法、活塞环间隙的测量方法。
4. 能对操作结果进行测试，检查和评估其修复质量。
5. 能根据环境要求，妥善处理辅料、废弃液体和损坏的零件。

项目载体

一辆桑塔纳汽车，行驶中加速无力，噪声变大，排气管有蓝色烟排出，并伴有机油燃烧所产生的焦糊味。检查机油尺发现机油的消耗量过大，进一步检查气缸压力，显示压力低于正常值。

汽车动力下降，气缸压力低于正常值，说明气缸密封性不好。机油消耗量过大，排气冒蓝烟，说明机油漏入气缸燃烧，可能的原因如下：

1）气缸垫漏气。
2）气门和气门座密封不良。
3）气门弹簧弹力不足或折断。
4）缸套和活塞环磨损过度。
5）气门间隙调整不当。
6）活塞环磨损。

活塞环是气缸的密封部件，如果出现严重磨损，须拆解发动机，检查更换活塞环。

相关知识

活塞连杆组将活塞的往复运动转变为曲轴的旋转运动，同时将作用于活塞上的力转变为曲轴对外输出的转矩，以驱动汽车车轮转动及带动其他附属装置。活塞连杆组主要由活塞、活塞环、活塞销和连杆等组成，如图6-1所示。

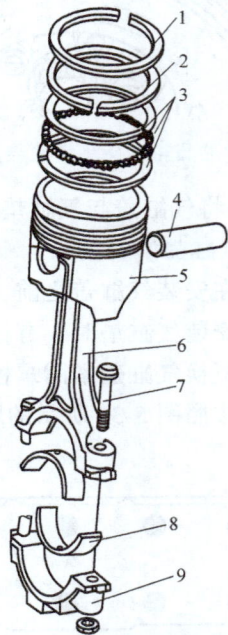

图6-1　活塞连杆组组成

1—第一道气环　2—第二道气环
3—组合油环　4—活塞销　5—活塞
6—连杆　7—连杆螺栓
8—连杆轴承　9—连杆轴承盖

一、活塞

1. 活塞的功用

活塞的主要功用是承受燃烧气体的压力，并通过活塞销传递给连杆以推动曲轴旋转。此外，活塞顶部与气缸盖组成燃烧室。由于活塞顶部直接与高温燃气接触，受周期性变化的气体压力和惯性力的作用，且散热及润滑条件差，因此，活塞一般都采用高强度铝合金制成。

2. 活塞的结构

活塞可分为 3 部分，即活塞顶部、活塞头部和活塞裙部，其结构如图 6-2 所示。

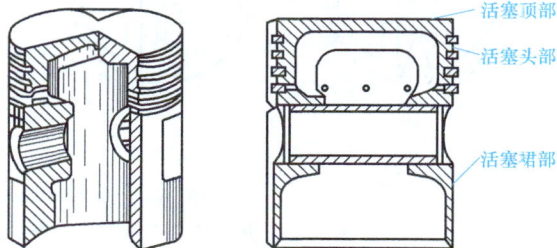

（1）活塞顶部　汽油机燃烧室的形状和压缩比大小与活塞顶部的形状有关，活塞顶部形状一般可分为 3 种，即平顶、凸顶、凹顶，如图 6-3 所示。大多数汽油机采用平顶活塞，其优点是结构简单、

图 6-2　活塞结构

制造容易、受热面积小、顶部应力分布较为均匀。凹顶活塞凹坑的形状和位置必须有利于可燃混合气的形成和燃烧，通过改变凹坑的尺寸可调节发动机的压缩比，柴油机大多采用凹顶活塞。

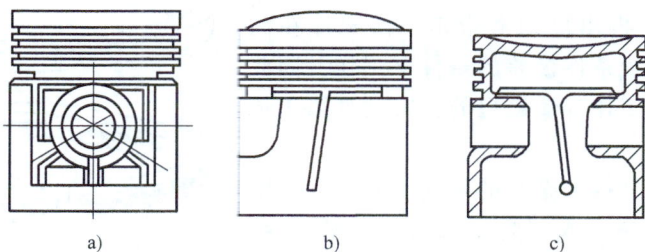

图 6-3　活塞顶部形状
a）平顶　b）凸顶　c）凹顶

（2）活塞头部　活塞头部指第一道活塞环槽与活塞销座孔之间的部分。头部一般有数道环槽，用以安装起密封作用的活塞环。柴油机压缩比高，一般有 4 道环槽，上部 3 道环槽安装气环，最下面一道环槽安装油环。汽油机一般有 3 道环槽，其中有两道气环槽和一道油环槽。在油环槽底面上钻有许多径向小孔，以便使油环从气缸壁上刮下的机油经过这些小孔流回油底壳。第 1 道环槽工作条件最恶劣，一般应离活塞顶部较远些。

（3）活塞裙部　活塞裙部是指从油环槽下端面起至活塞最下端的部分，包括活塞销座孔。活塞裙部对活塞在气缸内的往复运动起导向作用，并承受侧压力。

由于活塞裙部的厚度很不均匀，活塞销座孔部分的金属厚，受热膨胀量大，沿活塞销座孔轴线方向的变形量大于其他方向，如图 6-4a 所示。另外，活塞裙部受气体侧压力的作用，导致沿活塞销座孔轴向变形量较垂直活塞销方向的大，如图 6-4b 所示。因此在加工时预先把活塞裙部做成了椭圆形，沿销座孔方向为短轴，与销座孔垂直的方向为长轴，这样保证活塞在工作时趋近正圆。活塞裙部沿高度方向的温度很不均匀，上部高、下部低，膨胀量也相

应是上部大、下部小。因此预先把活塞制成上小下大的阶梯形、锥形或上小中大的桶形，使工作时活塞上下直径趋于相等，如图 6-4c 所示。目前，活塞最好的形状是桶形，它可以保持活塞在任何状态下都能得到良好的润滑。

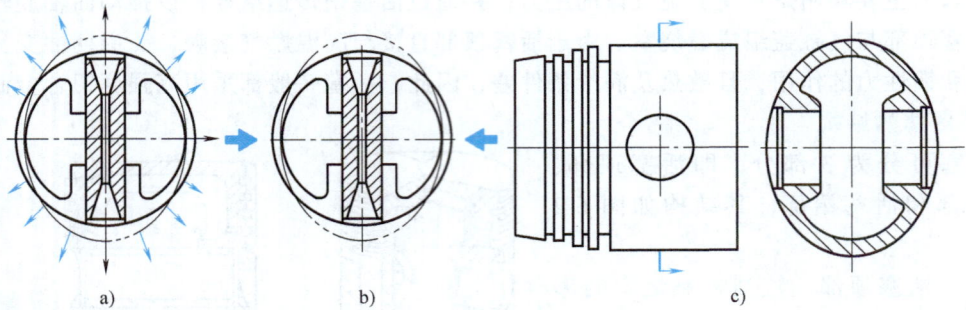

图 6-4　活塞裙部的变形与结构
a）热变形　b）侧压力变形　c）常温下裙部结构形状

二、活塞环

活塞环是具有弹性的开口环，按功用可将其分为气环和油环两种，如图 6-5 所示。气环的主要功用是密封气缸中的高温、高压燃气，防止其大量漏入曲轴箱，同时它还将活塞头部 70%～80% 的热量传导给气缸壁，再由冷却液带走。活塞环在高温、高压、高速及润滑条件极差的条件下工作，因此是发动机所有零件中工作寿命最短的，特别是第 1 道气环。

油环用来刮除气缸壁上多余的机油，并在气缸壁上布上一层均匀的油膜，既可防止机油窜入燃烧室，又可减小活塞及活塞环与气缸壁的磨损。此外，油环还能起到密封的辅助作用。

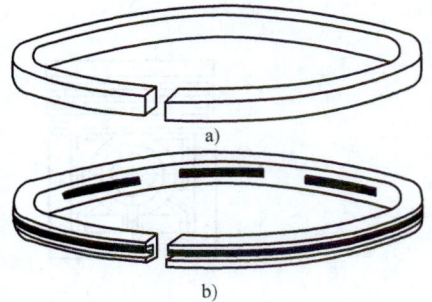

图 6-5　活塞环
a）气环　b）油环

1. 气环

气环开有切口，具有弹性，在自由状态下其外径大于气缸直径，它与活塞一起装入气缸后，外表面紧贴在气缸壁上，形成密封面。气环材料多为铸铁，耐磨性好但很容易折断，为降低活塞环与气缸壁的磨损，有些活塞环外侧进行了镀铬或喷钼。

气环的断面形状很多，最常见的有矩形环、锥面环、正扭曲内切环、反扭曲锥面环、梯形环和桶面环，如图 6-6 所示。

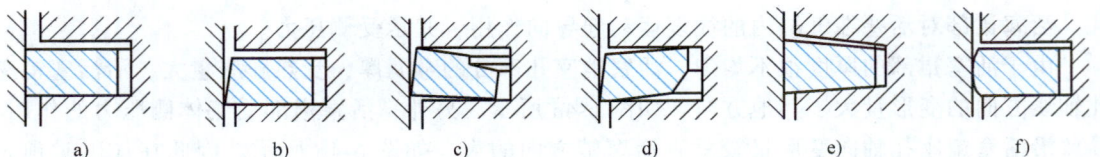

图 6-6　气环的断面形状
a）矩形环　b）锥面环　c）正扭曲内切环　d）反扭曲锥面环　e）梯形环　f）桶面环

桑塔纳 AJR 发动机第 1 道气环为矩形环，材料为球墨铸铁，外表面镀铬，铬层中微孔众多，便于储存机油，使气环的耐磨性大大提高。第 2 道气环为鼻形环，是一种具有较强刮油能力的气环，它的凹槽能像扭曲环一样产生扭曲，所以其棱缘会与气缸壁接触；它是合金铸铁环，材料为含磷、硅量较大的灰铸铁。

2. 油环

无论活塞上行或下行，油环都能将气缸壁上多余的机油刮下来，经活塞上的回油孔流回油底壳。目前汽车发动机常用的油环有整体式油环和组合式油环两种。

（1）整体式油环　整体式油环如图 6-7a 所示。该油环的外圆柱面中间加工有凹槽，槽中钻有小孔或开切槽，当活塞下行时，将气缸壁上多余的机油刮下，通过小孔或切槽流回油底壳；当活塞上行时，刮下的机油仍通过回油孔流回油底壳。

（2）组合式油环　组合式油环如图 6-7b 所示，由上、下刮片和产生径向、轴向弹力作用的衬簧组成。其主要优点为刮油能力强，对缸套变形的适应性好，回油通路大，因此近年来汽车发动机上越来越多地采用了组合式油环。

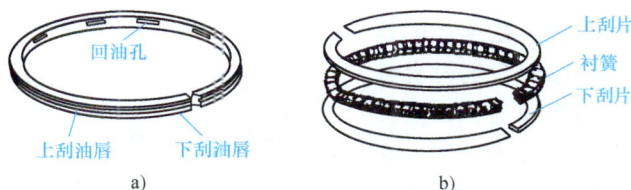

图 6-7　油环
a）整体式油环　b）组合式油环

三、活塞销

活塞销的功用是连接活塞和连杆小头，将活塞所承受的气体压力传给连杆。活塞销工作在高温下，承受极大的周期性冲击载荷，润滑条件差，因此要求活塞销具有足够的强度、刚度和耐磨性，且质量要小。活塞销一般都做成空心圆柱体，采用低碳钢和低碳合金钢制成，外表面经渗碳淬火处理以提高硬度，精加工后进行磨光，有较高的尺寸精度和较低表面粗糙度。

活塞销的内孔形状有 3 种，即圆柱形、组合形（两段截锥与一段圆柱组合）和两段截锥形，如图 6-8 所示。

活塞销与活塞销座孔及连杆小头衬套孔的连接配合有两种方式，即全浮式和半浮式（图 6-9）。全浮式连接在汽车上应用较多，即在发动机工作时它既可在活塞销座孔内转动，又可以在连杆小头衬套孔中缓慢转动，提高了疲劳强度，并使活塞销表面磨损均匀。为了防止活塞销有轴向窜动，在活塞销座孔外端设有卡簧槽，由卡簧阻止其轴向运动。

四、连杆

连杆的功用是连接活塞与曲轴，并把活塞承受的气体压力传给曲轴，使活塞的往复运动变成曲轴的旋转运动。连杆的结构如图 6-10 所示，连杆主要由连杆小头、连杆杆身和连杆大头（包括连杆盖）3 部分组成。

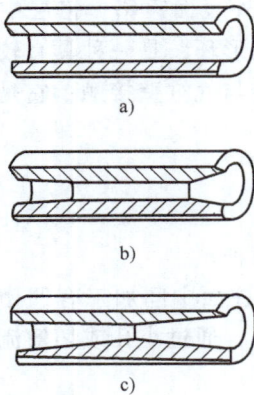

图 6-8　活塞销的内孔形状

a) 圆柱形　b) 组合形　c) 两段截锥形

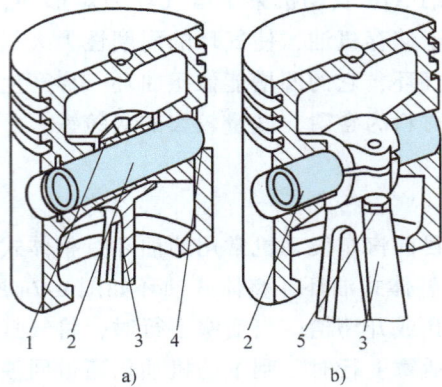

图 6-9　活塞销的连接方式

a) 全浮式　b) 半浮式

1—连杆衬套　2—活塞销　3—连杆　4—活塞销卡簧　5—紧固螺栓

连杆小头与活塞销相连。在全浮式连接的连杆小头孔内压有减摩的青铜衬套或铁基粉末冶金衬套。为润滑衬套，在连杆小头和衬套上一般铣有积存飞溅机油的油槽或油孔。有时，在连杆杆身内钻有纵向的机油通道，以对连杆小头进行压力润滑。半浮式活塞销与连杆小头是过盈配合，所以小头孔内不需要衬套，也不需要润滑。

连杆杆身多采用"工"字形断面，抗弯强度好，质量小，大圆弧过渡，且上小下大。

连杆大头与曲轴的连杆轴颈相连。为

图 6-10　连杆的结构

1—连杆铜套　2—连杆小头　3—连杆杆身　4—连杆螺栓
5—连杆大头　6—连杆轴瓦　7—连杆盖　8—螺母

便于安装，通常将连杆大头做成剖分式的，上半部与杆身为一体，下半部即连杆盖，二者通过连杆螺栓装合。连杆大头孔表面粗糙度值要小，以便于连杆轴承装入后能很好地贴合传热。

连杆大头的切口类型有平切口和斜切口两种，如图 6-11 所示。连杆大头沿着与连杆杆身轴线垂直的方向切开的连杆，称为平切口连杆，多用于汽油机。有些发动机的连杆大头尺寸较大，为了维修拆装时方便将其从气缸中抽出，将连杆大头沿与连杆杆身轴线成 30°～60°（常用 45°）的方向切开，这种连杆称为斜切口连杆，多用于柴油机。此外，斜切口连杆若配以较理想的切口定位，还能减小连杆螺栓的受力。

连杆大头可与连杆杆身分开并取下的部分称为连杆盖。连杆大头与连杆杆身一体部分与连杆盖配对加工，加工后，在它们同一侧打上配对标记，安装时不得变更方向，各气缸连杆盖不得互相调换。

将连杆大头两部分连接在一起的连杆螺栓，在工作中要承受很大的冲击力，若折断或松

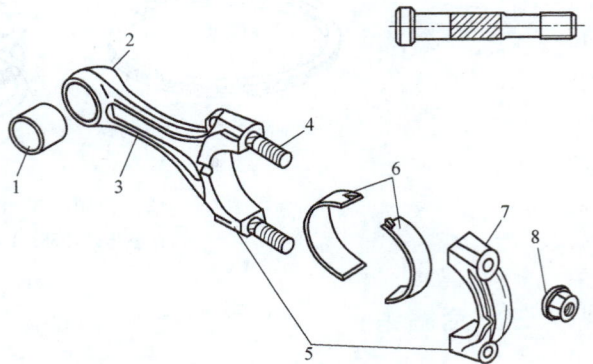

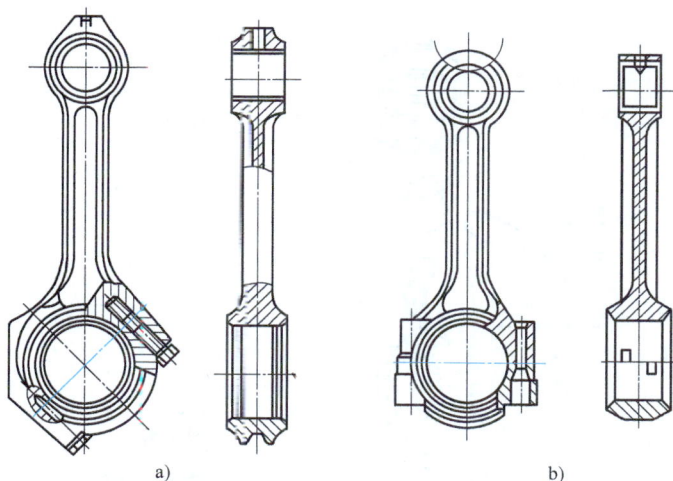

图 6-11　连杆大头的切口类型

a）斜切口　b）平切口

脱，将造成严重事故。为此，连杆螺栓都采用优质合金钢，并经精加工和热处理特制而成。拧紧连杆螺栓螺母时，要用扭力扳手分 2~3 次交替均匀地拧紧到规定的力矩，拧紧后还应可靠地锁紧。连杆螺栓损坏后绝不能用其他螺栓来代替。

为了减小摩擦阻力和曲轴连杆轴颈的磨损，连杆大头孔内装有瓦片式滑动轴承，简称连杆轴瓦。图 6-10 所示的连杆轴瓦由上、下两个半片组成。目前多采用薄壁钢背连杆轴瓦，在其内表面浇铸有耐磨合金层，背面的表面粗糙度值很小。耐磨合金层具有质软、容易保持油膜、磨合性好、摩擦阻力小及不易磨损等特点。连杆轴瓦的半个轴瓦在自由状态下不是半圆形，当它们装入连杆大头内时，由于有过盈，能均匀地紧贴在大头孔壁上，具有很好的承受载荷和导热能力，并可以提高工作可靠性和延长使用寿命。

连杆轴瓦上制有定位凸键，供安装时嵌入连杆大头两部分的定位槽中，以防连杆轴瓦前后移动或转动。有的连杆轴瓦上还制有油孔，安装时应与连杆上相应的油孔对齐。

技能操作

一、准备工作及注意事项

1. 准备好常用拆装工具若干套。
2. 准备好发动机拆装台架若干套。
3. 准备好举升机若干台。
4. 准备好清洁工具。
5. 工作过程中应注意安全及环保工作是否到位。

二、发动机活塞环的更换

AJR 发动机活塞连杆组的分解图如图 6-12 所示。

1. 活塞环的拆装

1）吊出发动机。

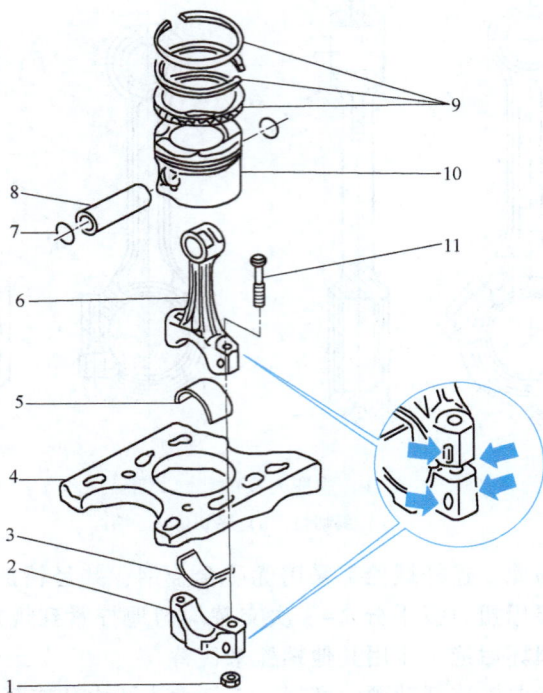

图 6-12　AJR 发动机活塞连杆组的分解图

1—连杆螺栓螺母（拧紧力矩为 30N·m+90°）　2—连杆盖　3—连杆下半轴瓦　4—气缸体
5—连杆上半轴瓦　6—连杆杆身　7—卡簧　8—活塞销　9—活塞环　10—活塞　11—连杆螺栓

2）拆除发动机上外围附件。

3）拆卸气缸盖。

4）将发动机气缸体倒置于工作台上，分两次均匀拆卸油底壳固定螺钉，取下油底壳。

5）拆卸机油泵固定螺钉，取出机油泵。

6）转动曲轴，使发动机 1、4 缸活塞处于下止点。

7）分别拆卸 1、4 缸的连杆螺栓螺母，取下连杆盖。

注意：连杆盖与连杆杆身侧面有配对标记，应配对放好，各缸连杆也应按顺序放好。连杆上的配对标记如图 6-13 所示。

8）用橡胶锤或锤子木柄分别推出 1、4 缸的活塞连杆组件，用手在气缸出口接住并取出活塞连杆组件。

9）将连杆盖、连杆螺栓、螺母按原位置装回到连杆上，不同缸的连杆不能互相调换。

10）用同样方法拆卸 2、3 缸的活塞连杆组。

11）采用专用的活塞环装卸钳拆装各缸活塞环（图 6-14）。

12）使用专用工具 VW222a 拆装活塞销。

13）按与拆卸相反的顺序装配活塞环。

拆装维修时应注意如下事项：

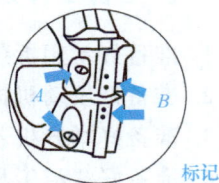

图 6-13　连杆上的配对标记

1）安装活塞时，应注意活塞的标记位置和所配对的气缸，活塞裙部的箭头必须朝向发动机前方。

2）使用活塞环装卸钳进行拆卸和安装活塞环时，其开口应错开120°。活塞环上"TOP"标记必须朝向活塞顶部。

3）活塞销应使用专用工具VW222a进行拆卸和安装，如果拆装困难，可将活塞加热到60℃。

4）连杆螺栓螺母在拆卸后应更换，安装时先润滑螺纹和接触表面。在测量连杆径向间隙时，连杆螺栓螺母拧紧力矩为30N·m，不要再转90°。

5）安装连杆盖时应注意安装位置，安装时不要使用密封剂。

6）连杆的轴向间隙为0.10~0.35mm，磨损极限值为0.40mm；连杆的径向间隙为0.05~0.10mm，磨损极限值为0.12mm。在测量连杆径向间隙时不要转动曲轴。

2. 活塞环的检查

1）检查活塞环开口间隙。将活塞环从气缸体上端压入气缸，距气缸边缘约15mm。用塞尺测量活塞环的开口间隙，如图6-15所示。活塞环开口间隙标准值见表6-1。

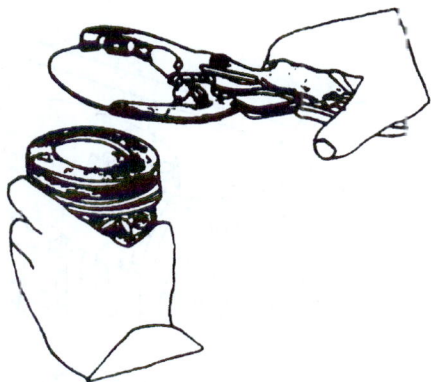

图6-14　拆装活塞环

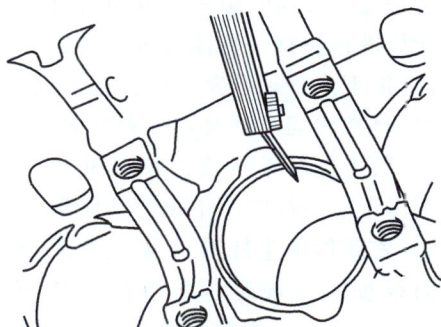

图6-15　用塞尺测量活塞环的开口间隙

表6-1　活塞环开口间隙和侧隙标准值

间隙	活塞环名称	新活塞环/mm	磨损极限值/mm
活塞环开口间隙	第一道气环	0.20~0.40	0.80
	第二道气环	0.20~0.40	0.80
	油环	0.25~0.45	0.80
活塞环侧隙	第一道气环	0.06~0.09	0.20
	第二道气环	0.06~0.09	0.20
	油环	0.03~0.06	0.15

2）检查活塞环侧隙。检查之前清洁环槽，用塞尺测量活塞环的侧隙，如图6-16所示，活塞环侧隙标准值见表6-1。

3）检查活塞直径。用千分尺在距活塞裙部下边缘约10mm处与活塞销垂直方向进行测量（图6-17），测量值与标准尺寸的偏差最大为0.04mm。

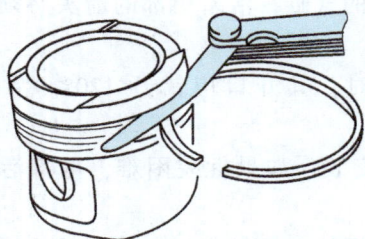

图 6-16　用塞尺测量活塞环的侧隙

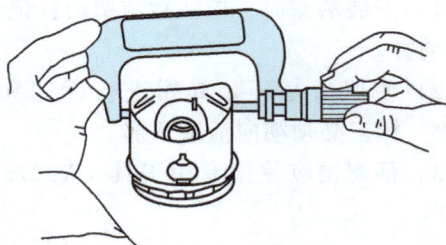

图 6-17　测量活塞直径

技能拓展

一、连杆的检修（以 AJR 型发动机为例）

1. 检查连杆轴向间隙

检查连杆轴向间隙，如图 6-18 所示。连杆的轴向间隙应为 0.10~0.35mm，磨损极限值为 0.40mm。

2. 检查连杆径向间隙

检查连杆径向间隙时，可用塑料间隙测量片对装好的发动机进行检查，具体测量方法如下：

1）拆下连杆轴承盖，清洁连杆轴承和轴颈。

2）将塑料间隙测量片沿着轴向置于轴颈和轴承上。

3）装上连杆轴承盖，并用 30N·m 的力矩拧紧螺栓，不得进一步拧紧，不得转动曲轴。

4）重新拆下连杆轴承盖，测量压扁后塑料间隙测量片的厚度，与规定值相比较。连杆径向间隙应为 0.01~0.05mm，磨损极限值为 0.12mm。

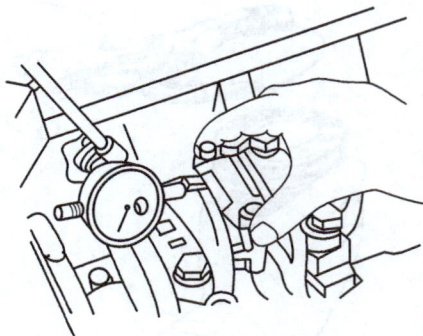

图 6-18　检查连杆轴向间隙

5）在装配完毕的发动机上进行检查时，螺栓允许重复使用一次，但须在螺栓头上做标记，有此标记的螺栓下次必须更换。

6）安装连杆轴承盖时，应在连杆轴承盖螺母接触面涂机油，并用 30N·m 的力矩拧紧，接着转动 180°。

3. 检查连杆的弯曲量和扭曲量

将活塞销试装到连杆上，再把连杆大头装到连杆检验仪上，测量连杆的弯曲量（图 6-19）；再测量连杆的扭曲量（图 6-20）。在 100mm 长度上，连杆的弯曲变形量不得大于 0.05mm，连杆的扭曲变形量不得大于 0.15mm，否则应进行校正。连杆弯曲和扭曲的校正如图 6-21 所示，由于常温下校正连杆会发生弹性变形，因此校正后可稍许加热处理。

二、连杆衬套的检修（以 AJR 型发动机为例）

1. 连杆衬套的选配

发动机在大修时，在更换活塞、活塞销的同时，必须更换连杆衬套，以恢复其正常配合。

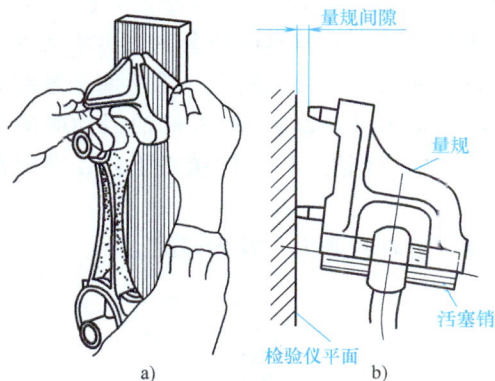

图 6-19　测量连杆弯曲量

a）测量间隙　b）弯曲示意图

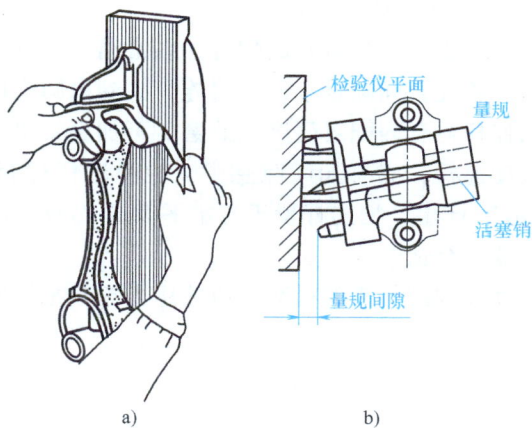

图 6-20　测量连杆扭曲量

a）测量间隙　b）扭曲示意图

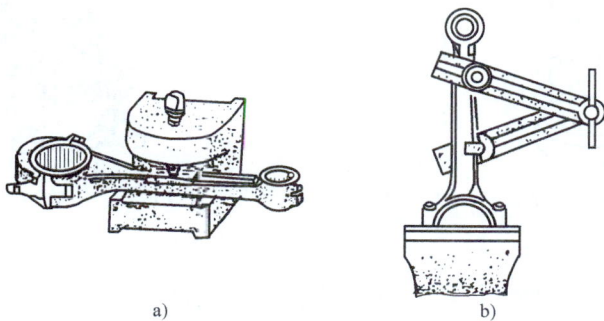

图 6-21　连杆弯曲和扭曲的校正

a）连杆弯曲的校正　b）连杆扭曲的校正

连杆衬套与连杆小头应有 0.06～0.10mm 的过盈量，以保证衬套在工作时不走外圆。分别测量连杆小头内径（图 6-22）和新衬套外径（图 6-23），其差值就是衬套的过盈量。

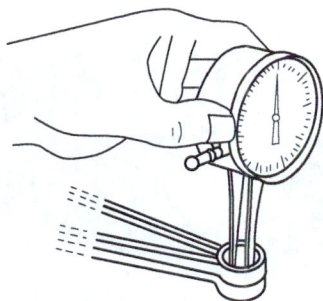

图 6-22　测量连杆小头内径

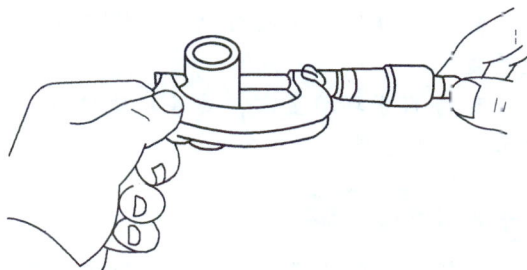

图 6-23　测量新衬套外径

新衬套的压入可在台虎钳上进行。压入前，应检查连杆小头有无毛刺，以免擦伤衬套外圆。压入时，衬套倒角应朝向连杆小头倒角一侧，并将其放正，同时将连杆衬套油孔对准连杆小头油孔，如图 6-24 所示，确保机油畅通。

2. 连杆衬套的修配

活塞销与连杆衬套的配合，在常温下应有 0.005～0.010mm 的间隙，接触面积应在 75% 以上。若配合间隙过小，可将连杆夹到内圆磨床上进行磨削，并留有研磨余量。再将活塞销插入连杆衬套内配对研磨，研磨时可加少量机油，将活塞销夹在台虎钳上，沿活塞销轴线方向扳动连杆，应有无间隙感觉。检验连杆衬套修配质量（图 6-25）：加入机油扳动时应无"气泡"产生，把连杆置于与水平面成 75°角时应能停住，轻拍连杆应能缓慢下降，此时配合间隙为合适。

经过镗削加工的衬套，应能用大拇指把活塞销推入连杆衬套内，并无间隙。

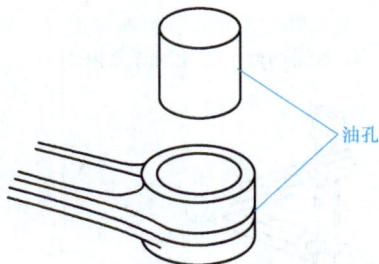

图 6-24　连杆衬套油孔对准连杆小头油孔

图 6-25　检验连杆衬套修配质量

项目 7　发动机同步带的更换

项目要求

1. 熟悉发动机配气机构的功用和组成、正时传动装置的类型。
2. 能通过与客户交流、查阅相关维修技术资料等方式获得车辆信息。
3. 掌握同步带的更换方法。
4. 能对操作结果进行测试，检查和评估其修复质量。
5. 能根据环境要求，妥善处理辅料、废弃液体和损坏的零件。

项目载体

一辆汽车在高速行驶中发动机突然熄火，并无法再次起动，经检查发现同步带断裂，进一步检查发现，此故障同时造成了部分气门弯曲，个别活塞头部损坏。图 7-1 所示为发动机同步带断裂。

图 7-1　发动机同步带断裂

发动机同步带应该在达到厂家规定的里程或磨损时进行更换。同步带会因过度磨损而变得脆弱，在急加速的情况下可能会断裂，导致凸轮轴和曲轴的转动不合拍。对于大多数发动机，当凸轮轴停止转动时，曲轴在发动机停止前还会转动很多圈，这样，气门就会被向二移动的活塞顶弯，同时顶坏活塞顶部，无法再次起动发动机。发生这种故障时需要更换同步带。

相关知识

一、发动机配气机构的功用和组成

1. 发动机配气机构的功用

发动机配气机构的功用是按照发动机每一气缸内所进行的工作循环或点火次序的要求，定时开启和关闭各气缸的进、排气门，使新鲜可燃混合气（汽油机）或空气（柴油机）及时进入气缸，废气及时从气缸中排出。

2. 配气机构的组成

发动机配气机构基本可分成气门组和气门传动组两部分，如图7-2所示。气门组用来封闭进、排气道，主要零件包括气门、气门座、气门弹簧、气门导管等。气门传动组包括从正时传动装置开始至推动气门动作的所有零件，作用是使气门定时开启和关闭，它的组成视配气机构的形式不同而异，主要零件包括正时齿轮或正时链轮和正时链条或同步带轮和同步带、凸轮轴、挺杆、推杆、摇臂轴和摇臂等。

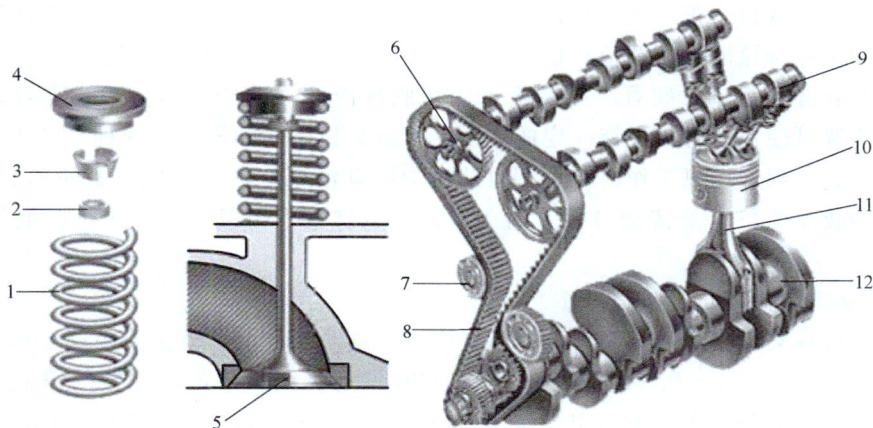

图7-2　发动机配气机构的组成

1—气门弹簧　2—气门导管油封　3—气门锁片　4—气门弹簧座　5—气门　6—同步带轮
7—张紧轮　8—同步带　9—凸轮轴　10—活塞　11—连杆　12—曲轴

二、正时传动装置的类型

凸轮轴靠曲轴来驱动，传动方式有齿轮传动、链传动和带传动3种。气门的开启和关闭时刻、凸轮轴与曲轴的传动比均靠传动装置来保证。

1. 正时齿轮传动装置

正时齿轮传动具有传动平稳、可靠、不需要调整等优点，下置凸轮轴式配气机构多采用

此种传动装置。汽油机一般只用一对正时齿轮，即曲轴正时齿轮和凸轮轴正时齿轮，柴油机需要同时驱动喷油泵，所以增加了一个中间齿轮。为保证配气和点火正时，齿轮上都有正时标记，装配时必须将标记对齐。凸轮轴正时齿轮的齿数为曲轴正时齿轮齿数的两倍，以实现传动比为 2∶1。为保证气门的开启和关闭时刻正确，装配时，应对正两正时齿轮上的正时标记。两正时齿轮及正时标记如图 7-3 所示。

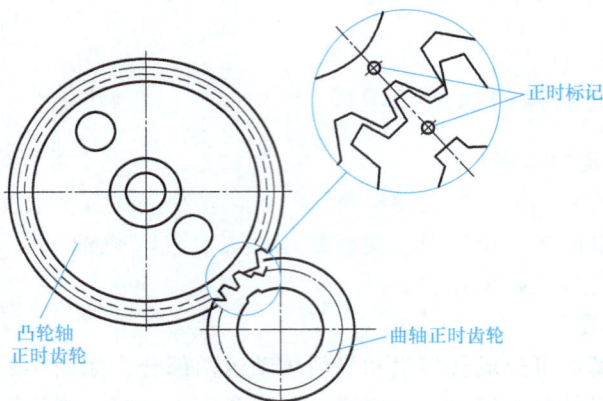

图 7-3　两正时齿轮及正时标记

2. 正时链传动装置

侧置凸轮轴式配气机构或顶置凸轮轴式配气机构均可采用正时链传动装置。正时链传动装置主要由正时链轮、正时链条和正时张紧装置等组成，如图 7-4 所示。凸轮轴正时链轮的齿数是曲轴正时链轮齿数的两倍，以实现传动比为 2∶1。为防止正时链条抖动，正时链传动装置设有导链板和张紧装置。导链板采用橡胶导向面为链条导向，一般应与链条一起更换。张紧装置可使正时链条保持一定的紧度，可分为机械式和液压式两种，应用较多的是液压式张紧装置。当发动机工作时，利用机油压力推动液压缸活塞，使张紧轮压紧正时链条。正时链传动装置的特点是传动可靠、耐久性好、节省空间，但工作噪声大，润滑、维修较麻烦。

3. 同步带传动装置

同步带传动装置多用于顶置式凸轮轴的传动。同步带传动装置主要由同步带、同步带轮和张紧轮等组成。图 7-5 所示为桑塔纳汽车 AFE 发动机同步带传动装置的组成。张紧轮靠弹簧压紧，也起到对同步带轴向定位作用。凸轮轴同步带轮直径等于曲轴同步带轮直径的两倍，传动比为 2∶1。

为了确保传动可靠，同步带要保持一定张紧力，在同步带传动装置中设置了由张紧轮与张紧弹簧组成的张紧机构。张紧轮的滚动轴承是全密封的，并填有长效润滑脂，使用中无需加脂，但也不可清洗。同步带驱动是一种啮合传动，而不是摩擦传动，因此传动比较精确，同步性好，与链传动相比，其使用速度范围大，传动平稳，有良好的减振性，且不需要润滑，传动机构简单，噪声小。

同步带传动装置与正时链传动装置一样，装配时必须按相关维修手册中的规定对正正时标记。装配时应对正下列标记：凸轮轴同步带轮与气缸盖上的标记、曲轴同步带轮与气缸体前端标记（图 7-5）。

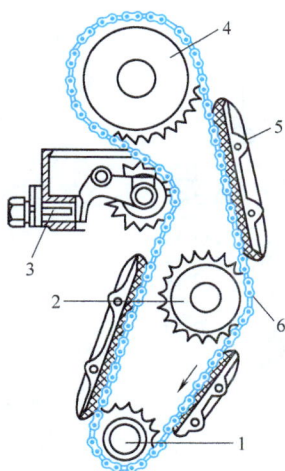

图 7-4　正时链传动装置的组成

1—曲轴正时链轮　2—油泵驱动链轮　3—液压式张紧装置
4—凸轮轴正时链轮　5—导链板　6—正时链条

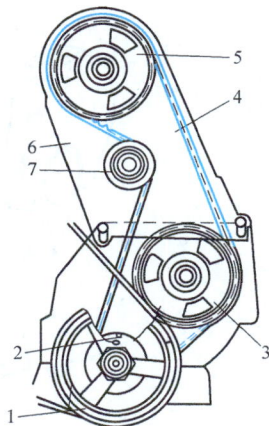

图 7-5　桑塔纳汽车 AFE 发动机同步带
传动装置的组成

1—曲轴同步带轮　2—曲轴同步带轮上的正时标记
3—中间轴同步带轮　4—同步带
5—凸轮轴同步带轮　6—防护罩　7—张紧轮

技能操作

一、准备工作及注意事项

1. 准备好常用拆装工具若干套。
2. 准备好发动机拆装台架若干套。
3. 准备好举升机若干台。
4. 准备好清洁工具。
5. 工作过程中应注意安全及环保工作是否到位。

二、桑塔纳汽车 AJR 发动机同步带的拆装

桑塔纳汽车 AJR 发动机同步带及附件的分解图如图 7-6 所示。

1. AJR 发动机同步带的拆卸

1）将发动机安放在维修工作台上。

2）拆卸 V 形带。

3）将曲轴转到 1 缸的上止点位置。1 缸上止点标记如图 7-7 箭头所示。

4）拆卸同步带上防护罩。

5）将凸轮轴同步带轮上的标记对准同步带防护罩上的标记，如图 7-8 中箭头所示。

6）拆卸曲轴同步带轮。

7）拆卸同步带中间防护罩及下防护罩。

8）在同步带上做好标记，检查磨损情况，不得有扭曲现象。

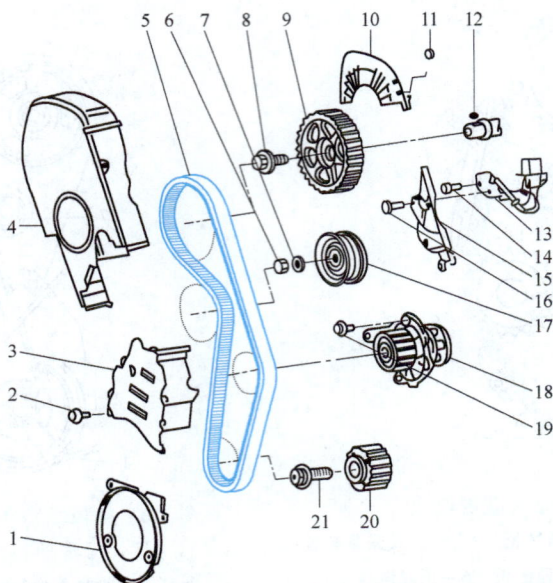

图 7-6　桑塔纳汽车 AJR 发动机同步带及附件的分解图

1—同步带下防护罩　2—中间防护罩螺栓（拧紧力矩为 10N·m）　3—同步带中间防护罩　4—同步带上防护罩　5—同步带　6—张紧轮固定螺栓（拧紧力矩为 15N·m）　7—波纹垫圈　8—凸轮轴同步带轮固定螺栓（拧紧力矩为 100N·m）　9—凸轮轴同步带轮　10—同步带后上防护罩　11—防护罩固定螺栓（拧紧力矩为 10N·m）　12—半圆键　13—霍尔传感器　14—螺栓（拧紧力矩为 10N·m）　15—同步带后防护罩　16—螺栓（拧紧力矩为 20N·m）　17—半自动张紧轮　18—水泵　19—螺栓（拧紧力矩为 15N·m）　20—曲轴同步带轮　21—曲轴同步带轮螺栓（拧紧力矩为 90N·m+90°）

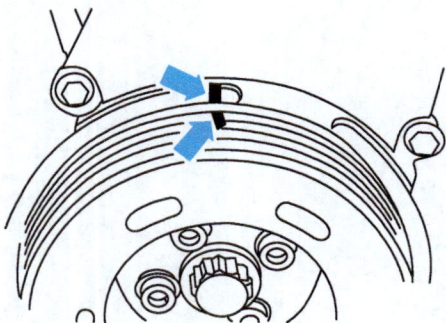

图 7-7　1 缸上止点标记

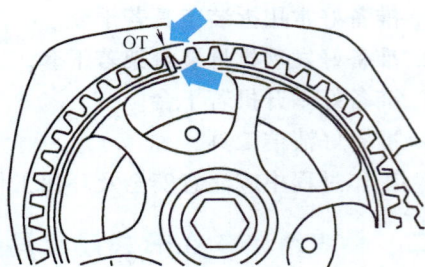

图 7-8　凸轮轴同步带轮与同步带防护罩上的标记

9）松开半自动张紧轮并拆卸同步带。

2. AJR 发动机同步带的安装

同步带的安装可参照图 7-9 进行，图 7-9 为拆去同步带上、中防护罩后的视图。凡是进行过与同步带相关的修理工作后，都要按下述步骤对同步带进行调整：

1）转动曲轴，使活塞不在上止点的位置，以免损坏气门及活塞。

2）将凸轮轴同步带轮上的正时标记对准同步带防护罩上的正时标记。

3）将曲轴同步带轮上的标记与同步带下防护罩上的参考标记对准。

4）将同步带安装到曲轴同步带轮和水泵上，注意安装位置。

5）将同步带安装到半自动张紧轮和凸轮轴同步带轮上。注意：半自动张紧轮的定位块

必须嵌入气缸盖上的缺口内，如图 7-10 箭头所示。

6）先松开半自动张紧轮，直到指针位于缺口下方约 10mm 处。使用专用工具（Matra V159）逆时针旋紧张紧轮，直到指针和缺口重叠，将张紧轮上锁紧螺母以 15N·m 的力矩拧紧，如图 7-11 中箭头所示。

7）用手转动曲轴，检查并调整。

8）安装同步带下防护罩、曲轴司步带轮、同步带上防护罩和中间防护罩。

3. 检查半自动张紧轮（图 7-12）

当发动机前端位于维修工作台上，同步带已安装并张紧时，拆卸同步带上防护罩，用拇指用力弯曲同步带，指针应该移向一侧（图 7-12）。当放松同步带时，半自动张紧轮应该回到初始位置（缺口和指针重叠）。

安装同步带

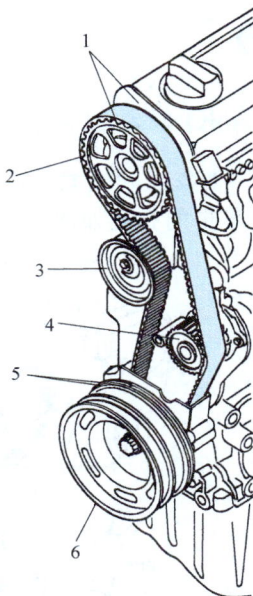

图 7-9　同步带的安装

1—凸轮轴正时标记　2—凸轮轴同步带轮
3—半自动张紧轮　4—水泵
5—曲轴正时标记　6—曲轴同步带轮

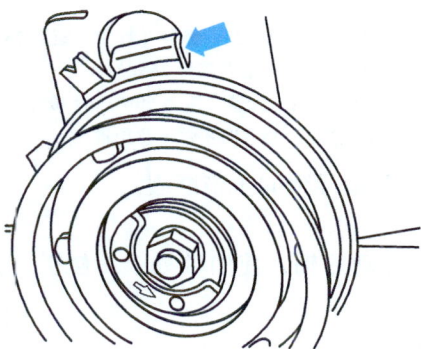

图 7-10　半自动张紧轮的定位块位置

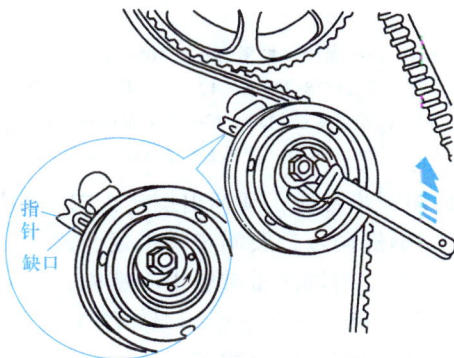

图 7-11　用专用工具安装半自动张紧轮

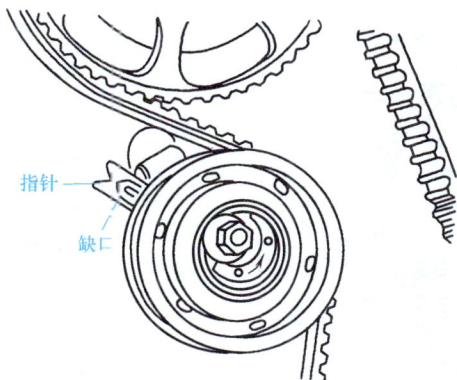

图 7-12　检查半自动张紧轮

帕萨特汽车 ANQ 发动机同步带的拆装

1. 帕萨特汽车 ANQ 发动机同步带的拆卸

ANQ 发动机同步带的布置如图 7-13 所示。

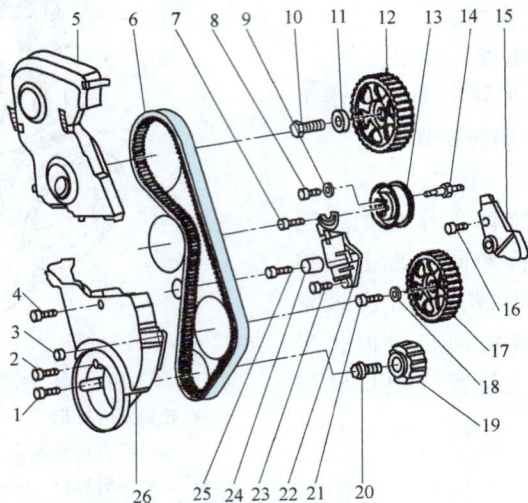

图 7-13　ANQ 发动机同步带的布置

1、2、3、4、8、16、23—螺栓（拧紧力矩为 10N·m）　5—同步带上防护罩　6—同步带　7、10、25—螺栓（拧紧力矩为 25N·m）

9、11、18—垫圈　12—凸轮轴同步带轮　13—张紧轮　14—定位螺栓（拧紧力矩为 25N·m）

15—同步带后防护罩　17—中间轴同步带轮　19—曲轴同步带轮　20—螺栓（拧紧力矩为 90N·m+90°）

21—螺栓（拧紧力矩为 65N·m）　22—同步带张紧装置　24—惰轮　26—同步带下防护罩

拆卸同步带前，须标出旋转方向，如果安装错误，可能导致同步带断裂。

1）拆卸同步带及同步带张紧装置。

2）通过曲轴同步带轮中心螺栓，沿曲轴旋转方向盘动曲轴，使曲轴处于 1 缸上止点标记处。发动机 1 缸上止点标记如图 7-14 所示。

3）拆卸同步带上防护罩，标记同步带的运转方向。

4）拆卸扭转减振器/带轮（一体轮），如图 7-15 所示。

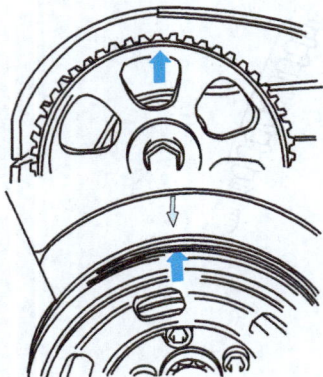

图 7-14　发动机 1 缸上止点标记

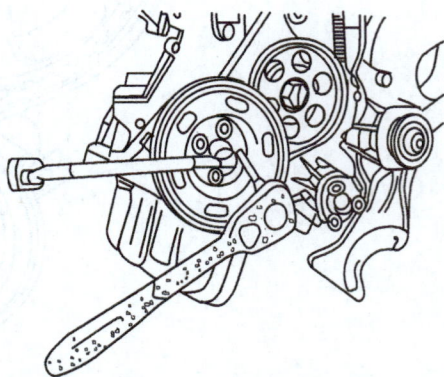

图 7-15　拆卸扭转减振器/带轮（一体轮）

5）拆卸同步带下防护罩，如图 7-16 所示。

6）用内六角扳手（8mm）按图 7-17 所示箭头方向扳动同步带张紧轮，直到张紧装置柱塞上的孔和张紧装置柱塞支架上的孔重叠，将销子插到张紧装置销孔中，以固定张紧装置柱塞。

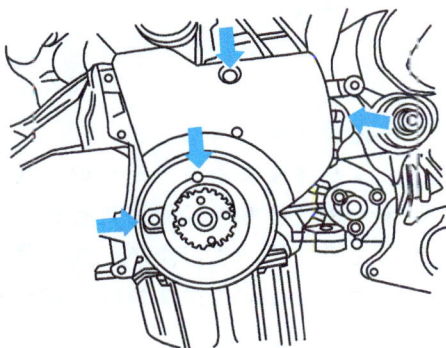

图 7-16　拆卸同步带下防护罩

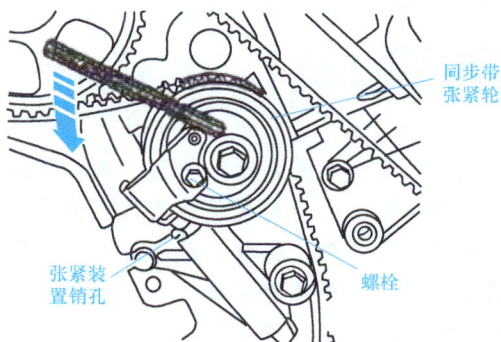

图 7-17　拧松同步带张紧装置

7）取下同步带，将曲轴顺时针转一个角度。

2. 帕萨特汽车 ANQ 发动机同步带的安装

在维修时即使仅脱开凸轮轴同步带轮上的同步带，安装时，也要按下列步骤安装并调整同步带的位置。无论发动机处于冷态还是暖态，均可进行配气正时调整。活塞处于上止点位置时不允许旋转凸轮轴，否则有可能损坏气门或活塞。

1）将凸轮轴同步带轮上的标记对准气缸盖罩上的标记。

2）将同步带套装到凸轮轴同步带轮上（旋转方向须无误）。

3）用一个螺栓固定扭转减振器/芽轮（一体轮）。安装同步带下防护罩。

4）旋转曲轴，使发动机处于 1 缸上止点位置，如图 7-18 所示。

5）将同步带安装在张紧轮、凸轮轴同步带轮和曲轴同步带轮上。

3. 帕萨特 ANQ 发动机同步带的张紧调整

1）张紧同步带，同步带张紧轮用内六角扳手（8mm）按图 7-17 箭头的方向扳动直至销子拔出。

2）转动曲轴两圈并检查凸轮轴与曲轴的标记在参考点上是否对准。若没对准，应继续调整。

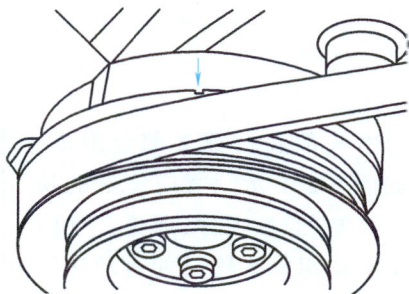

图 7-18　1 缸上止点位置

项目 8　气门间隙的调整

项目要求

1. 熟悉气门组、气门传动组的结构及功用。

2. 熟悉气门间隙的含义及作用。

3. 能通过与客户交流、查阅相关维修技术资料等方式获得车辆信息。

4. 掌握气门间隙的检查、调整方法。

5. 能对操作结果进行测试，检查和评估其修复质量。

6. 能根据环境要求，妥善处理辅料、废弃液体和损坏的零件。

项目载体

当发动机工作较长时间后，气门间隙会发生变化，需要进行检测调整。

气门间隙变大是由于凸轮轴、挺柱、挺杆、气门小头、摇臂端头等磨损造成的；气门间隙变小并不常见，一般是更换气门座圈后才会出现。如果不及时地对气门间隙进行检查与调整，可能会引起气门摇臂、凸轮等产生强烈的撞击，气门关闭不严，气门烧坏，气门撞击活塞顶部，严重时会撞坏活塞，造成严重事故。因此汽车行驶 1 万 km 左右维护时，应检查和调整气门间隙，使之符合技术规范。

相关知识

一、气门组

气门组如图 8-1 所示，由气门、气门座圈、气门导管、气门弹簧座、密封片、气门弹簧、锁片等组成，其主要作用是实现气缸的密封和进、排气。

1. 气门的功用

气门分为进气门和排气门 2 种，其功用是与气门座圈相配合，对气缸进行密封，并按工作循环的要求定时开启和关闭，使新鲜气体进入气缸、使废气排出气缸。

2. 气门的结构

气门由头部和杆部 2 部分组成，其结构如图 8-2 所示。气门头部的功用是封闭气缸的进、排气通道，气门杆部的主要功用是为气门的运动进行导向。

（1）气门头部

1）气门头部形状。气门头部的形状有平顶、凸顶和凹顶，如图 8-3 所示。目前使用最多的是平顶气门头部。平顶气门头部结构简单、制造容易、吸热面积较小、质量小，进、排气门均可采用。

图 8-1　气门组

2）气门密封锥面。气门头部与气门座圈接触的工作面，是与气门杆部同心的锥面，起到密封气道的作用。通常将这一锥面与气门顶部平面的夹角称为气门圆锥角，如图 8-4 所示，一般做成 30° 或 45°。一般排气门采用 45° 气门圆锥角，以保证受高温的排气门头部有足

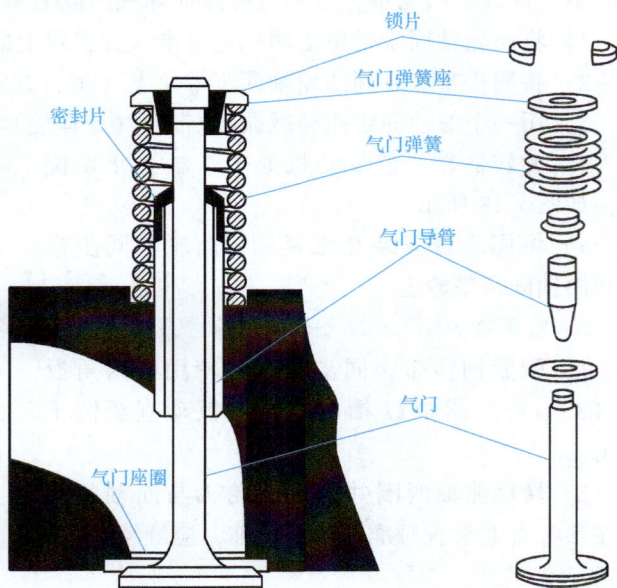

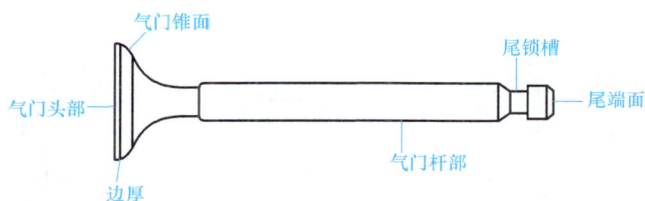

图 8-2 气门的结构

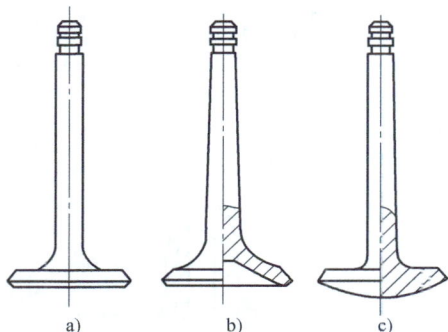

气门锥面
尾锁槽
气门头部
尾端面
气门杆部
边厚

图 8-3 气门头部的形状

a) 平顶　b) 凹顶　c) 凸顶

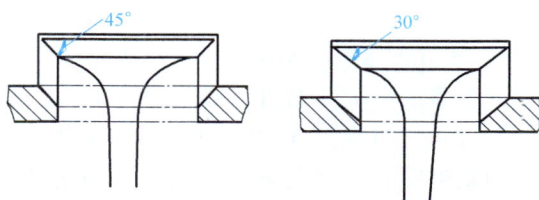

图 8-4 气门圆锥角

够的刚度,进气门可采用 30°气门圆锥角或 45°气门圆锥角,采用 30°气门圆锥角时气门开启时通道断面较大,而采用 45°气门圆锥角时维修方便。

3)气门头部直径。同一台发动机的进气门头部直径大于排气门头部直径,以提高发动机的进气量。气门头部的边缘应保持一定的厚度,一般为 1~3mm,以防止工作中冲击损坏和被高温烧蚀。

(2)气门杆部

1)气门杆部的功用与结构。气门杆部是圆柱形的,在气门导管中不断进行上、下往复运动。气门导管起到良好的导向、散热作用。气门杆尾部结构取决于气门弹簧座的固定方式,如图 8-5 所示,常用的结构是用剖分成两半的锥形锁片来固定气门弹簧座(图 8-5a),这时气门杆尾部可切出环

锥形锁片
气门弹簧座
气门弹簧
气门杆部

锁销
气门弹簧座
气门弹簧
气门杆部

a)　　　b)

图 8-5 气门弹簧座的固定方式

形槽来安装锁片;也可以用锁销来固定气门弹簧座(图 8-5b),对应的气门杆尾部应有一个用来安装锁销的径向孔。

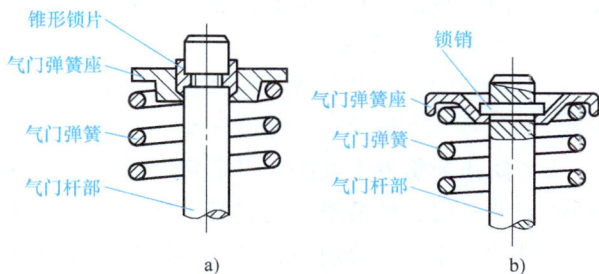

2)气门机油防漏装置。发动机工作时,适量的机油进入气门导管与气门杆部之间的间隙,对气门杆部起润滑作用。但如果进入的机油过多,将会在气缸内造成积炭、在气门上产生沉积物、使机油消耗增加。需要指出的是,进气管中有一定的真空度,机油会被从气门杆部与气门导管之间吸入进气管并进入气缸,因此,发动机在气门杆部装有机油防漏装置。其结构形式有 3 种,如图 8-6 所示。

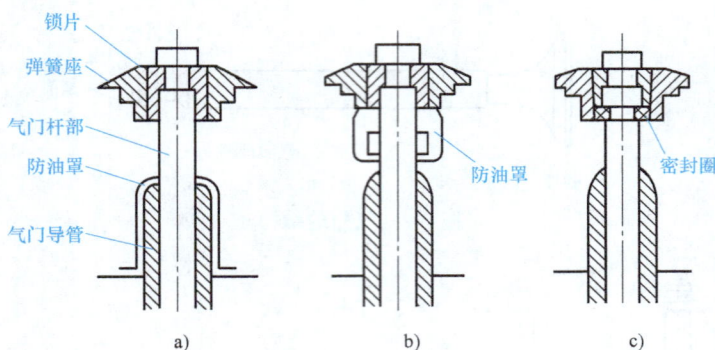

图 8-6　机油防漏装置

3. 气门座与气门座圈

气缸盖或气缸体的进、排气道口与气门锥面相结合的部位称为气门座。气门座的作用是靠其内锥面与气门锥面的紧密贴合密封气缸，并接受气门传来的热量。气门座可以在气缸盖或气缸体上直接镗出，也可以单独制成气门座圈，镶嵌在气缸盖或气缸体上（图 8-7）。气门座圈一般用耐热钢或耐热铸铁制成。

4. 气门导管

气门导管的主要功用是为气门运动导向，以保证气门上、下运动时不发生径向摆动而准确落入气门座或气门座圈（以下简称落座），同时起导热作用。为了防止气门导管在使用过程中松落，有的发动机对气门导管用卡环定位（图 8-7）。气门杆部与气门导管之间一般留有 $0.05\sim0.12mm$ 的间隙，使气门杆部能在导管中自由运动。

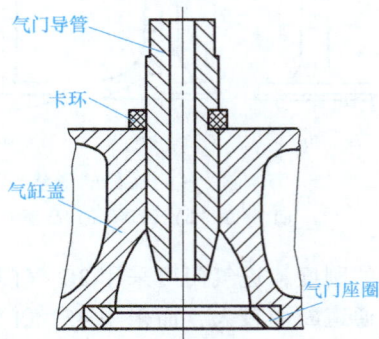

图 8-7　气门导管和气门座圈

5. 气门弹簧（图 8-8）

气门弹簧的作用是使气门与气门座紧密贴合，克服气门和气门驱动件所产生的惯性力的干扰，避免各零件彼此脱离而破坏配气机构的正常工作。

为了防止弹簧发生共振，可采用变螺距的圆柱形弹簧，大多数高速发动机是一个气门装有同心安装的内、外两根气门弹簧，这样不但可以防止共振，而且当一根弹簧折断时，另一根仍可维持工作。当装用两根气门弹簧时，气门弹簧的螺旋方向和螺距应各不相同，这样可以防止折断的弹簧圈卡入另一个弹簧圈内。

6. 气门间隙

（1）气门间隙的含义　通常在发动机冷态装配（气门完全关闭）时，在气门与其传动机构中留有适当的间隙，以补偿气门受热后的膨胀量，这一间隙通常称为气门间隙，如图 8-9 所示。

（2）气门间隙的大小　气门间隙的大小一般由发动机制造厂根据试验确定。一般在冷态时，进气门间隙为 $0.25\sim0.35mm$，排气门间隙为 $0.30\sim0.35mm$，在使用和维修中必须将气门间隙调整到标准范围。采用液压挺柱的发动机，由于挺柱长度自由变化，可以随时补偿气门的热膨胀量，故不需要预留气门间隙。

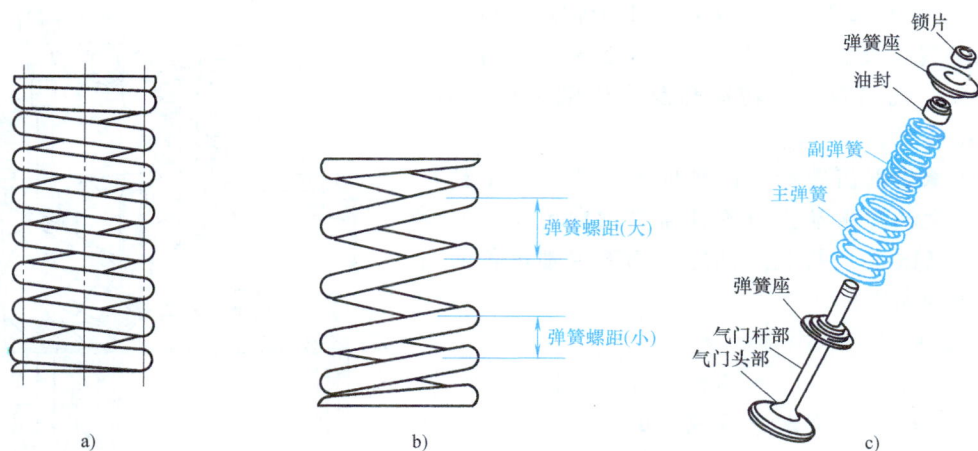

图 8-8 气门弹簧

a）圆柱形弹簧 b）变螺距的圆柱形弹簧 c）双气门弹簧

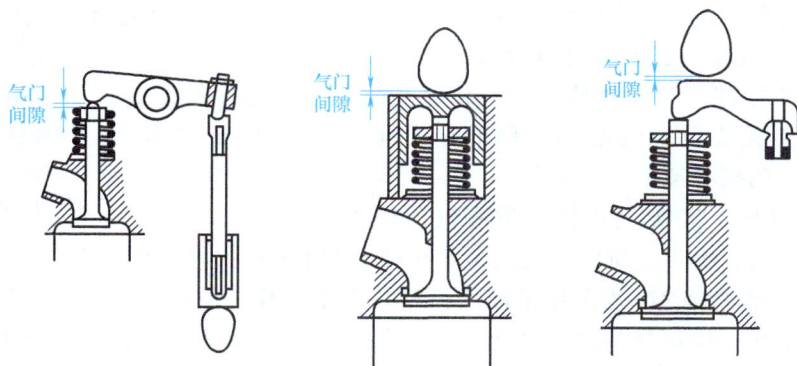

图 8-9 气门间隙

二、气门传动组

气门传动组包括凸轮轴及其驱动装置、挺柱。有的发动机采用摇臂结构，气门传动组中还包括推杆、摇臂、摇臂轴等部件，如图 8-10 所示。

1. 凸轮轴

（1）凸轮轴的功用 凸轮轴是气门传动组中最主要的零件，其作用是驱动和控制各缸气门的开启和关闭，使其符合发动机的工作顺序、配气相位及气门开度的变化规律等要求。此外，多数汽油机还用它来驱动汽油泵、机油泵和电器等。

（2）凸轮轴的结构 凸轮轴主要由凸轮和凸轮轴颈等组成。多缸发动机的凸轮轴，按气缸工作顺序布置了一系列的凸轮。根据发动机的总体布置，在一根凸轮轴上，可以单独配置进气凸轮或排气凸轮，也可以同时配置进气凸轮和排气凸轮。凸轮轴结构如图 8-11 所示。

凸轮轴的材料一般用优质钢模锻制成，并经表面高频淬火（中碳钢）或渗碳淬火处理。近年来，合金铸铁和球墨铸铁也被广泛地用来制造凸轮轴。

凸轮轴被支承在轴承座上。凸轮轴的轴颈数取决于承受的载荷和轴本身的刚度，通常有

2 种类型，一种每隔 2 个气缸设置 1 个轴颈，另一种每隔 1 个气缸设置 1 个轴颈，一般多采用前者，当缸径较大、气门数多、转速高及凸轮轴负荷大时，则应采用后者。

为了承受斜齿轮产生的轴向力，防止凸轮轴在工作中产生轴向窜动，凸轮轴需要轴向定位，如桑塔纳汽车 AJR 发动机利用凸轮轴第五道轴承盖的两侧来实现轴向定位。

2. 挺柱

挺柱的作用是将凸轮的推力传递给推杆或气门杆，并承受凸轮轴旋转时所施加的侧向力。挺柱可分为普通挺柱和液压挺柱两种。

（1）普通挺柱　普通挺柱主要有菌形、筒形和滚轮形 3 种，如图 8-12 所示。通常把挺柱底部设计为球面，并且将凸轮制成锥形，使两者的接触点偏离挺柱轴线。工作时，当挺柱被凸轮顶起时，接触点间的摩擦力使挺柱绕自身轴线旋转，以实现均匀磨损。挺柱可直接安装在气缸体一侧的导向孔中，或安装在可拆卸的挺柱架中。

（2）液压挺柱　若配气机构中留有气门间隙，工作时会产生撞击和噪声，所以现代汽车发动机多采用液压挺柱，如别克、本田雅阁、奥迪 A6、帕萨特、桑塔纳等汽车均采用了液压挺柱。液压挺柱工作时，能自动补偿配气机构各传动件尺寸的变化，保证气门严密关闭，同时保持各零件始终接触，因此无须预留气门间隙，不存在调整气门间隙这项工作。图 8-13 所示为液压挺柱的结构。

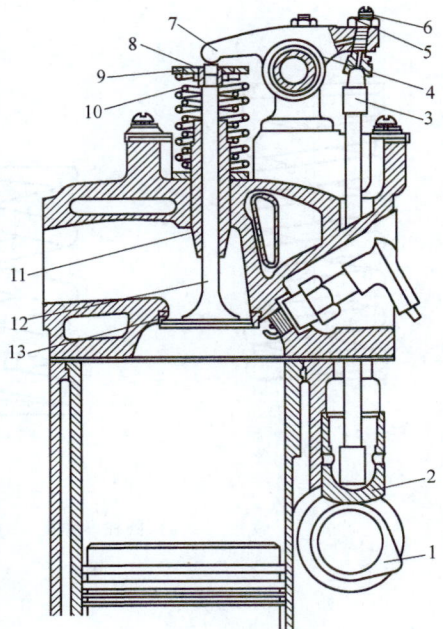

图 8-10　气门传动组

1—凸轮轴　2—挺柱　3—推杆　4—摇臂轴
5—锁紧螺母　6—调整螺钉　7—摇臂
8—气门锁片　9—气门弹簧座　10—气门弹簧
11—气门导管　12—气门　13—气门座

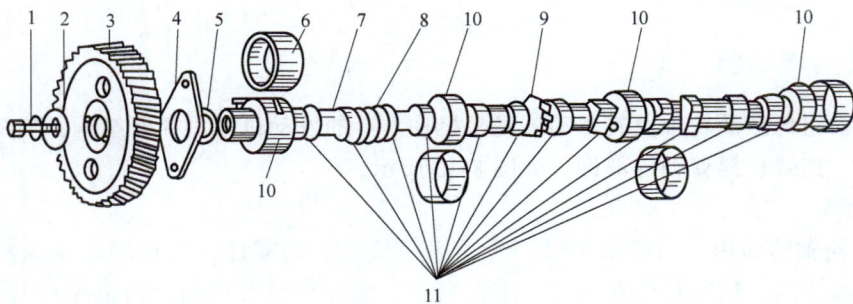

图 8-11　凸轮轴结构

1—螺栓　2—正时齿轮垫圈　3—正时齿轮　4—止动凸缘　5—止动座　6—凸轮轴衬套
7—凸轮轴　8—偏心轮　9—螺旋齿轮　10—凸轮轴轴颈　11—进、排气凸轮

3. 推杆

推杆的作用是将凸轮轴经过挺柱传来的推力传递给摇臂，它是配气机构中最易弯曲的细长零件。为了减小质量并保证有足够的刚度，推杆通常采用冷拔无缝钢管制成，对于气缸体和气缸盖都是铝合金制造的发动机，其推杆最好用硬铝制造。推杆可以是实心的，也可以是

空心的。实心推杆如图 8-14a 所示，一般是
与球形支座锻成一个整体，然后进行热处
理。图 8-14b 是硬铝棒制成的推杆，推杆两
端配以钢制的支承，其上、下端头与杆身做
成一体。空心推杆如图 8-14c 和 d 所示，前
者的球头与杆身做成整体，后者的两端与杆
身用焊接或压配的方法联成一体，且具有不
同的形状，这不仅可与摇臂上的气门间隙调
整螺钉的球形头部相适应，而且可以在凹球
内积存少量的机油以减小磨损。

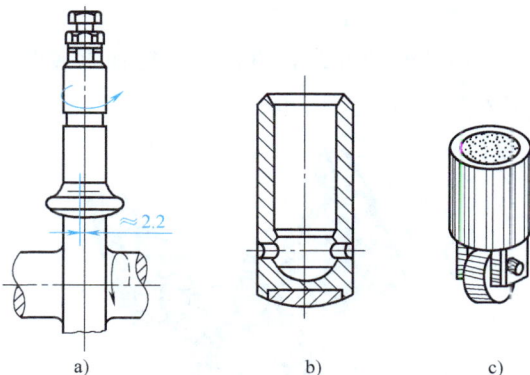

图 8-12 普通挺柱

a) 菌形 b) 筒形 c) 滚轮形

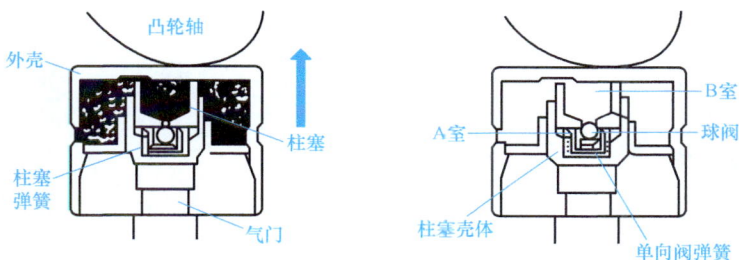

图 8-13 液压挺柱的结构

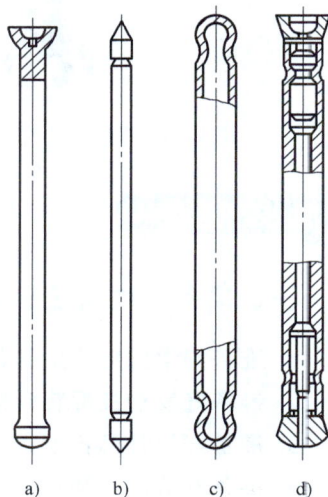

图 8-14 推杆

a) 实心推杆 b) 硬铝棒推杆
c) 空心推杆 1 d) 空心推杆 2

4. 摇臂

摇臂是一个中间带有圆孔的不等长双臂杠杆，其作用是将推杆或凸轮传来的力改变方
向，作用到气门杆尾部使其推开气门。摇臂的两臂一般制成不等长的，两边臂长的比值
（称摇臂比）约为 1.2~1.8，其中长臂一端用来推动气门。

摇臂的长臂端部以圆弧形的工作面与气门
杆尾部接触用以推动气门。摇臂的短臂端部有
螺孔，用来安装气门间隙调整螺钉及锁紧螺母，
以调整气门间隙，螺钉的球头与推杆顶端的凹
球座相连接。由于靠气门一端的为长臂，所以
在一定的气门升程下，可减小推杆、挺柱等运
动件的运动距离和加速度，从而减小了工作中
的惯性力。摇臂如图 8-15 所示。

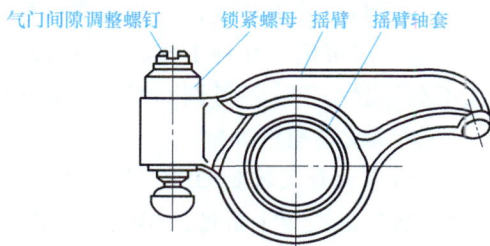

图 8-15 摇臂

5. 气门的驱动方式

气门的驱动方式有两种：凸轮轴直接驱动和利用摇臂驱动，其配气机构分别如图 8-16 和图 8-17 所示。

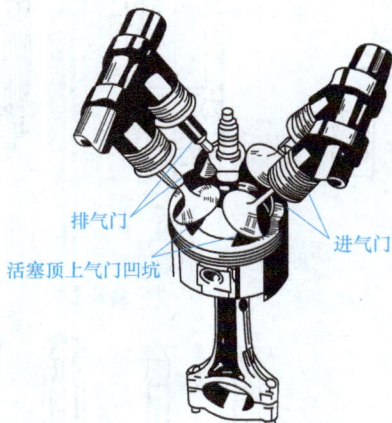

图 8-16　直接驱动式配气机构

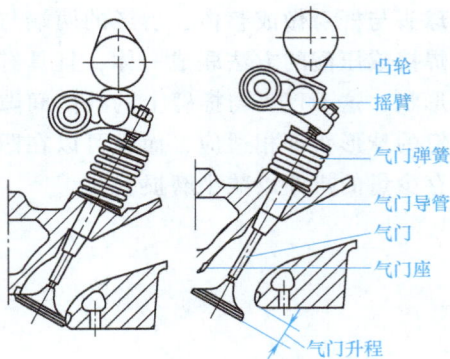

图 8-17　摇臂驱动式配气机构

🔧 技能操作

一、准备工作及注意事项

1. 准备好常用拆装工具若干套。
2. 准备好发动机拆装台架若干套。
3. 准备好举升机若干台。
4. 准备好清洁工具。
5. 工作过程中应注意安全及环保工作是否到位。

二、气门间隙的检查与调整

1. 气门间隙检查与调整的基本原则

气门间隙的检查与调整必须在气门完全关闭状态时进行。根据发动机的工作循环和点火顺序，结合配气相位分析确定各缸气门的工作状态，以确定可调气门，其基本原则是：处于压缩行程上止点的气缸，进气门和排气门均可调；处于排气行程上止点的气缸，进气门和排气门均不可调；处于进气行程和压缩行程的气缸，排气门可调；处于做功行程和排气行程的气缸，进气门可调。几种工作状态下气缸的气门间隙是不可调的，即气门开着、将要打开、刚关不久等状态下，不可调。气门间隙必须在规定的冷机或热机状态下调整到标准值。

2. 用两次调整法调整气门间隙（以 462Q 型四缸直列发动机为例）

1）将点火开关转到 OFF，拔出点火开关锁匙。
2）从气缸盖罩上拆卸曲轴箱通风软管，拆卸气缸盖罩。
3）从离合器外壳上拆卸点火正时检查窗橡胶塞。
4）拆卸分电器盖，顺时针方向转动曲轴（从发动机前端看），当分火头将要指向分电

器盖1缸高压线位置时，慢转曲轴，使飞轮上的冲印"T"处的直线标记与离合器外壳上的直线标记对齐，此即1缸压缩行程上止点位置（图8-18）。

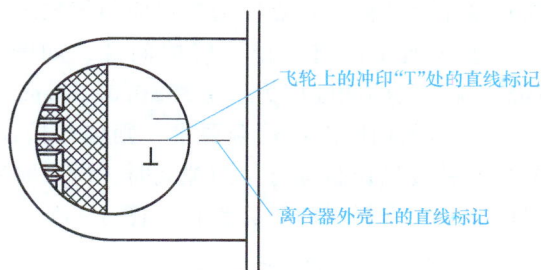

飞轮上的冲印"T"处的直线标记

离合器外壳上的直线标记

图8-18 标记对齐使1缸处在压缩行程上止点位置

5）将气门编号。如果将气门按如图8-19所示的气门编号顺序编号，则此时可检查、调整气门1、2、5和7的气门间隙，即1缸进、排气门均可检查、调整，2缸可检查、调整进气门，3缸可检查、调整排气门。

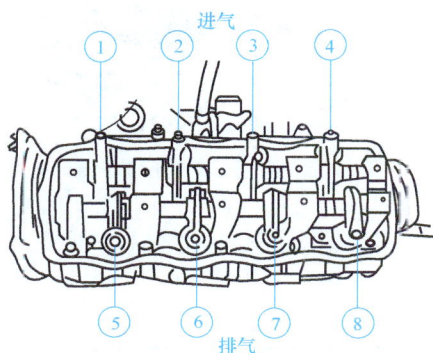

6）检查气门间隙时，可将塞尺塞入气门间隙中进行检查，如图8-20所示。

进气

1 2 3 4

5 6 7 8

排气

图8-19 气门编号顺序

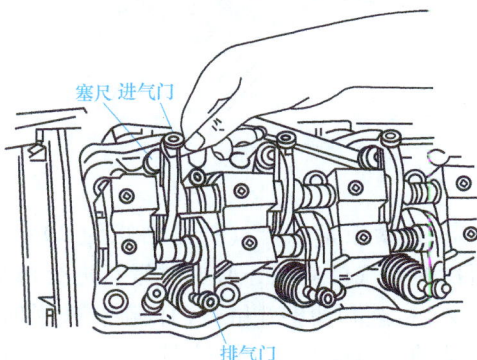

塞尺 进气门

排气门

图8-20 检查气门间隙

7）如果气门间隙不符合规定，则应进行调整。调整时，应先用扳手松开锁紧螺母，再用螺钉旋具旋动调整螺钉。旋入调整螺钉时，气门间隙减小；反之，旋出调整螺钉时，气门间隙增大。气门间隙值调整至规定值后，应一面用螺钉旋具固定住调整螺钉，一面将锁紧螺母以15~19N·m的拧紧力矩拧紧。

8）旋转曲轴360°，未调整的气门3、4、6和8均可检查调整。此时2缸可检查调整排气门，3缸可检查调整进气门，4缸进、排气门均可检查调整。

9）用塞尺复查气门间隙值，如果不合格，应重新进行调整。

10）装上气缸盖罩，并按规定力矩拧紧其固定螺栓，最后装上曲轴箱通风软管。

3. 用逐缸法调整气门间隙（以广州本田雅阁汽车VTEC16气门四缸直列发动机为例）

广州本田雅阁汽车VTEC16气门四缸直列发动机仅在气缸盖温度低于38℃时才可对气门进行调整。

1）将点火开关转到OFF位置，拔出点火开关锁匙。

2）检查和调整1缸气门间隙。

①拆卸气缸盖罩和同步带上护罩。

②使1缸活塞处于压缩行程上止点位置，即凸轮轴带轮上的"UP"标记朝向正上方，此时凸

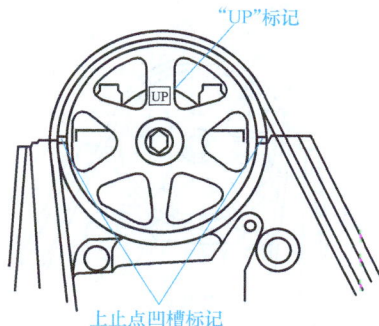

"UP"标记

上止点凹槽标记

图8-21 1缸活塞处于压缩行程上止点位置

轮轴带轮上的两上止点凹槽标记应与气缸盖上平面平齐，如图 8-21 所示。

③ 检查 1 缸进、排气门的间隙，如图 8-22 所示。进气门的间隙应为（0.26±0.02）mm，排气门的间隙应为（0.30±0.02）mm。

④ 若气门间隙不符合要求，则应拧松锁紧螺母，旋动调整螺钉进行调整（间隙小时，应逆时针旋松调整螺钉；间隙大时，应顺时针旋紧调整螺钉），直到前后推拉规定厚度的塞尺时感觉仅有轻微的阻力为止（图 8-23）。各缸气门间隙调整螺钉的位置如图 8-24 所示。

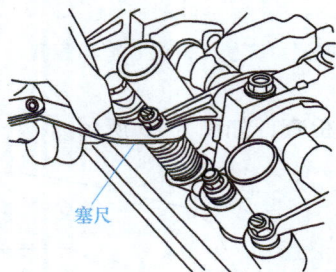

图 8-22 检查 1 缸进、排气门的间隙

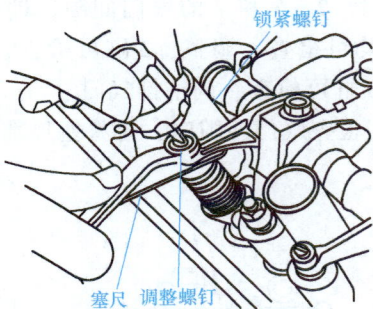

图 8-23 调整 1 缸气门的间隙

⑤ 拧紧锁紧螺母（拧紧力矩为 20N·m），并再次检查气门间隙，必要时重新进行调整。

3）检查和调整 3 缸气门间隙。按逆时针方向转动曲轴 180°（凸轮轴带轮转动 90°），使"UP"标记处于排气歧管侧且对正气缸盖上平面（3 缸活塞处于压缩行程上止点位置，如图 8-25 所示），此时可按上述方法检查和调整 3 缸进、排气门间隙。

4）检查和调整 4 缸气门间隙。按逆时针方向转动曲轴 180°，使"UP"标记朝向正下方，此时凸轮轴带轮上的两上止点凹槽标记应与气缸盖上平面平齐（4 缸活塞处于压缩行程上止点位置，如图 8-26 所示），检查和调整 4 缸进、排气门间隙。

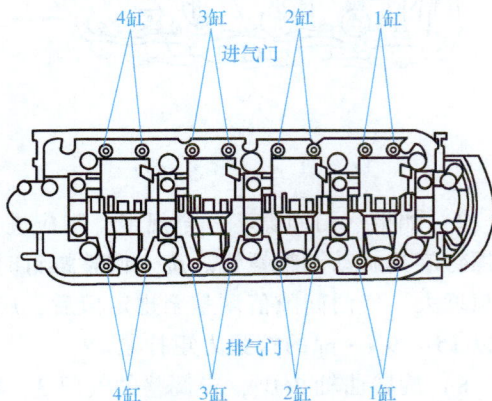

图 8-24 各缸气门间隙调整螺钉的位置

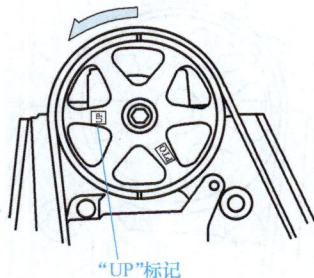

图 8-25 3 缸活塞处于压缩上止点位置

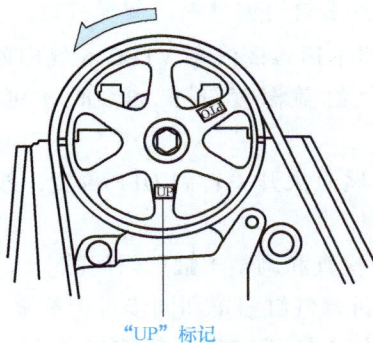

图 8-26 4 缸活塞处于压缩行程上止点位置

5）检查和调整 2 缸气门间隙。按逆时针方向转动曲轴 180°，使 "UP" 标记处于进气歧管侧且对正气缸盖上平面（2 缸活塞处于压缩行程上止点位置，如图 8-27 所示），此时可检查和调整 2 缸进、排气门间隙。

6）安装气门室盖垫，如图 8-28 所示。在安装气门室盖垫之前，应彻底清洁密封件和槽口。在安装时，确认气门室盖垫是否紧密地贴合，与槽口之间有无缝隙。

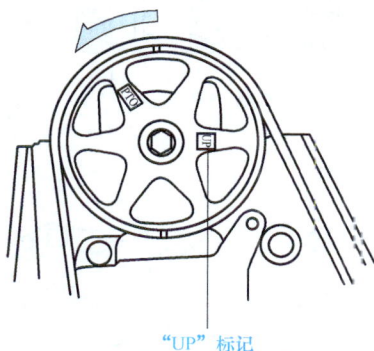

图 8-27 2 缸活塞处于压缩行程上止点位置

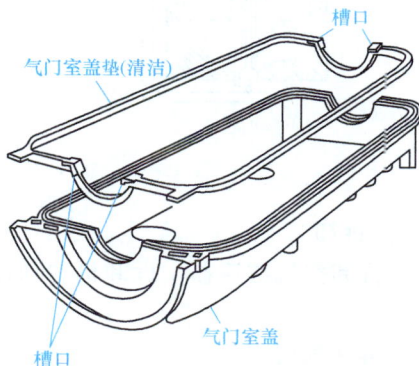

图 8-28 安装气门室盖垫

7）在气门室盖垫凹槽的四角部分涂抹液体密封剂（图 8-29）。在涂抹密封剂前，应检查配合表面是否清洁干燥；涂抹密封剂后，应在 5min 内进行安装，如果达到或超过了 5min，则应清除密封剂后重新涂抹密封剂；安装后，应在 30min 以后再向发动机添加机油。

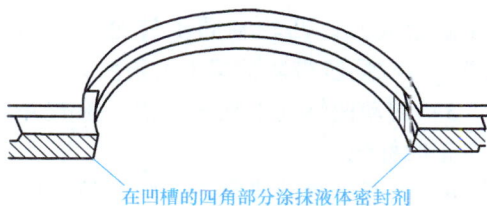

8）安装气门室盖。用手指按住凸轮轴盖托架的接触表面（半圆顶部），以便把气缸盖垫放入凹槽内。注意：安装气门室盖之前，应清洁气缸盖接触表面；不要触摸涂抹了密封剂的零件表面。在安装气门室盖时，注意不要损坏火花塞密封件，如果火花塞密封件有损坏或老化，则应更换。

图 8-29 气门室盖垫涂抹密封剂

9）按顺序分 2~3 次用 9.5N·m 的力矩将螺母拧紧。

10）安装完毕，检查所有气管、各类软管和插头是否安装正确。

技能拓展

桑塔纳汽车 AJR 发动机气门组的拆装

1. 气门组的拆装

拆卸完气缸盖后，取出液压挺柱。必须先使用专用气门拆装钳压缩气门弹簧，然后取出气门锁片、气门弹簧座、气门弹簧、气门油封及气门，各组件按顺序摆放好，不得错乱（图 8-30）。安装时，按与拆卸相反的顺序进行。装入气门组件时注意配对标记，不得装错。

2. 气门传动组的拆装（以桑塔纳汽车 AJR 发动机为例）

桑塔纳汽车 AJR 发动机配气机构零件分解图如图 8-31 所示。

进气

排气

1   2   3   4

将气门组件按次序摆放整齐

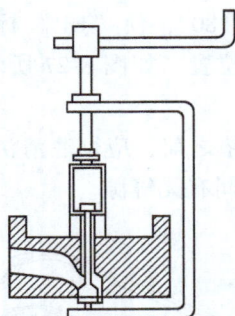

专用拆装工具

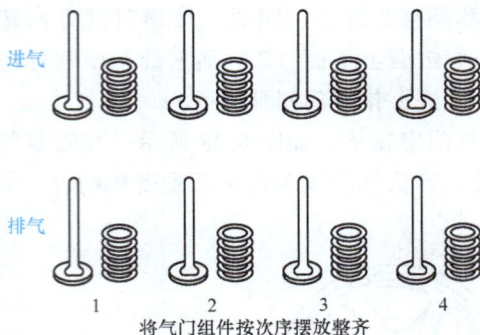

图 8-30　气门的拆卸

（1）拆卸

1）拆卸空气滤清器，拆卸机油加注口盖。

2）拆卸气门室盖。

3）拆卸同步带上护罩。

4）转动曲轴，使凸轮轴同步带轮位于1缸上止点。凸轮轴同步带轮上的标记必须对准同步带防护罩上的箭头。

5）转动曲轴到1缸上止点，检查并做好正时标记。

6）松开半自动张紧轮，从凸轮轴同步带轮上取下同步带。

7）先拆第1、3、5轴承盖，然后对角交替松掉第2、4轴承盖。

8）拆卸凸轮轴。

（2）安装

1）气门传动组的安装，按与拆卸时相反的顺序操作。

2）清洗、校验零部件。

3）按原位装入气门组件、液压挺柱、凸轮轴轴承盖等部件，不得装错。

4）安装凸轮轴前放上轴承盖，确定安装位置（注意孔的上、下两半部要对准）。凸轮轴轴承盖的安装位置如图8-32所示。

图 8-31　桑塔纳汽车 AJR 发动机配气机构零件分解图

1—同步带轮螺栓　2—凸轮轴同步带轮（带霍尔传感器的脉冲轮）　3—密封圈　4—半圆键　5—螺母　6—轴承盖　7—凸轮轴　8—液压挺杆　9—气门锁片　10—气门弹簧座　11—气门弹簧　12—气门杆密封圈　13—气门导管　14—气缸盖　15—气门

5）安装凸轮轴时，1缸凸轮必须朝上，凸轮轴转动时，曲轴（1缸）不可置于上止点位置，否则会损坏气门及活塞顶部。

6）润滑凸轮轴轴承表面。

7）安装第2、4轴承盖，对角交替拧紧第2、4轴承盖螺栓，拧紧力矩为20N·m。

8）安装第1、3、5轴承盖，对角交替拧紧第1、3、5轴承盖螺栓，拧紧力矩为20N·m。

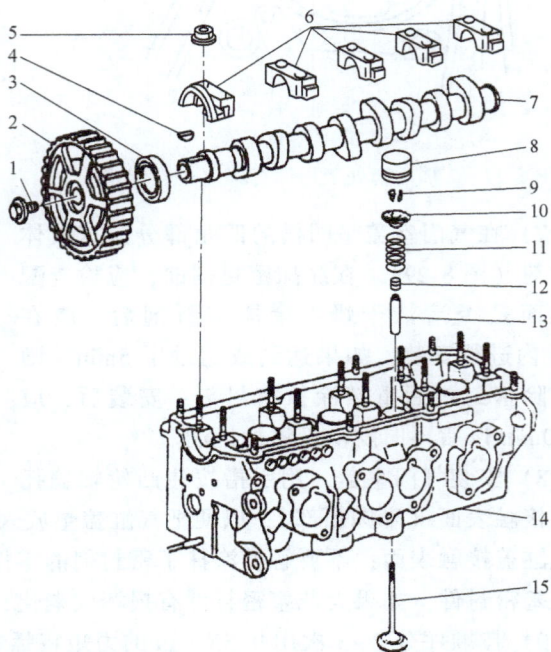

9）装上凸轮轴同步带轮，拧紧力矩为80N·m。

10）安装同步带（调整配气相位）。注意使凸轮轴同步带轮上的标记与气门罩盖平面平齐，转动曲轴使凸轮轴同步带轮位于1缸上止点标记处。

11）按与拆卸相反的顺序安装其他零部件。

图8-32 凸轮轴轴承盖的安装位置

12）安装好凸轮轴后，发动机在约30min内不得起动，以便液压挺柱的补偿元件进入状态，否则气门将敲击活塞。

13）在对配气机构进行过维修后，应小心地转动曲轴至少两圈，以防止发动机起动时敲击气门。

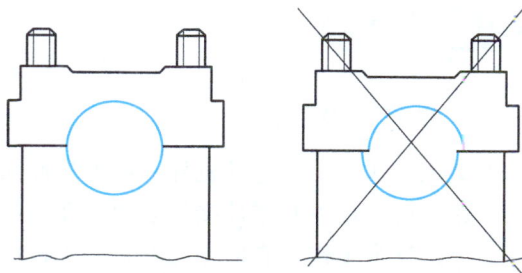

项目9 发动机机油泵的更换

项目要求

1. 熟悉润滑系统的结构、原理及主要部件安装位置。
2. 能通过与客户交流、查阅相关维修技术资料等方式获得车辆信息。
3. 掌握机油泵的更换方法。
4. 能对操作结果进行测试，检查和评估其修复质量。
5. 能根据环境要求，妥善处理辅料、废弃液体和损坏的零件。

项目载体

一辆汽车在高速路上行驶时，突然机油压力警告灯亮起，再次起动时机油压力警告灯仍然亮，如图9-1所示。

图9-1 机油压力警告灯亮

发动机机油压力高或低，警告灯都会亮起。只有正常的机油压力才能保证将机油输送到发动机所有的摩擦表面，过高或过低都会影响发动机的正常工作，甚至造成发动机零部件的损伤。故当发动机机油压力灯亮起时，应立即停车检查，不可继续驾驶，避免造成发动机气缸、曲轴拉伤等发动机严重损坏而大修。

一、润滑系统

发动机工作时，各运动机件的接触表面间以很高的速度做相对运动，在机械负荷、惯性负荷、热负荷作用下两零件接触表面的摩擦状态随着相对运动的状态变化而变化，如果没有润滑系统的正常工作，它们是无法长期工作的。

1. 润滑系统的功用

（1）润滑作用　在受各种作用力作用的运动机件接触表面间建立油膜，使它们脱离直接接触，以减少零件接触表面的磨损及摩擦功率损失。

（2）冷却作用　压力机油流过机件接触表面，带走因传热及摩擦副产生的热量，使零件维持正常的工作温度。

（3）清洗作用　互相接触又相对运动的机件，必然会产生磨损，利用循环的机油可以冲洗掉零件表面间因磨损产生或其他原因带入的机械杂质。

（4）密封作用　机油具有黏性，附着在互相运动的两机件表面之间，提高了间隙的密封效果。例如活塞与活塞环槽及气缸壁之间、活塞裙部表面与气缸壁之间，由于存在油膜，减少了漏气和窜油。

（5）防腐、防锈作用　机油附着在零件表面上，产生一层油膜，避免了空气、水分及燃气直接与零件表面的接触，从而减轻了氧化、锈蚀以及腐蚀性磨损。

2. 润滑方式

根据发动机中各运动副不同的工作条件，可采用以下3种不同的润滑方式：

（1）压力润滑　压力润滑是在机油泵的作用下以一定的压力将机油不断输送到摩擦表面的润滑方式。曲轴主轴承、连杆轴承及凸轮轴轴承等承受负荷较大、运动速度高的摩擦表面采用压力润滑。

（2）飞溅润滑　飞溅润滑是利用发动机工作时运动零件击溅起来的油滴或油雾来润滑摩擦表面的润滑方式。这种润滑方式主要用来润滑负荷较小的气缸壁面和配气机构的凸轮、挺柱、气门杆以及摇臂等零件的工作表面。

（3）润滑脂润滑　润滑脂润滑是通过润滑脂嘴定期加注润滑脂来润滑零件工作表面的润滑方式。这种润滑方式主要用于负荷小、摩擦力不大，露于发动机体外的一些附件的润滑面上，如水泵、发电机、起动机等部件轴承的润滑。

3. 润滑系统的组成及油路

发动机润滑系统主要由机油泵、油管、油道、油底壳、机油滤清器以及机油压力传感器和压力指示装置等部件组成。

图9-2所示为桑塔纳汽车AJR发动机润滑系统示意图，它采用复合润滑方式，即压力润滑和飞溅润滑。AJR发动机机油泵为转子式机油泵，最大泵油压力比齿轮式机油泵高，安装在机体前端底面，由曲轴链轮驱动。经集滤器吸上的机油，由转子式机油泵产生油压，若油压太高或流量太大，则机油会经安全阀旁流回油底壳。压力机油进入机油滤清器进一步滤清。

经过滤清后的压力机油在机油滤清器盖（支架）内分成3路：第一路进入气缸体主油

道，经过各分油道，将压力机油供到 5 个曲轴主轴承，再经过曲轴上的斜油孔通到各连杆轴承，并进而进入连杆体中的油道，压力机油被送到连杆小头轴承中，从该轴承两端被挤出后在活塞内腔飞溅，回到油底壳。第二路压力机油通过安装在机油滤清器盖上的单向阀，进入机体上钻出的一个通向气缸体上平面的油道，流经气缸盖上第 4 个气缸盖螺栓孔，进入气缸盖主油道；再由气缸盖分油道，分别将压力机油送到各缸凸轮轴轴承和液压挺柱（这里设置一个单向阀，目的是当发动机停机时，使气缸盖各油道内的压力机油不流走，保持在油道中，防止发动机再次起动时发生气缸盖供油不足的问题，导致液压挺柱不能正常工作）。第三路压力机油要经过溢流阀，油道内的油压过大时，该阀打开，将部分机油旁通流回油底壳。桑塔纳汽车 AJR 发动机润滑系统油路简图如图 9-3 所示。

旁通阀位于机油滤清器端盖处，串联在机油滤清器进、出油口之间，正常时该阀关闭；当滤清器堵塞，进出口之间的压力差达 0.18MPa 时，该阀打开，机油不经过滤清器直接进入主油道，保证各部件正常润滑。

在气缸盖上凸轮轴总油道的尾端，安装有一个机油压力开关，属于最低压力报警开关。打开发动机点火开关，由机油压力开关控制的油

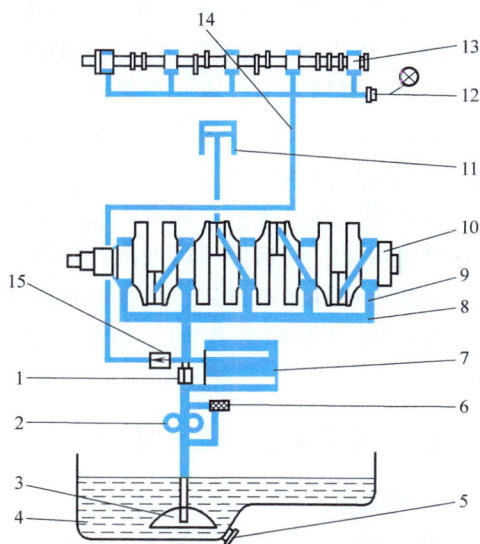

图 9-2　桑塔纳汽车 AJR 发动机润滑系统示意图

1—旁通阀　2—转子式机油泵　3—集滤器
4—油底壳　5—放油螺塞　6—安全阀
7—机油滤清器　8—气缸体主油道
9—气缸体分油道　10—曲轴
11—活塞组　12—气缸盖主油道
端压力开关　13—凸轮轴　14—第
4 个气缸盖螺纹孔　15—单向阀

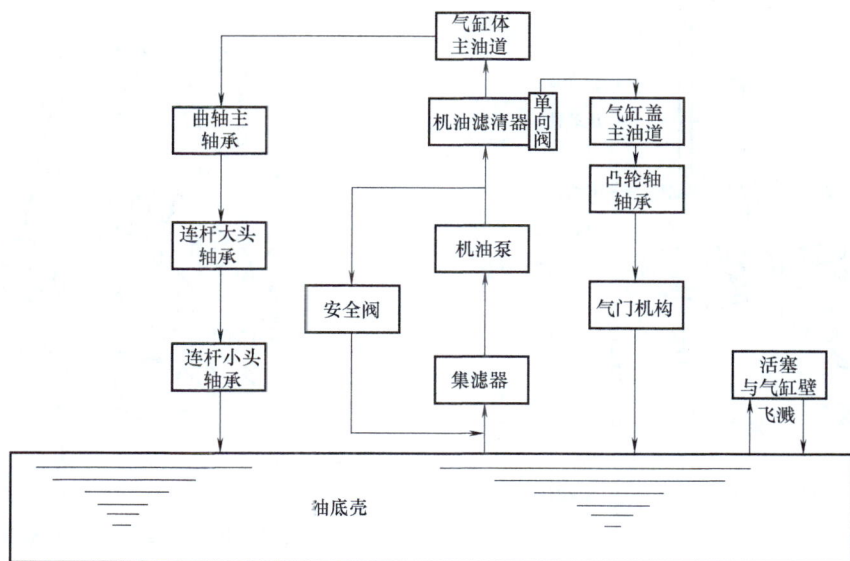

图 9-3　桑塔纳汽车 AJR 发动机润滑系统油路简图

压指示灯亮；当发动机起动后，机油压力超过 0.031MPa 时，该灯熄灭；当机油压力降至 0.031MPa 以下时，机油压力开关将油压指示灯电路接通，油压指示灯又闪亮。

在滤清器端盖上设有一个机油压力开关。当发动机转速大于 2150r/min 时，如果机油压力降至 0.18MPa 以下，该开关触点断开，油压指示灯闪亮，蜂鸣器鸣响，提醒驾驶人更换滤芯，同时旁通阀打开。

发动机工作过程中，还存在飞溅润滑。曲轴旋转时，连杆大头在油面中会甩起机油，飞溅在气缸壁上，使活塞得以润滑。另外，曲轴主轴承、连杆轴承、连杆小头轴承、凸轮轴轴承，在压力机油润滑过后，机油会从轴承两端被挤出，在压力和运动件碰撞作用下，也会起到飞溅润滑与冷却的作用。如凸轮轴运动时，凸轮也从油面经过，同时飞溅润滑油（机油）。

二、润滑系统主要零部件

1. 机油泵

机油泵的作用是提高润滑系统内的机油压力，强制地将机油压送到各运动机件的摩擦表面，使机油在油路中不断循环，以保证发动机的良好润滑。现代汽车发动机润滑系统采用的机油泵主要为齿轮式和转子式两种。齿轮式机油泵又分为外啮合齿轮式机油泵和内啮合齿轮式机油泵两种。

（1）外啮合齿轮式机油泵　外啮合齿轮式机油泵是发动机安装的常见的齿轮式机油泵，其分解图如图 9-4 所示。其由机油泵壳、主动轴、从动轴、主动齿轮、从动齿轮和机油泵盖等组成，机油泵用螺钉固定在曲轴箱内。外啮合齿轮式机油泵的工作原理示意图如图 9-5 所

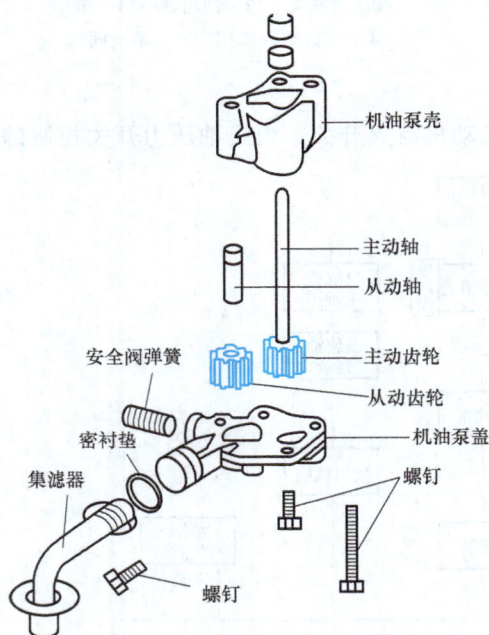

图 9-4　外啮合齿轮式机油泵分解图

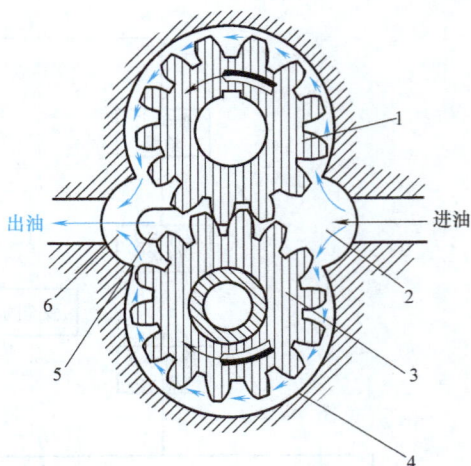

图 9-5　外啮合齿轮式机油泵的工作原理示意图

1—主动齿轮　2—进油口　3—从动齿轮
4—机油泵壳　5—卸油槽　6—出油口

示。当发动机工作时，机油泵主动齿轮
由经凸轮轴上的螺旋齿轮驱动的主动齿
轮轴带动旋转，并带动从动齿轮按图示
方向旋转，在机油泵进油口处产生真空
度，机油从进油口被吸入，随着齿轮的
转动，沿齿轮与机油泵壳之间的空间被
轮齿带到机油泵出油口处，压入机油滤
清器或主油道。外啮合齿轮式机油泵结
构简单，机械加工方便且工作可靠，使
用寿命长，应用广泛。

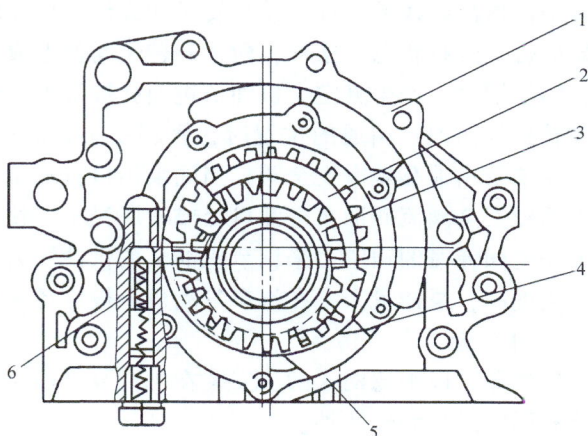

（2）内啮合齿轮式机油泵 内啮合
齿轮式机油泵主要由小齿轮、内齿圈、
安全阀以及机油泵体等零件组成，如图
9-6所示。工作时，小齿轮为主动齿轮，
机油从进油口吸入两齿轮轮齿之间，小

图9-6 内啮合齿轮式机油泵的组成

1—机油泵体 2—月牙形块 3—小齿轮
4—内齿圈 5—进油口 6—安全阀

齿轮各齿之间带入的机油被推向出油口，并随着内、外齿间啮合间隙的逐渐减小，使机油加
压流入油道。若出油口处机油压力超出正常范围，安全阀开启，部分机油经安全阀泄入油底
壳以减小出油压力。

（3）转子式机油泵 转子式机油泵的结构如图9-7所示，主要由外转子、内转子、机油
泵壳、机油泵盖、安全阀等零件组成。转子式机油泵一般装在发动机前端，由曲轴通过一根
单独的链条驱动。内转子（主动）和外转子一起装配在机油泵壳体内，内转子比外转子少
一个齿，外转子可在机油泵壳体内自由转动，内、外转子轴心有一个偏心距。

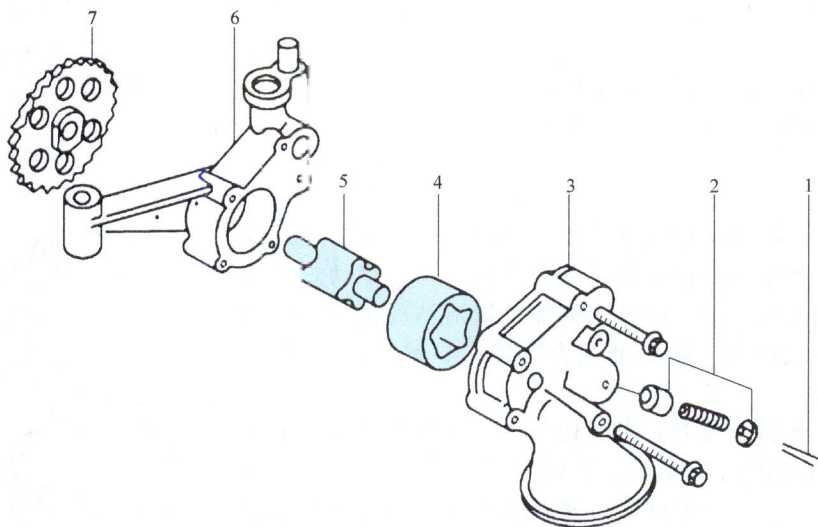

图9-7 转子式机油泵的结构

1—开口销 2—安全阀 3—机油泵盖 4—外转子 5—内转子 6—机油泵壳 7—链轮

转子式机油泵工作原理示意图如图9-8所示，当内转子旋转时，带动外转子转动。由于

在转子齿形齿廓线的设计上使得转子转到任何位置时，内、外转子的每个齿的齿形齿廓线上总能保持点接触状态，这样，内、外转子间便形成4个工作腔。当某一工作腔从吸油腔转过时，容积增大，产生真空，机油从进油孔被吸入工作腔；随着内、外转子的继续转动，该工作腔转到与压油腔相通的位置时，容积变小，油压升高，机油经压油腔从出油孔压入油道中。在油泵出油孔装有安全阀，当油泵出口机油压力超过规定限值时，安全阀被打开，一部分机油经安全阀流回油泵进油口处或油底壳中，使供油压力保持在规定的限值内。可以通过调节安全阀弹簧的预紧力来调节机油泵的供油压力。转子式机油泵结构紧凑，供油均匀，吸油真空度高，泵油量大，在汽车发动机上被广泛采用。

2. 集滤器

集滤器一般是滤网式的，安装在机油泵进油管上，滤除较大的杂质。通常分为浮动式集滤器和固定式集滤器两种。

浮动式集滤器的构造如图9-9所示，由浮子、滤网、罩及吸管（焊在浮上）等组成。当

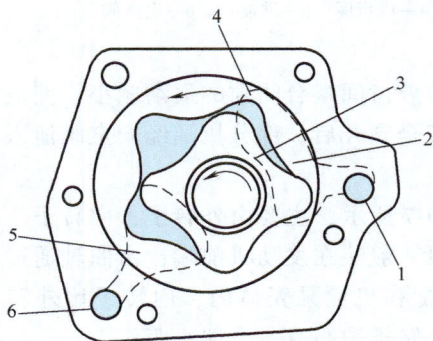

图 9-8　转子式机油泵工作
原理示意图

1—进油孔　2—吸油腔　3—内转子
4—外转子　5—压油腔　6—出油孔

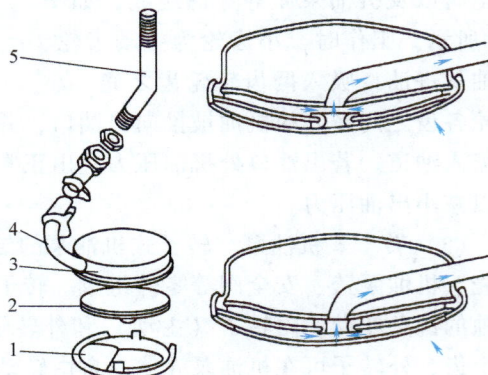

图 9-9　浮动式集滤器的构造

1—罩　2—滤网　3—浮子　4—吸管
5—固定管

机油泵工作时，机油从罩与浮子之间的狭缝被吸入，经过滤网滤去粗大的杂质后，通过固定管进入机油泵。浮动式集滤器飘浮于机油表面吸油，能吸入油面上较清洁的机油，但油面上的泡沫易被吸入，使机油压力降低，导致润滑不可靠，目前应用不多。

固定式集滤器的构造如图9-10所示，吸油管总成上端通过凸缘与机油泵进油孔连接，下端与滤网支座中心固定连接，滤网夹装在支座与罩之间。滤网靠自身的弹力紧压在罩上，罩的边缘有4个缺口，形成进油通道。当机油泵工作时，机油从罩的缺口处经滤网被吸入，粗大的杂质被滤网滤去，然后经吸油管进入机油泵。固定式集滤器淹没在油面之下，吸入的机油清洁度较差，但可防止泡沫吸入，润滑可

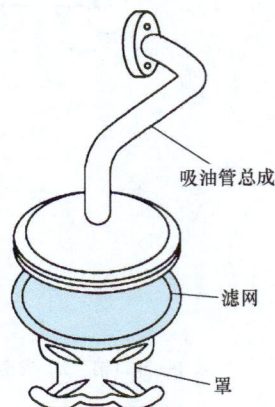

吸油管总成

滤网

罩

图 9-10　固定式集滤器的构造

靠，结构简单，现已逐步取代浮动式集滤器。

技能操作

一、准备工作及注意事项

1. 准备好常用拆装工具若干套。
2. 准备好发动机拆装台架若干套。
3. 准备好举升机若干台。
4. 准备好清洁工具。
5. 工作过程中应注意安全及环保工作是否到位。

二、机油泵的拆装与更换（以桑塔纳汽车 AJR 发动机为例）

AJR 发动机机油泵直接由曲轴前端的链轮通过链条传动，其传动形式如图 9-11 所示。

AJR 发动机润滑系统零件分解图如图 9-12 所示，维修时应注意所有的密封圈及衬垫拆卸后应更换，链条张紧器不能分解，安装时压下弹簧后即可安装，链条张紧器的拧紧力矩为 14.4~17.6N·m，机油泵罩壳拧紧力矩为 8.1~9.9N·m。

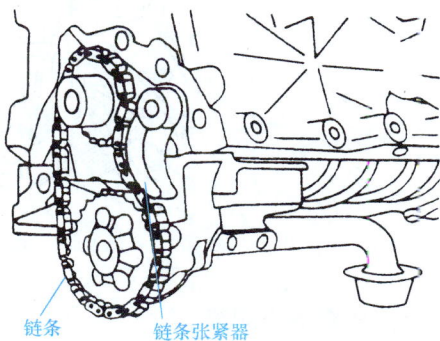

图 9-11　AJR 发动机机油泵的传动形式

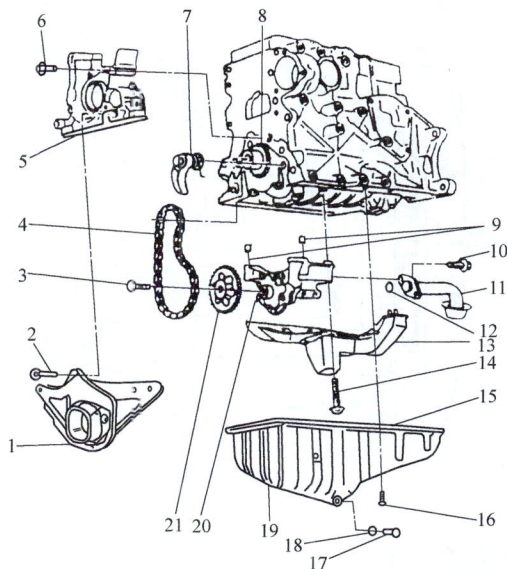

图 9-12　AJR 发动机润滑系统零件分解图

1—扭力臂　2—螺栓（拧紧力矩为 25N·m）　3—螺栓（拧紧力矩为 22N·m±3N·m）
4—机油泵传动链　5—曲轴前油封凸缘　6—油封凸缘固定螺栓（拧紧力矩为 15N·m）
7—链条张紧器　8—曲轴链轮　9—销钉　10、14、16—螺栓（拧紧力矩为 14.4~16.6N·m）
11—吸油管　12—O 形圈　13—挡油板　15—衬垫　17—放油螺塞　18—放油螺塞密封圈
19—油底壳　20—机油泵　21—机油泵链轮

1. 机油泵的拆卸

1) 使发动机前端位于维修工作台上。

2) 拧开油底壳上放油螺塞，放出发动机机油。

3) 拆卸离合器防尘罩板。

4) 旋下副梁螺栓和发动机橡胶支承，如图9-13箭头所示。

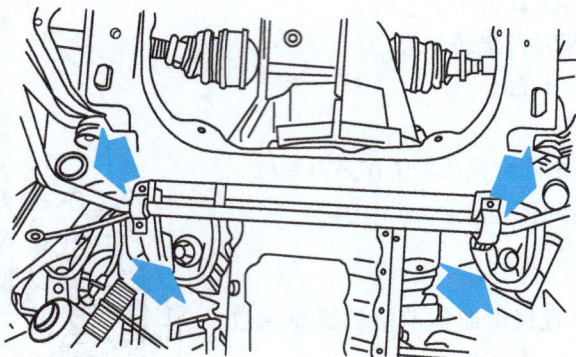

图9-13　旋下副梁螺栓和发动机橡胶支承

5) 缓缓放下副梁。

6) 拆下油底壳上的所有螺栓。

7) 拆卸油底壳，必要时用橡胶锤子轻轻敲击。

8) 旋下图9-14箭头所示螺栓。

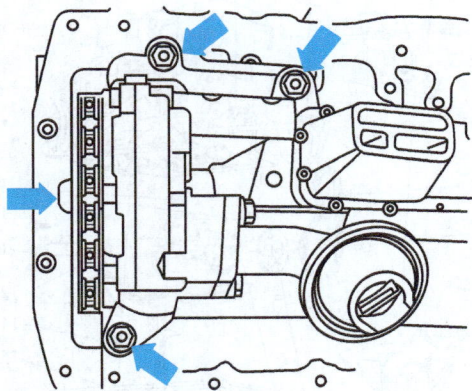

图9-14　旋下螺栓

9) 将链轮和机油泵一起取下来。

10) 分解链轮与转子泵，再分解内转子和外转子。

2. 机油泵的检查

（1）转子式机油泵啮合间隙的检查　如图9-15所示，用塞尺检测内、外转子齿顶间隙，当间隙值大于0.20mm时，应成组更换转子。

（2）检查机油泵轴向间隙（图9-16）　轴向间隙即内、外转子端面与机油泵盖之间的间

隙。用钢直尺或刀口形直尺垂直放置于转子端面，然后用塞尺检测，当大于 0.15mm 时，则成套更换转子或机油泵体。

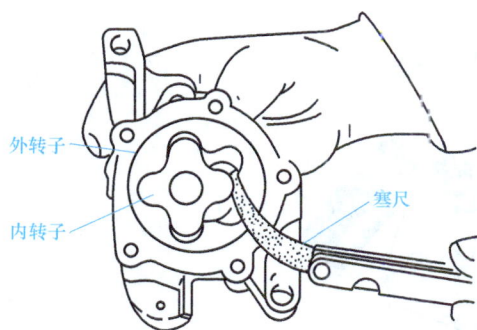

外转子
内转子
塞尺

机油泵拆装与检查

图 9-15　转子式机油泵啮合间隙的检查

（3）检查外转子与机油泵壳间隙（图 9-17）　机油泵壳间隙是指外转子与机油泵壳之间的间隙。用塞尺纵向插入进行检测，当大于 0.20mm 时，则成套更换转子或机油泵体。

图 9-16　检查机油泵轴向间隙

图 9-17　检查外转子与机油泵壳间隙

3. 机油泵的安装

1）将销钉插入到机油泵上端，机泵轴与链轮只能有一个安装位置。

2）安装机油泵。

3）用（22±3）N·m 的力矩拧紧链轮与机油泵的紧固螺栓，用（16±1）N·m 的力矩拧紧机油泵与气缸体的紧固螺栓。

4）更换油底壳衬垫。

5）交替对角拧紧油底壳与气缸体的紧固螺栓。

6）安装好副梁。

7）拧紧发动机橡胶支承。

注意主要部件螺栓拧紧力矩。发动机支承与副梁紧固螺栓拧紧力矩为（40±5）N·m，发动机支承与支架紧固螺栓拧紧力矩为（40±5）N·m，扭力臂与发动机紧固螺栓拧紧力矩为（23±3）N·m。

技能拓展

齿轮式机油泵的检修（以桑塔纳汽车 AFE 发动机为例）

AFE 发动机润滑系统零件分解图如图 9-18 所示。

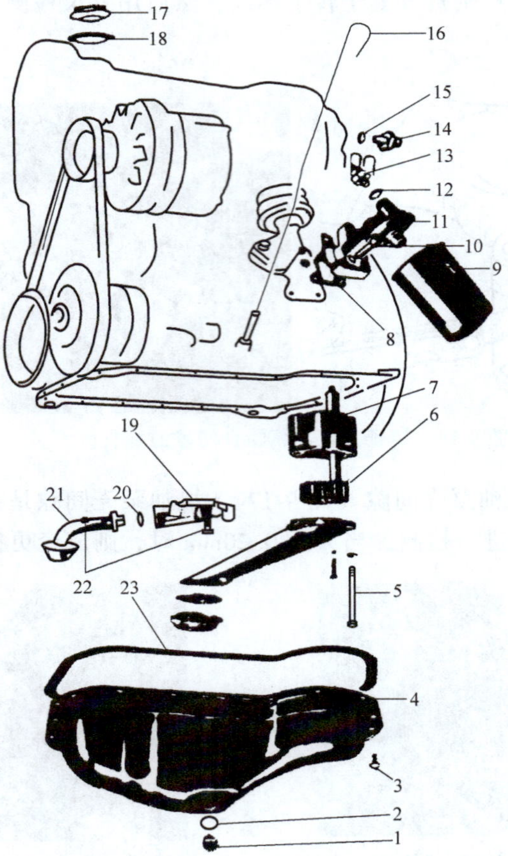

图 9-18　AFE 发动机润滑系统零件分解图

1—放油螺塞（拧紧力矩为 30N·m）　2、12、15、20—O 形密封圈　3—油底壳紧固螺栓（拧紧力矩
为 20N·m）　4—油底壳　5—机油泵盖长螺栓（拧紧力矩为 20N·m）　6—机油泵齿轮　7—机油泵壳体
8—机油滤清器盖衬垫　9—机油滤清器体　10—机油滤清器盖紧固螺栓（拧紧力矩为 25N·m）
11—机油滤清器盖　13—0.18MPa 油压开关（拧紧力矩为 25N·m）
14—0.031MPa 油压开关（拧紧力矩为 25N·m）　16—机油尺　17—加油口盖
18—橡胶油封垫圈　19—带安全阀的机油泵盖　21—机油集滤器
22—机油泵盖短螺栓（拧紧力矩为 10N·m）　23—油底壳密封垫

AFE 发动机机油泵为外啮合齿轮式机油泵，其分解图如图 9-19 所示。

1. 机油泵的拆卸

1）旋松分电器轴向限位卡板的紧固螺栓，取下卡板。

2）拔出分电器总成。

3）旋松并拆卸两个机油泵壳与发动机机体的紧固螺栓，将机油泵及吸油部件一起取下。

4）拧松并拆卸吸油管组紧固螺栓，拆卸吸油管组，检查并清洗滤网。

5）旋松并取下机油泵盖短螺栓，取下机油泵盖组，检查机油泵盖上安全阀和旁通阀。观察机油泵盖接合面的磨损情况。

6）分解主、从动齿轮，再分解齿轮和齿轮轴。

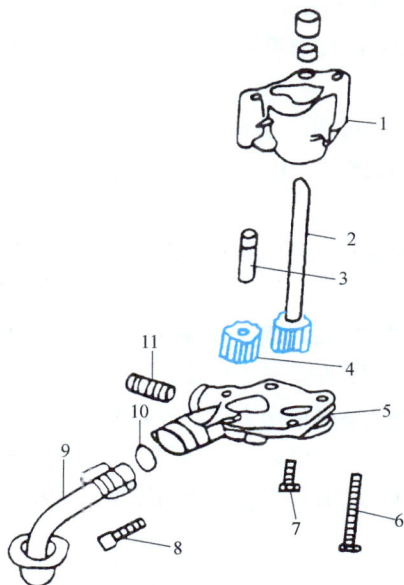

图 9-19　AFE 发动机机油泵分解图

1—机油泵壳体　2—主动轴　3—从动轴　4—从动齿轮　5—机油泵泵盖
6~8—螺栓　9—机油集滤器　10—密封垫　11—阀弹簧

2. 机油泵的检修

（1）检查齿轮啮合间隙（图 9-20）　检查时，将机油泵盖取下，用塞尺在互成 120°角 3 个位置处测量机油泵主、从动齿轮的啮合间隙。新机油泵齿轮啮合间隙为 0.05mm，磨损极限值为 0.20mm。

（2）检查机油泵主从、动齿轮与机油泵盖接合面的间隙（图 9-21）　正常间隙应为 0.05mm，磨损极限值为 0.15mm。

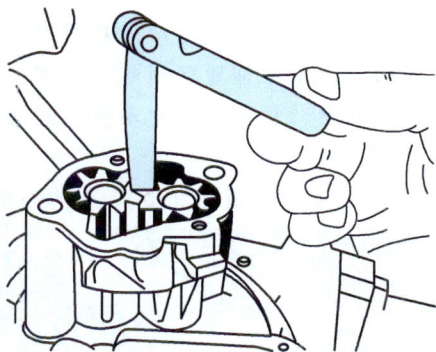

图 9-20　检查机油泵齿轮啮合间隙

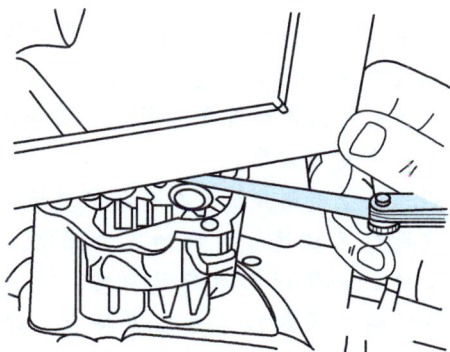

图 9-21　检查机油泵主从、动齿轮与
机油泵盖接合面的间隙

（3）检查机油泵主动轴的弯曲度　将机油泵主动轴支承在 V 形架上，用指示表检查弯曲度。如果弯曲度超过 0.03mm，则应对其进行校正或更换。

（4）检查主动齿轮轴与机油泵壳配合间隙　主动齿轮轴与机油泵壳配合间隙应为

0.03～0.075mm，磨损极限值为0.20mm。否则，应对轴孔进行修复。

（5）检查机油泵盖　机油泵盖如有磨损、翘曲和凹陷超过0.05mm，应用车、研磨等方法进行修复。

（6）检查安全阀　检查安全阀弹簧有无损伤、弹力是否减弱，必要时予以更换。检查安全阀配合是否良好、油道是否堵塞、滑动表面有无损伤，必要时更换安全阀。

3. 机油泵的安装与试验

机油泵的安装按与拆卸相反的顺序进行。但安装时应更换垫片，注意各螺栓的拧紧力矩。

机油泵装复后，用手转动机油泵齿轮，应转动自如、无卡阻现象。将机油灌入机油泵内，用拇指堵住油孔，转动机油泵轴应有油压出，并能感到有压力。

机油泵装车后，通过压力表观察机油压力。在发动机温度正常的情况下，怠速运转时，机油压力不应低于19.4kPa；当发动机高速运转时，机油压力不应大于49.0kPa。如果不符合标准，应调整安全阀，可在安全阀弹簧的一端加减调整垫圈的厚度，使机油压力达到规定值。

项目 10　发动机电动燃油泵的更换

项目要求

1. 熟悉汽油机燃油供给系统的结构、原理及主要部件安装位置。
2. 能通过与客户交流、查阅相关维修技术资料等方式获得车辆信息。
3. 掌握电动燃油泵的更换方法。
4. 能对操作结果进行测试，检查和评估其修复质量。
5. 能根据环境要求，妥善处理辅料、废弃液体和损坏的零件。

项目载体

一辆汽车，行驶10万km，车主反映该车热车熄火后重新起动时，发动机起动困难，需要持续运转起动机才能起动。试车后发现，该车在发动机熄火后立即重起则起动正常，如果停放一段时间后起动就变得困难。根据该车故障症状，连接故障诊断仪对发动机控制系统进行检测，未发现故障。

根据以上检测分析，初步判定发动机电控系统故障概率不大，重点排查燃油供给系统，检查发动机正常运转时燃油压力正常。结合故障车停放一段时间后起动困难，问题可能出在燃油供给系统残余油压保持上，即燃油供给系统可能存在泄漏，导致系统无法保持正常油压。经检查，发动机熄火后燃油压力下降较快。燃油油路无外部泄漏现象，考虑故障原因为电动燃油泵内部泄漏。图10-1所示为燃油供给系统故障检测。

电动燃油泵上装有单向阀，在停机后，

图10-1　燃油供给系统故障检测

油管中的燃油不能流回到燃油箱，即油管中仍保持一定压力的燃油，在汽车起动时，油管中的燃油很快供给气缸，使发动机顺利起动。如果单向阀损坏，则导致系统不能正常保持压力。单向阀无法单独更换，需更换电动燃油泵。

相关知识

一、电控燃油喷射系统的总体结构

发动机电子控制燃油喷射系统（Electronic Fuel Injection，EFI）简称电控燃油喷射系统，是利用系统中各传感器将监测到的发动机运行参数（如空气流量、发动机转速、进气压力、进气温度、冷却液温度、排气中氧的含量等）转换成电信号，输入到发动机电控单元（ECU）中，ECU根据这些信号，计算出喷油器的喷油时间，并接通喷油器电路，使喷油器喷油，从而对喷油器的喷油时刻、喷油量进行精确控制。图10-2所示为桑塔纳汽车AJR发动机电控燃油喷射系统。

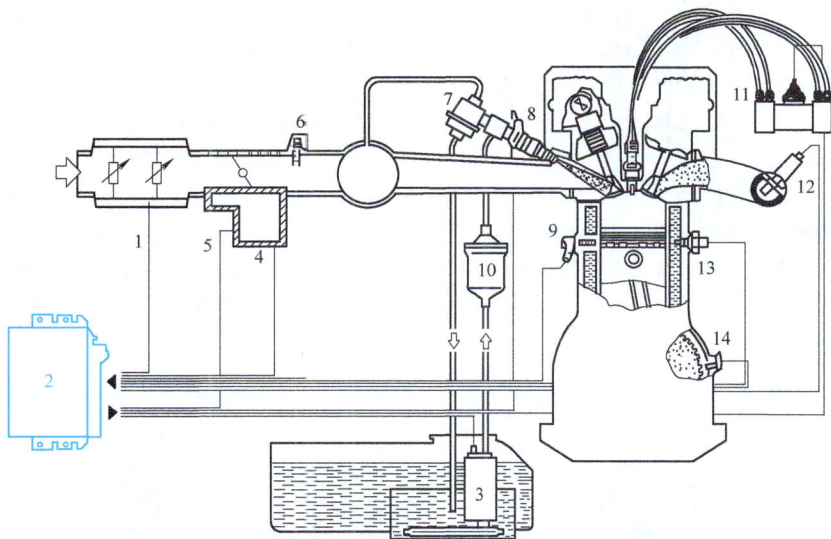

图10-2　桑塔纳汽车AJR发动机电控燃油喷射系统

1—热膜式空气流量计　2—电控单元（ECU）　3—电动汽油泵　4—节气门控制组件
5—怠速电动机（与节气门控制组件一体）　6—进气温度传感器　7—油压调节器　8—喷油器
9—爆燃传感器　10—汽油滤清器　11—点火线圈　12—氧传感器
13—冷却液温度传感器　14—转速传感器

电控燃油喷射系统一般由空气供给系统、燃油供给系统和电子控制系统3个子系统组成。

1. 空气供给系统

空气供给系统的作用是为发动机可燃混合气的形成提供必要的空气，并计量和控制燃油燃烧时所需要的空气量。AJR发动机的空气供给系统如图10-3所示，空气经空气滤清器、空气流量计、节气门体进入进气总管，再分配到各缸进气歧管。在进气歧管内（或进气门处），空气与喷油器喷出的燃油混合后被吸入气缸内燃烧。

2. 燃油供给系统

燃油供给系统的作用是供给发动机燃烧过程所需的燃油。AJR 发动机燃油供给系统的结构如图 10-4 所示，主要由燃油箱、电动汽油泵、汽油滤清器、油轨（分配管）油压调节器和喷油器等组成。

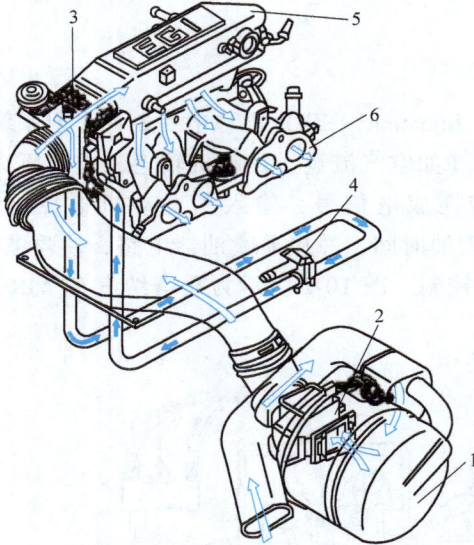

图 10-3　AJR 发动机的空气供给系统

1—空气滤清器　2—空气流量计　3—节气门体
4—附加空气阀　5—动力腔　6—进气歧管

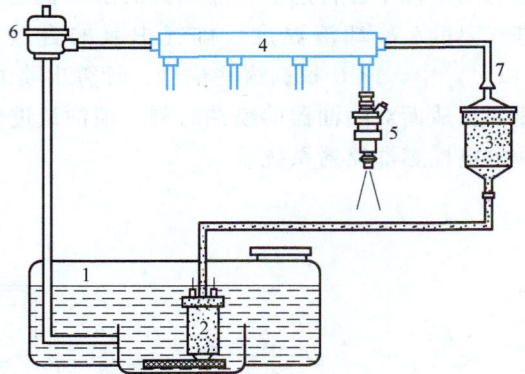

图 10-4　AJR 发动机燃油供给系统的结构

1—燃油箱　2—电动汽油泵　3—汽油滤清器
4—油轨（分配管）　5—喷油器
6—油压调节器　7—回油管

3. 电子控制系统

电子控制系统主要由传感器、电控单元（ECU）和执行元件 3 部分组成。图 10-5 所示

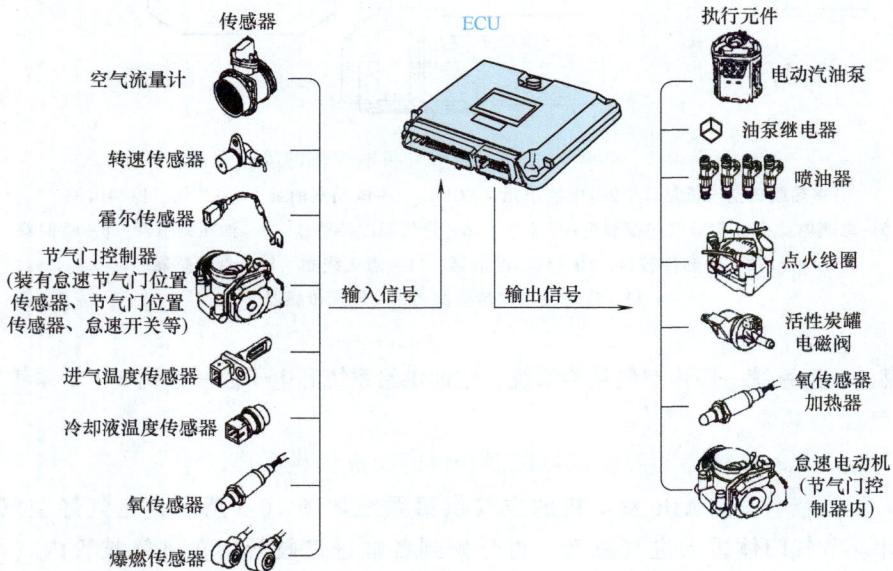

传感器　　ECU　　执行元件

空气流量计
转速传感器
霍尔传感器
节气门控制器
（装有急速节气门位置
传感器、节气门位置
传感器、急速开关等）
进气温度传感器
冷却液温度传感器
氧传感器
爆燃传感器

输入信号　　输出信号

电动汽油泵
油泵继电器
喷油器
点火线圈
活性炭罐
电磁阀
氧传感器
加热器
急速电动机
（节气门控
制器内）

图 10-5　AJR 发动机电子控制系统的组成

为 AJR 发动机电子控制系统的组成。其中，传感器主要包括空气流量计、转速传感器、节气门控制器、进气温度传感器、冷却液温度传感器、氧传感器和爆燃传感器等，执行元件主要包括电动汽油泵、喷油器、活性炭罐电磁阀、怠速电动机等。

二、汽油机燃油供给系统的主要部件

汽油机燃油供给系统的作用是根据 ECU 的指令，以恒定的压差将一定数量的汽油喷入进气管中，它主要包括燃油箱、燃油分配管、电动汽油泵、汽油滤清器、燃油压力调节器、喷油器等。汽油机燃油供给系统零件图如图 10-6 所示。

1. 燃油箱

燃油箱是用来储存燃油的，其容积大小与车型和发动机排量有关，其形状随车型不同而各异，这主要是为了适应在车上的布置和安装。AJR 发动机燃油箱及附件分解图如图 10-7 所示。

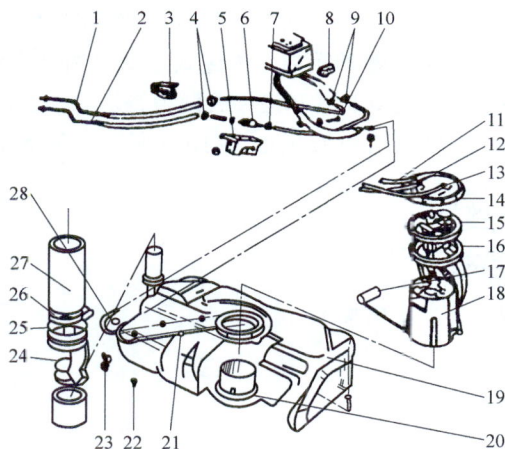

图 10-6　汽油机燃油供给系统零件图

1—回油软管　2—进油软管　3、8、28—油管夹头
4、7、9、21、26—夹箍　5—汽油滤清器罩壳
6—汽油滤清器　10—固定螺钉　11—回油管
12—通气细管　13—进油管　14—锁紧螺母
（用工具 3217 拆卸和安装）　15—凸缘
（注意在燃油箱上的安装位置）　16—密封圈
17—汽油油位传感器　18—汽油泵　19—燃油
箱　20—汽油泵固定环　22—固定螺钉　23—卡环
24—支承座　25—防尘罩　27—橡胶连接管

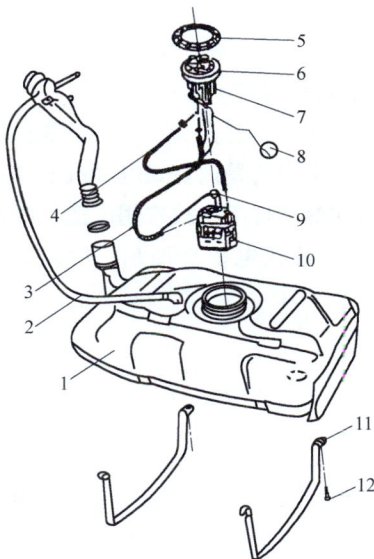

图 10-7　AJR 发动机燃油箱及附件分解图

1—燃油箱　2—加注汽油透气管　3—回油管
（来自汽油分配器）　4—进油管（接到
汽油分配器）　5—塑料紧固螺母　6—透气管
（连接到活性炭罐）　7—密封凸缘　8—浮
子（用于汽油表传感器）　9—导线　10—汽
油泵总成　11—燃油箱夹带　12—夹带螺栓

2. 汽油蒸气回收装置

挥发性好的汽油在燃油箱内会挥发，直接将挥发的汽油蒸气排到大气中会污染环境，为此设置了汽油蒸气回收装置，如图 10-8 所示，将活性炭罐与燃油箱相连接，挥发的汽油蒸

气被吸附在活性炭上。发动机工作时，活性炭罐电磁阀通电打开，被吸附在活性炭上的汽油蒸气即可被吸入气缸并燃烧。

图 10-8　汽油蒸气回收装置

3. 电动汽油泵

电动汽油泵的作用是把燃油从燃油箱内吸出并通过喷油器供给发动机各气缸。在电控燃油喷射系统中最常用的是内置式电动汽油泵，即电动汽油泵安装在燃油箱内。内置式电动汽油泵不易发生气阻和漏油现象，故应用广泛。内置式电动汽油泵主要有叶片式和滚柱式两种。

（1）叶片式电动汽油泵　叶片式电动汽油泵的结构和工作原理如图 10-9 所示。叶轮是

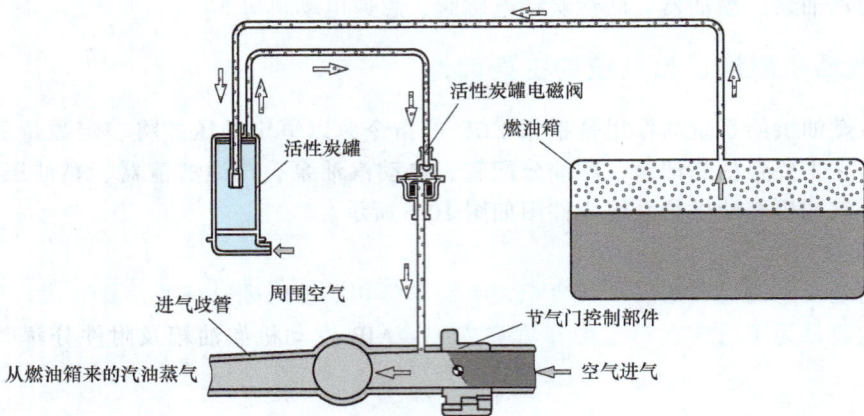

a)

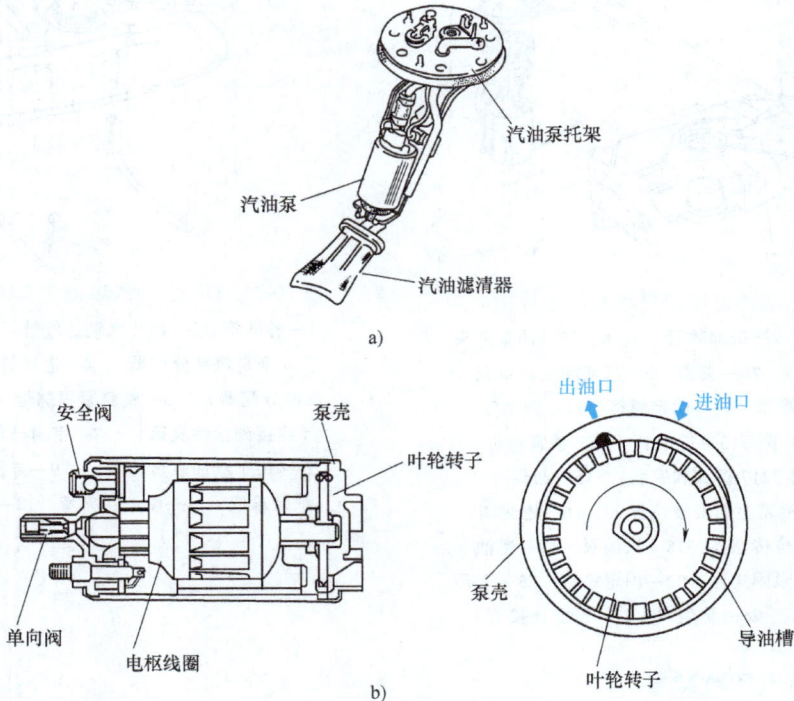

b)

图 10-9　叶片式电动汽油泵的结构和工作原理

a）汽油泵结构　b）汽油泵工作原理

一个圆平板，在平板的圆周上加工有小槽，形成泵油叶片。当叶轮旋转时，圆周上小槽内的燃油随同叶轮一同高速旋转。由于离心力的作用，使出油口处压力增大，而在进油口处产生真空，从而使燃油在进油口处被吸入，在出油口处被排出，这样周而复始地完成燃油的输送。叶片式电动汽油泵运转噪声小、油压脉动小、泵油压力高、叶片磨损小、使用寿命长。

（2）滚柱式电动汽油泵　滚柱式电动汽油泵如图 10-10 所示。转子偏心地安装在泵体内，滚柱装在转子的凹槽中。在永磁电动机的驱动下，当转子旋转时，滚柱在离心力的作用下紧压在泵体的内表面上，同时在惯性力的作用下，滚柱总是与转子凹槽的一个侧面贴紧，从而形成若干个封闭的工作腔。在电动汽油泵工作过程中，进油口一侧的工作腔容积增大，成为低压吸油腔，燃油经进油口被吸入工作腔内；在出油口一侧的工作腔容积减小，成为高压压油腔，高压燃油从压油腔经出油口流出。滚柱式电动汽油泵运转时噪声大，油压脉动也大，而且泵体内表面和转子容易磨损。

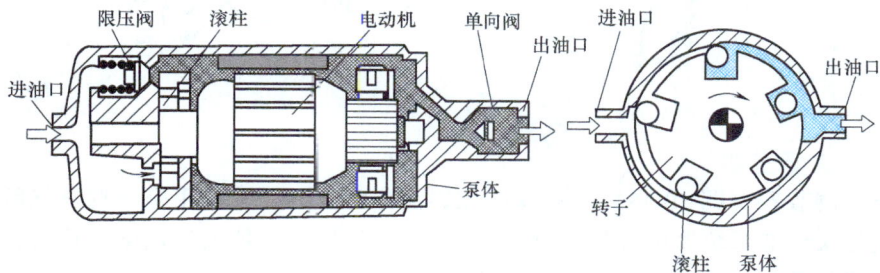

图 10-10　滚柱式电动汽油泵

使用时，严禁在无油情况下开动电动汽油泵，也不要等到燃油耗尽才添加燃油，以免烧坏电动汽油泵。

4. 汽油滤清器

汽油滤清器（图 10-11）可清除汽油中的杂质，防止堵塞喷油器等部件，减少运动部件的磨损。汽油滤清器与普通的滤清器一样，采用过滤形式，壳体内有一个纸滤芯，一般滤芯的微孔直径约为 10μm。

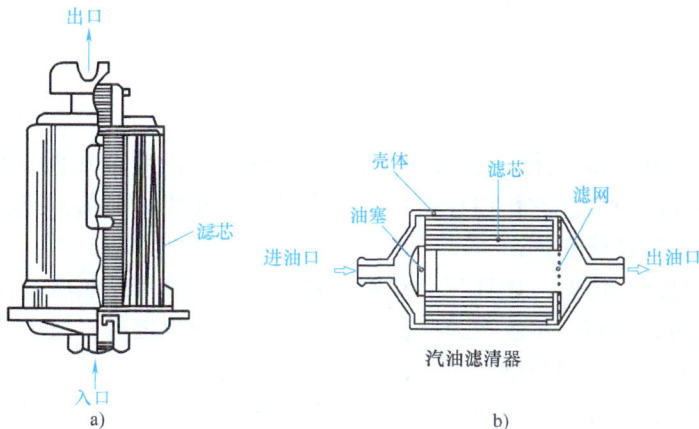

图 10-11　汽油滤清器

a) 结构　b) 工作原理

5. 燃油分配管

燃油分配管（图 10-12）的功用是将燃油均匀、等压地输送给各缸喷油器。由于它的容积较大，故有储油蓄压、减缓油压脉动的作用。

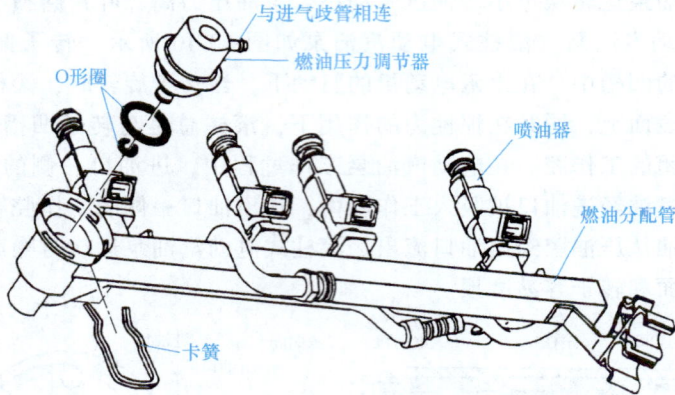

图 10-12　燃油分配管

6. 燃油压力调节器

燃油压力调节器（图 10-13）一般安装在燃油分配管上，其作用是根据进气歧管内的绝对压力的变化来调节系统油压（燃油分配管油压），保持喷油器的喷油绝对压力恒定，使喷油器的燃油喷射量只取决于喷油器的开启时间。

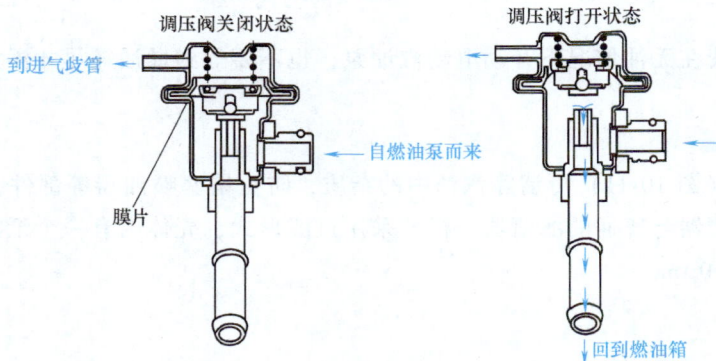

图 10-13　燃油压力调节器

燃油压力调节器有金属壳体，其内部由橡胶膜片分为弹簧室和燃油室两部分。弹簧室内有一个带预紧力的螺旋弹簧，它作用在膜片上。在膜片上安装一个阀，控制回油。另外，还通过一根真空管与进气歧管相连。

当系统油压超过规定值时，燃油压力克服弹簧压力，将膜片向上压，打开阀门，与回油通道接通，燃油流回燃油箱，系统压力降低，系统油压回到规定值。如果进气歧管真空度变大，为了维持燃油分配管内部与进气歧管内部的压力差恒定，就必须降低系统油压。把进气歧管真空度引入弹簧室，能够减少膜片上方螺旋弹簧的作用力，进而减少打开阀门的压力，使系统油压下降到规定值。当电动汽油泵停止工作时，在膜片和螺旋弹簧力的作用下使阀门关闭，保持油路中的残余压力。

7. 电磁喷油器

电磁喷油器是发动机电控燃油喷射系统的一个重要的执行元件，它接收 ECU 送来的喷油脉冲信号，准确地计量燃油喷射量，同时，将燃油喷射后雾化。AJR 发动机采用轴针式电磁喷油器，其结构如图 10-14 所示。

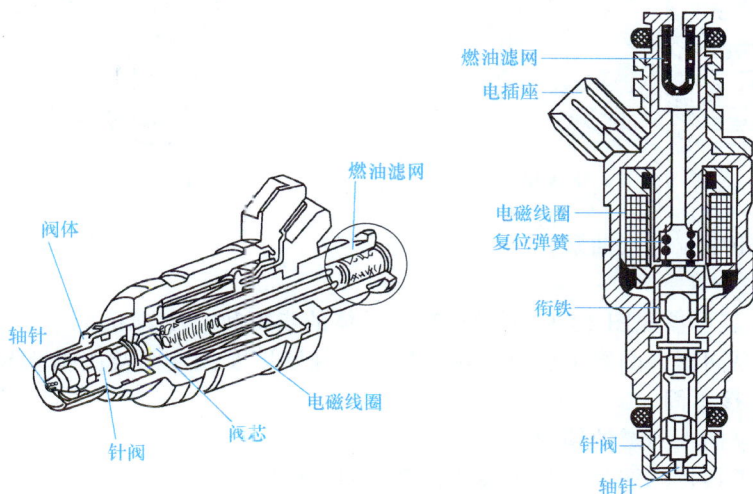

图 10-14 轴针式电磁喷油器的结构

技能操作

一、准备工作及注意事项

1. 准备好常用拆装工具若干套。
2. 准备好发动机拆装台架若干套。
3. 准备好举升机若干台。
4. 准备好清洁工具。
5. 工作过程中应注意安全及环保工作是否到位。

二、电动汽油泵的拆装（以桑塔纳汽车 AJR 发动机为例）

1. 汽油泵的拆卸

1）在点火开关切断的情况下，拆下蓄电池搭铁线。

2）拆卸位于行李舱内地毯下的燃油箱密封凸缘的盖板。

3）从密封凸缘上拔下输油管、回油管和通气管，再拔下 3 个端子的导线插头。

4）用专用工具旋下大螺母，如图 10-15 所示。

5）从燃油箱开口处拉出密封凸缘和橡胶密封件。

6）拔下密封凸缘内的汽油表导线插头。

7）将专用工具插入到燃油箱中汽油泵壳体的 3 个拆装缺口内，旋松并拆卸汽油泵，如图 10-16 所示。

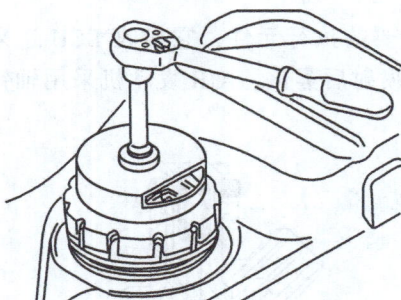

图 10-15　用专用工具旋下大螺母

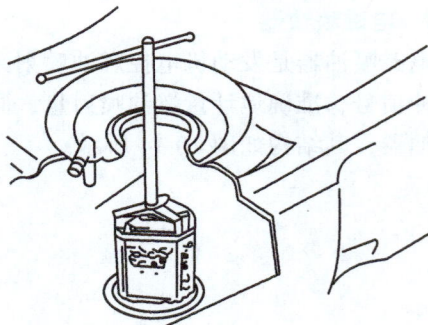

图 10-16　拆卸汽油泵

8）从燃油箱中拉出汽油泵。

2. 汽油泵的安装

汽油泵的安装可参照图 10-17 所示进行，具体的步骤和方法如下：

1）将汽油泵同密封凸缘下引出的输油管和回油管以及汽油泵接头插入到汽油泵上，并保证软管接头连接紧固。

2）将汽油泵插入到燃油箱内。

3）用专用工具将汽油泵拧紧在燃油箱底部的固定位置上。

4）在燃油箱开口上安装好密封圈，安装密封圈时用汽油将密封圈润湿。

5）将密封凸缘连同浮子和汽油油位传感器插入到燃油箱开口并压到底。

6）注意密封凸缘的安装位置，密封凸缘上的箭头标记必须对准燃油箱上的箭头标记（图 10-18）。

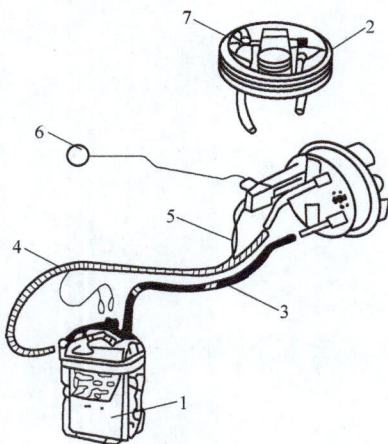

图 10-17　汽油泵及其他附件

1—汽油泵　2—密封凸缘　3—回油管　4—输油管
5—导线　6—浮子　7—透气管（通向活性炭罐）

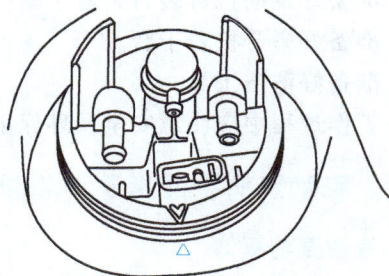

图 10-18　密封凸缘与汽油
箱对正标记

7）用专用工具拧紧大螺母（见图 10-15）以及 3 个端子的导线插头。

3. 汽油泵工作状况的测试

测试汽油泵工作状况时应保证蓄电池电压正常，汽油泵熔丝正常，汽油滤清器正常。

1）接通点火开关。应该能够听到汽油泵起动的声音。

2）如果汽油泵没有起动，应关闭点火开关，从中央电路板上拔下汽油泵继电器，使用插头导线 V. A. G 1348/3-2 将遥控器 V. A. G 1348/3A 接到汽油泵继电器的触点和蓄电池正极端子上，起动发动机。如果汽油泵工作，应检查汽油泵继电器。

3）汽油泵继电器（J17）在中央电器继电器板 2 号位，其位置如图 10-19 所示。汽油泵继电器熔丝在熔断器盒 5 号位。汽油泵继电器控制着汽油泵、喷油器、空气流量计、活性炭罐电磁阀和加热型氧传感器的电压供应。检查前，应确保蓄电池电压正常，汽油泵继电器熔丝正常。用测试线跨接测试盒上端子 2 和 4（图 10-20），接通点火开关，汽油泵继电器必须有动作声，否则检查汽油泵继电器电路，如果电路正常，更换汽油泵继电器。

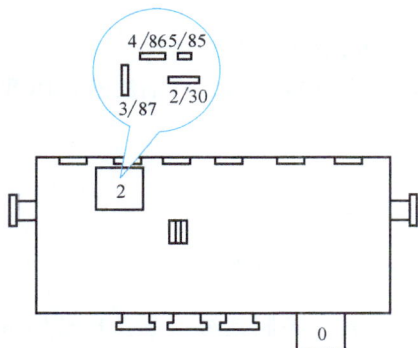

图 10-19　汽油泵继电器位置

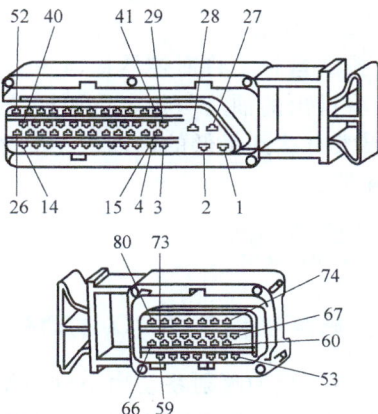

图 10-20　测试盒端子图（数字为端子编号）

4）如果汽油泵继电器良好，汽油泵仍然不工作，打开行李舱饰板，从密封凸缘拔下 3 个端子的导线插头。起动发动机，用万用表测量汽油泵线束插头上端子 1 和端子 3 之间的电压，如图 10-21 所示。电压的额定值约为蓄电池的电压（12V 左右）。

如果没有达到电压额定值，则根据电路图查找并消除电路中的断路故障；如果达到了额定值，旋下密封凸缘紧固大螺母，检查密封凸缘和汽油泵之间的导线是否有断路故障，如图 10-22 所示。如果没有发现断路，说明汽油泵有故障，应更换汽油泵。

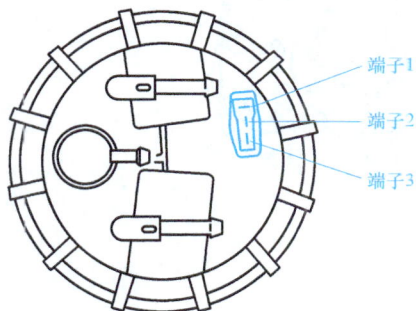

图 10-21　汽油泵线束插头

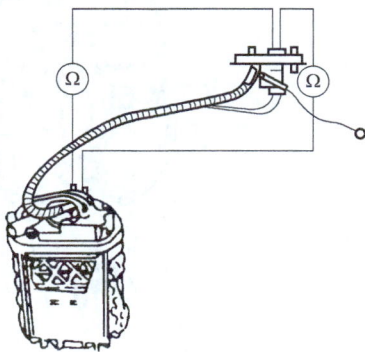

图 10-22　检查密封凸缘与汽油泵之间的导线是否有断路故障

4. 测量汽油泵供油量

测量汽油泵供油量时，应保证蓄电池电压正常，汽油泵熔丝正常和汽油滤清器工作正常。

1）关闭点火开关。

2）使用插头导线 V.A.G 1348/3-2 将遥控器 V.A.G 1348/3A 接到汽油泵继电器的触点和蓄电池正极端子上。

3）从燃油分配管上拔下输油管。供油系统是有压力的，在打开供油系统之前应在开口处放置抹布，然后小心地松开接头以释放压力。

4）将压力表 V.A.G 1318 及插头 V.A.G 1318/10 连接到输油管上。

5）将软管 V.A.G 1318/1 接到压力表的接口 V.A.G 1318/11 上，并伸到量杯内。

6）打开压力表的截止阀（使其接通）。

7）操作遥控器 V.A.G 1348/3A，缓慢关上截止阀，直到压力表上显示 0.3MPa 的压力，然后保持这一位置。

8）排空量杯，将遥控器接通 30s。

9）将排出的油量与额定值相比较。额定值应大于 0.58L/30s。

如果没有达到最低的输油量，故障原因可能为输油管弯曲或阻塞、汽油滤清器阻塞、汽油泵故障等。

技能拓展

一、帕萨特汽车 ANQ 发动机电控燃油喷射系统主要结构认知

电子控制燃油喷射系统由空气供给系统、燃油供给系统、控制系统组成，其组件布置图如图 10-23 所示，主要组件（喷油系统、空气滤清器、带喷油器的燃油分配管、进气歧管切换阀、节气门控制部件）的分解图分别如图 10-24~图 10-28 所示。

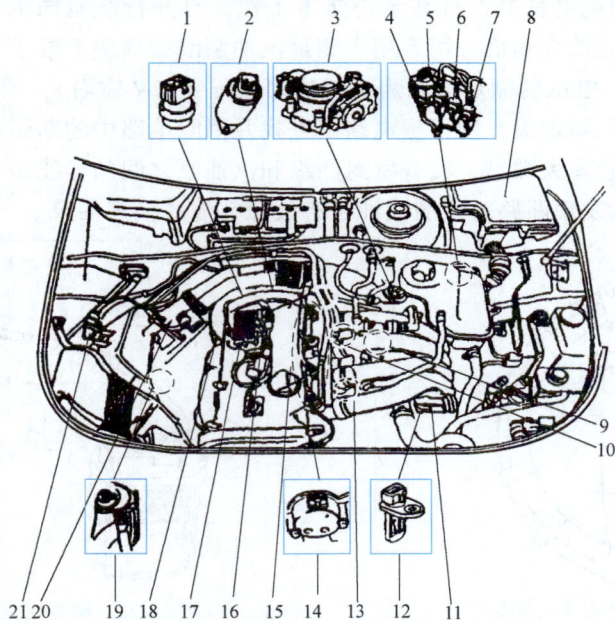

图 10-23　电子控制燃油喷射系统组件布置图

1—冷却液温度传感器（G62）　2—凸轮轴调整阀（N208）　3—节气门控制部件（J338）　4—4 针插头（黑色为 λ 传感器 G39）　5—3 针插头（灰色为发动机转速传感器 G28）　6—3 针插头（绿色为爆燃传感器 G61）　7—3 针插头（蓝色为爆燃传感器 G66）　8—发动机 ECU（J220）　9—发动机转速传感器（G28）　10—2 号爆燃传感器（G66）　11—进气歧管切换阀（N156）　12—进气温度传感器（G42）　13—1 号爆燃传感器插接器（G61）　14—霍尔传感器（G40）　15—喷油器（N30~N33）　16—燃油压力调节器　17—点火线圈（N128）　18—氧传感器（G39）　19—搭铁线　20—热膜式空气流量计（G70）　21—活性炭罐电磁阀（N80）

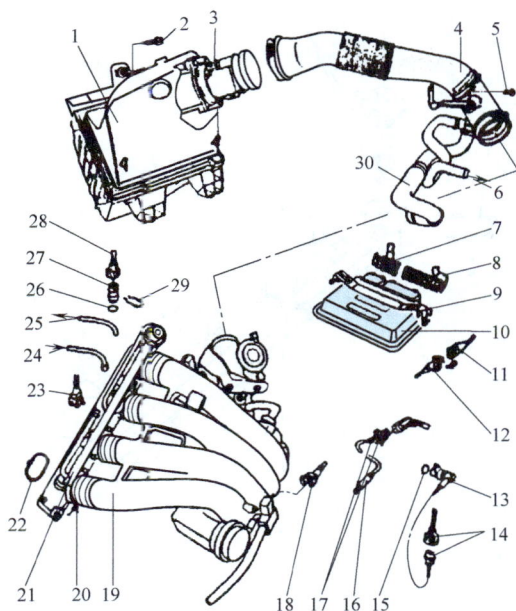

图 10-24　喷油系统的分解图

1—空气滤清器　2—螺栓（拧紧力矩为20N·m）　3—空气流量计（G70）　4—进气弯管

5—螺栓（拧紧力矩为10N·m）　6—通真空助力器　7—28针连接插头　8—52针连接插头

9—防护板　10—发动机 ECU　11、18、23—2针连接插头　12—进气温度传感器　13—发动机转速传感器

14—3针插座插头　15、26—O形圈　16—λ传感器　17、28—4针插头　19—进气歧管　20—螺栓（拧紧
力矩为10N·m）　21—带喷油器的燃油分配管　22—密封圈　24—进油硬管/软管　25—回油管

27—冷却液温度传感器　29—保持卡夹　30—通曲轴箱通风阀

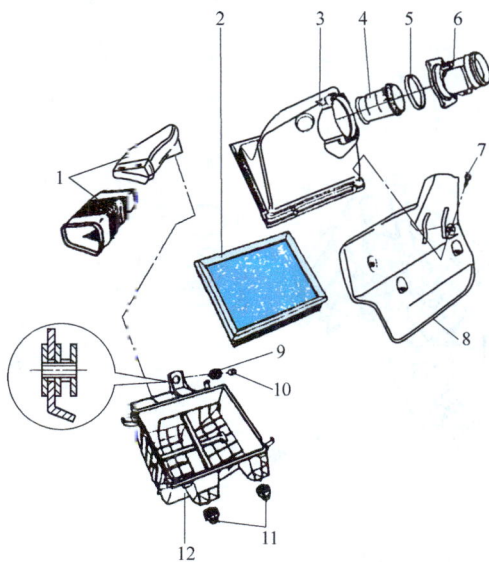

图 10-25　空气滤清器的分解图

1—空气吸入口　2—滤芯　3—空气滤清器上部　4—空气管道　5—密封圈　6—空气流量计

7—螺栓（拧紧力矩为10N·m）　8—隔热板　9—橡胶护套管　10—隔套管

11—垫块　12—空气滤清器下部

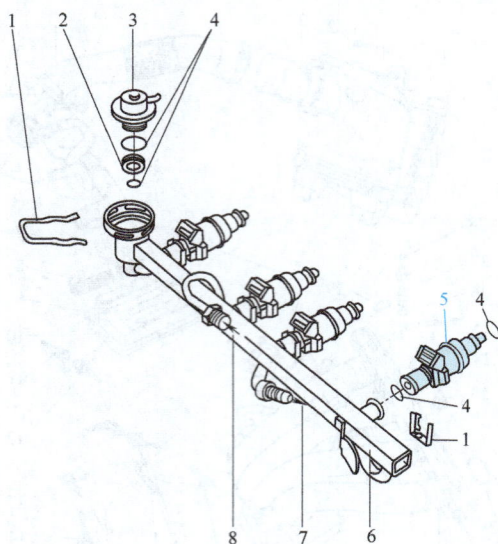

图 10-26　带喷油器的燃油分配管的分解图

1—保持卡夹　2—筛网　3—燃油压力调节器　4—O 形圈　5—喷油器　6—燃油分配管
7—接回油管路　8—接供油管路

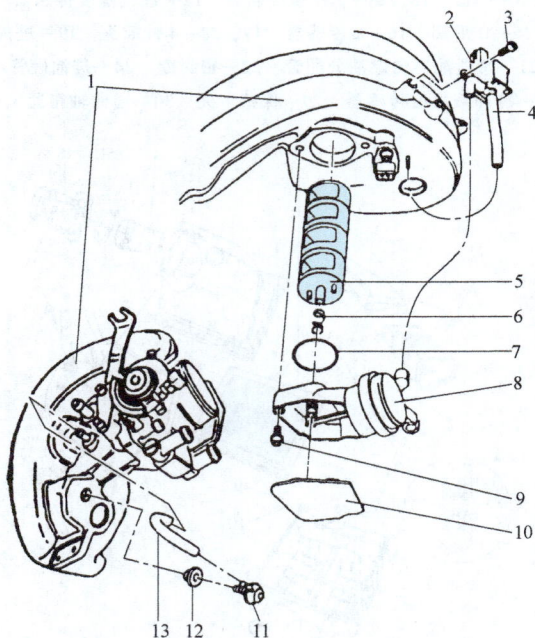

图 10-27　进气歧管切换阀的分解图

1—进气歧管　2—进气歧管切换阀　3—螺栓（拧紧力矩为 6N·m）　4—真空管道
5—切换筒　6—压簧　7—密封圈　8—真空控制元件　9—螺栓（拧紧力矩为 10N·m）
10—盖板　11—单向阀　12—橡胶圈　13—真空负压管道

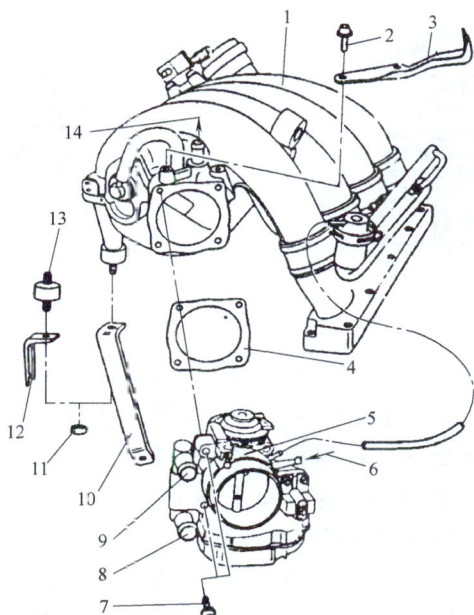

图 10-28　节气门控制部件的分解图

1—进气歧管　2、7、11—螺栓（拧紧力矩为10N·m）　3—支座　4—密封垫
5—节气门控制部件　6—来自活性炭罐电磁阀（N80）　8—至膨胀水箱
9—至散热器上部　10、12—支座　13—橡胶金属支座　14—通真空加力器

二、帕萨特汽车 ANQ 发动机燃油供给系统主要部件检修

1. 喷油器的检修

检查条件：发动机转速传感器正常；电动燃油泵（汽油泵）继电器正常；熔丝第 34 号正常。

1）连接故障阅读仪 V. A. G 1551，打开点火开关，并用地址码 01 选定发动机 ECU。

2）按键 0 和 3，选定最终控制诊断功能，并用 Q 键确认。

3）打开节气门，只要怠速开关一打开，气缸 1 的喷油器将动作 5 次（有 5 次"咔嚓"声。按"→"可依次开启 2、3、4 缸喷油器。如果喷油器没有"咔嚓"动作声，从点火线圈功率终端极上拔下 3 针插头，如图 10-29 所示。

4）拔下喷油器的连接插头，如图 10-30 所示。将发光二极管检查灯连接到待检查气缸插头的端子上，使起动电动机转动，发光二极管应闪烁。如果发光二极管不闪烁，检查气缸喷油器连接插头端子（图 10-31）和插头端子到电动燃油泵（汽油泵）继电器（J17）之间的导线是否断路或短路。

5）检查喷油器端子间电阻值，如图 10-32 所示。其允许值为 12.0～15.0V，如果达不到允许值，更换损坏的喷油器。

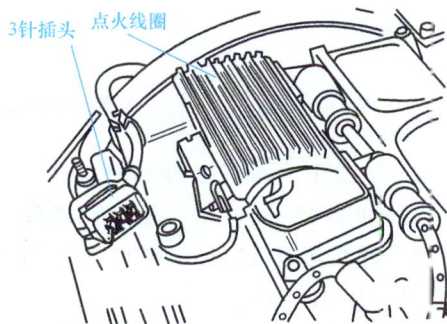

图 10-29　从点火线圈功率终端
极上拔下 3 针插头

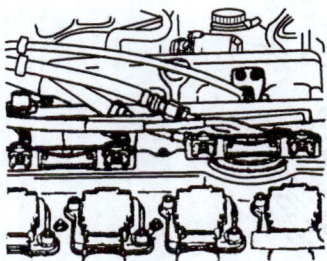

图 10-30　拔下喷油器的连接插头

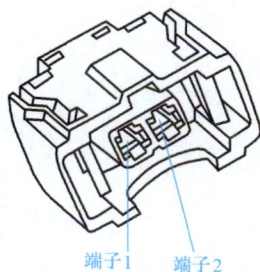

端子1　端子2

图 10-31　气缸喷油器连接插头端子

6）拆卸燃油分配管总成，拔下燃油压力调节器的真空管，将燃油分配管连同喷油器从进气歧管上取下并支撑好。激活喷油器，在燃油压力正常的前提下，目测检查喷油器的密封性，在电动燃油泵（汽油泵）运转时，仅允许每个喷油器1min滴漏1~2滴燃油。否则，更换新的密封圈或喷油器。

7）在燃油压力正常的前提下，将喷油器插入喷油量检查仪 V. A. G 1602 的测试玻璃管中，将喷油器连接好（图10-33a）。激活各缸喷油器，用遥控器 V. A. G 1348/3A 接通30s。检查蓄电池电压与喷油量的变化是否符合规定（图10-33b）并比较各缸的喷油量差，喷油量的允许值为 85 ~ 105ml/30s，各缸喷油量差值应不超过5ml/30s。如果喷油量不在给定范围内或各缸喷油量不平均，更换损坏的喷油器。

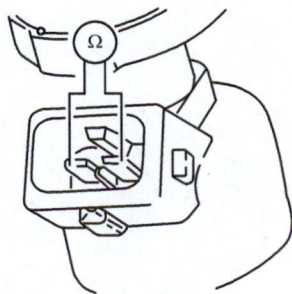

图 10-32　检查喷油器
端子间电阻值

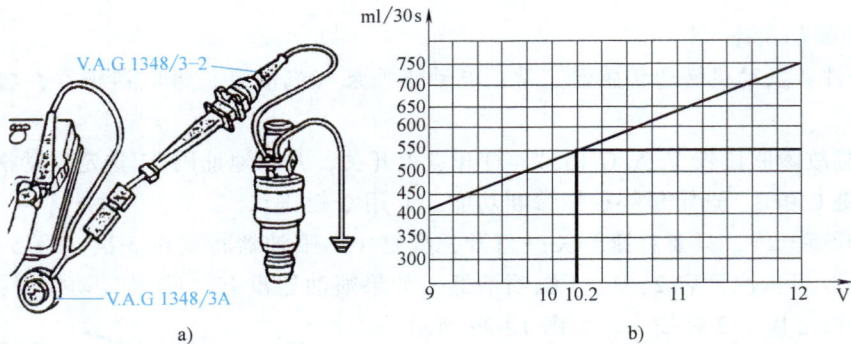

V.A.G 1348/3-2

V.A.G 1348/3A

a)

b)

图 10-33　检查喷油器喷油量

a）测量喷油量　b）喷油量与蓄电池电压的关系

2. 燃油压力调节器的检查

1）如图10-34所示，松开管接头，并将溢出的燃油擦干。

2）用适配器 1318/6 和 1318/7 将压力测试仪 V. A. G 1318 与燃油供油管和燃油分配管相连接（图10-35）。

3）打开压力测试仪的截止阀（即开关手柄指向燃油流动方向）。起动发动机，急速运转，测试燃油油压，其允许值为约 0.35MPa。拔下燃油压力调节器的真空管，如图10-36所

示，燃油油压应升高到约 0.4MPa。

4）关闭点火开关，在 10min 后，保持油压应大于 0.2MPa，这说明密封性和保持油压良好。如果油压降到 0.2MPa 以下，起动发动机并怠速运转，在油压建立起来后，关闭点火开关，同时关闭压力测试仪 V. A. G 1318 的截止阀（即使开关手柄与流动方向垂直），如图 10-37 所示。如果油压不下降，检查电动燃油泵（汽油泵）的回流阀；如果油压又下降，打开压力测试仪 V. A. G 1318 的截止阀，起动发动机并怠速运转，在建立起油压后，关闭点火开关同时将回流管夹紧，如果油压不下降，检查管路连接、在燃油管上的 O 形圈和喷油器是否泄漏。

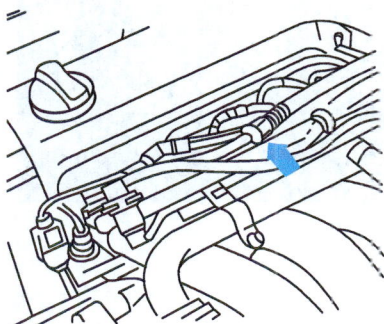

图 10-34　松开管接头

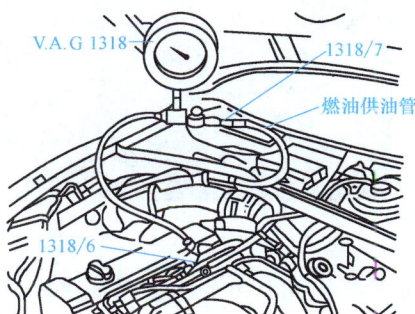

图 10-35　连接压力测试仪

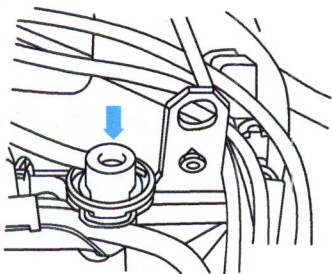

图 10-36　拔下燃油压力调节器的真空管

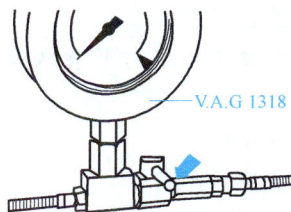

图 10-37　关闭压力测试仪 V. A. G 1318 的截止阀

项目 11　发动机节温器与水泵的更换

项目要求

1. 熟悉发动机冷却系统的组成、结构和功用及主要部件安装位置。
2. 能通过与客户交流、查阅相关维修技术资料等方式获得车辆信息。
3. 掌握水泵、节温器的更换方法。
4. 能对操作结果进行测试，检查和评估其修复质量。
5. 能根据环境要求，妥善处理辅料、废弃液体和损坏的零件。

项目载体

客户反映夏季发动机经常出现冷却液"开锅"故障（图11-1），同时仪表上冷却液温度表指示偏高，冷却液温度警告灯亮。

图 11-1　发动机冷却液"开锅"故障

分析产生此故障的主要原因有以下几个：

1) 冷却液道脏堵，冷却液循环不畅。

2) 冷却系统（如水管、水套及气缸体、气缸盖结合处等处）有渗漏，冷却液量不足。

3) 节温器失效，无法打开，冷却液无法进行大循环。

4) 水泵传动带松脱或水泵损坏导致冷却液无法循环。

5) 温控开关损坏，冷却风扇不转，散热器散热不良。

6) 散热器损坏。

7) 气缸垫烧损（打开散热器盖，液面有油，则说明水道、油道连通；冒出气泡，说明气缸与水道连通）。

8) 排气不畅。

9) 点火正时不对。

10) 发动机大修失误，如活塞与活塞环间隙过小。

如果发动机水泵或节温器失效，一般进行拆装更换。

相关知识

一、发动机冷却系统的基本组成

汽车发动机水冷冷却系统为强制循环水冷系统，一般由水泵、散热器、冷却风扇、节温器、冷却液膨胀水箱、气缸体水套和气缸盖水套以及其他附属装置等组成。图11-2所示为桑塔纳汽车 AJR 发动机冷却系统。冷却液由冷却液下橡胶软管进入水泵，经叶轮后直接进入气缸体水套，然后流入气缸盖水套，由气缸盖前端的出水口流出。此后，冷却液分两路，一路经冷却液上橡胶软管流经散热器冷却后，进入节温器，由节温器进入水泵进水口；另一路直接通过节温器后流入水泵进水口（称为小循环）。节温器装在水泵进水口处，节温器阀门在87℃时开始开启，在102℃时全开。小循环的通路是常开的，这样可使冷却系统的温度提高

到一个较高的水平，改善发动机的热效率，同时可以确保冷却系统始终有冷却液在循环。

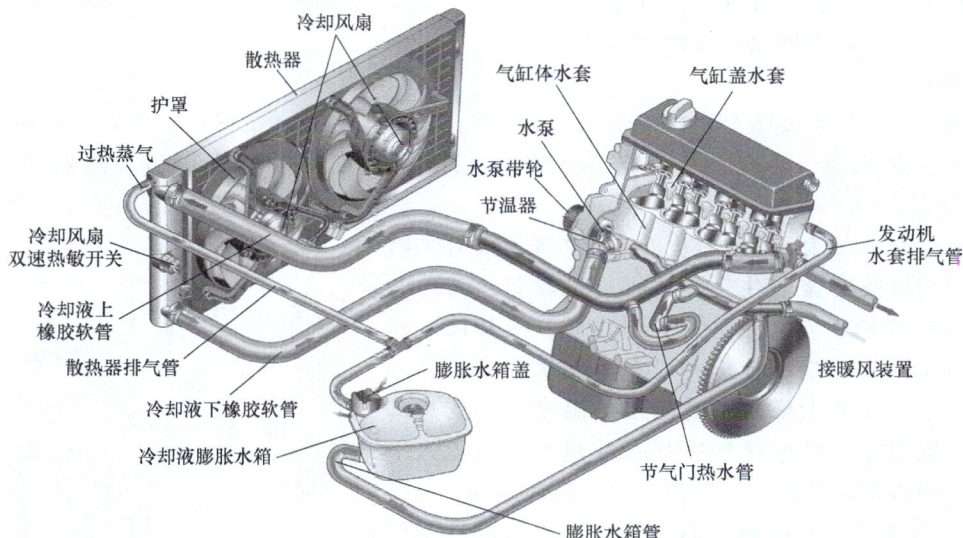

图 11-2　桑塔纳汽车 AJR 发动机冷却系统

为了提高燃油雾化程度，可利用冷却液的热量对进入进气歧管内的混合气进行预热。车上的暖风装置也可利用冷却液带出的热量来达到取暖目的。当需要取暖时，打开暖气控制阀，从气缸体水套流出的部分冷却液可流入暖风热交换器供暖，随后流回水泵。

二、发动机冷却系统主要部件

1. 水泵

水泵的作用是对冷却液加压，强制冷却液在冷却系统中循环流动。现代汽车通常采用离心式水泵。水泵一般在机体外安装，与冷却风扇同轴驱动；也有装在机体内（内藏式）单独驱动的。离心式水泵主要由水泵壳体、水泵叶轮、水泵轴、球轴承、密封组件等组成，如图 11-3a 所示。离心式水泵的工作原理如图 11-3b 所示，当叶轮旋转时，水泵中的冷却液被

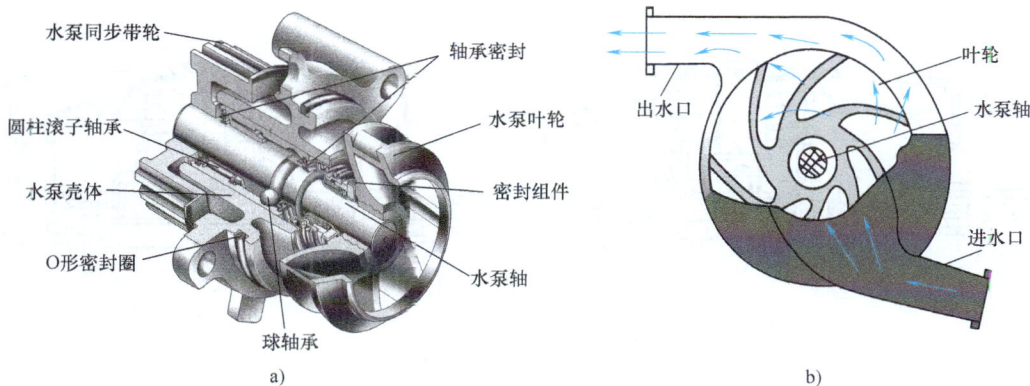

a)

b)

图 11-3　水泵

a）水泵的结构　b）离心式水泵的工作原理

叶轮带动一起旋转，并在离心力作用下向叶轮边缘甩出，经与叶轮成切线方向的出水口压送到发动机的水套内。与此同时，叶轮中心处造成一定的负压而将水从进水口吸入，如此连续地作用，使冷却液在回路中不断地循环。

2. 散热器

散热器的功用是使水套中出来的热水迅速冷却，以保持发动机的正常温度。散热器的主要组成为上储水室、下储水室、散热器芯（包括冷却管和散热片）和散热器盖等，如图 11-4 所示。

（1）上储水室和下储水室 上储水室顶部有加液口，平时用散热器盖盖住，并装有进水软管，与冷却液上橡胶软管相连。下储水室有出水管，冷却液下橡胶软管与水泵进水口相连。一般在下储水室中还装有放水阀。由冷却液上橡胶软管流出的温度较高的冷却液进入上储水室，经散热器冷却管散热冷却后流入下储水室，由冷却液下橡胶软管流出后被吸入水泵。

（2）散热器芯 散热器芯由许多扁圆形的冷却管和散热片组成。冷却管焊接在上、下储水室之间，作为冷却液的通道。空气吹过冷却管的外表面，从而使冷却管内流动的冷却液得到冷却。冷却管周围布置了很多散热片，用来增加散热面积，同时增加整个散热器的刚度和强度。

图 11-4　散热器的组成

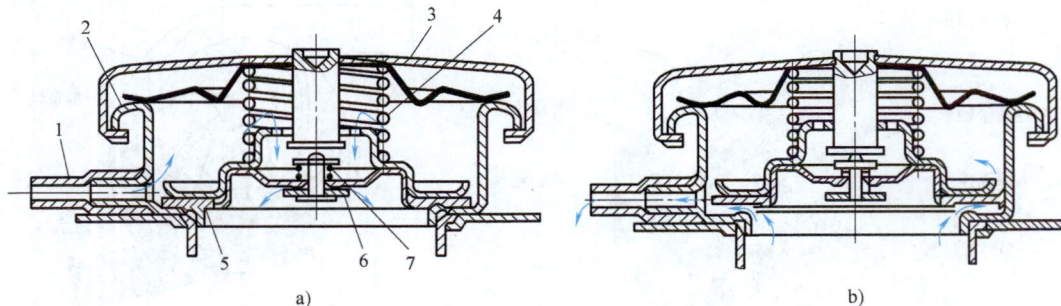

（3）散热器盖 现代汽车发动机多采用封闭式水冷却系统，这种冷却系统的散热器盖装有一个空气阀和一个蒸气阀，对冷却系统有密封加压作用。发动机处于正常热态时，阀门关闭，可将冷却系统与大气隔开，防止蒸气逸出，使系统内压力稍高于大气压力，从而可提高冷却液的沸点，保证发动机在较长时间及较高负荷下工作。带空气阀-蒸气阀的散热器盖如图 11-5 所示，当散热器中蒸气升高到一定压力时，蒸气阀便开启，使蒸气从通气孔排出，以防热膨胀压坏散热器芯中的冷却管；当温度降低，冷却系统中蒸气凝结为冷却液，散热器内形成一定真空时，空气阀开启，空气从通气孔进入冷却系统，避免压力差将散热器芯冷却管压瘪。

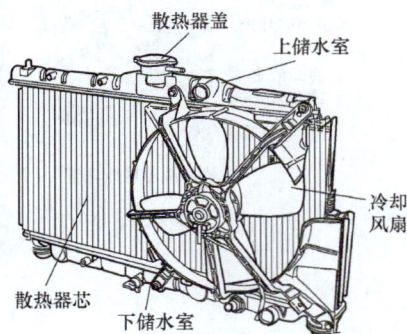

图 11-5　带空气阀-蒸气阀的散热器盖

a）空气阀开启　b）蒸气阀开启

1—通气口　2—散热器加水口　3—加水口盖　4—蒸气阀弹簧　5—蒸气阀
6—空气阀　7—空气阀弹簧

3. 膨胀水箱

加注防冻液的汽车发动机常采用膨胀水箱，如图11-6所示。发动机工作使冷却液温度升高并膨胀，使散热器内压力上升。当压力达到规定值以上时，让一部分冷却液流回膨胀水箱以保持散热器内的压力。停车时，冷却液温度降低，散热器内的压力下降，膨胀水箱内的冷却液受大气压力的作用流回散热器。

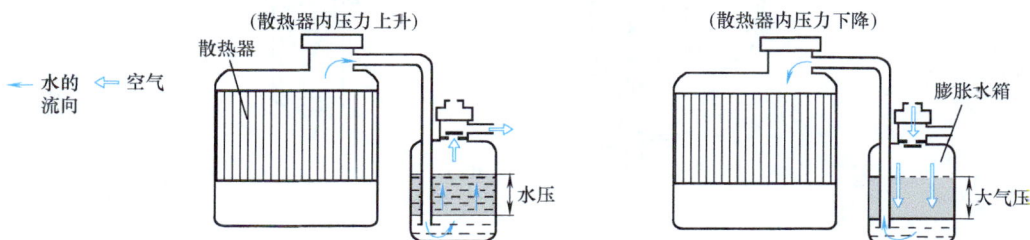

图11-6　膨胀水箱

膨胀水箱多用半透明材料（如塑料）制成，透过箱体可直接观察到冷却液的液面高度，无须打开散热器盖。冷却液的液面高度应在MAX与MIN之间，如图11-7所示。

4. 节温器

节温器安装在冷却液循环的通路中（一般安装在气缸盖的出水口），根据发动机负荷的大小和冷却液温度的高低自动改变冷却液的循环流动路线，以达到调节冷却系统冷却强度的目的。

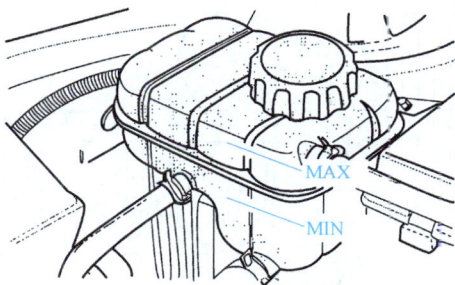

汽车发动机广泛采用蜡式节温器。蜡式节温器由上支架、下支架、主阀门、旁通阀、感应体、中心杆、橡胶管和弹簧等组成，如图11-8所示。它是一种双阀节温器，节温器的上支架和下支架

图11-7　冷却液的液面高度

与阀座铆成一体，中心杆上端固定在上支架的中心，其下部插入橡胶管的中心孔内，中心杆下端呈锥形。橡胶管与感应体外壳之间的空腔里装有石蜡，为了提高导热性，石蜡中常掺有铜粉和铝粉。感应体外壳上、下部有联动的主阀门和旁通阀门，主阀门上有通气孔，它的作用是在加冷却液时使水套内的空气经小孔排出，保证能加满冷却液。

1）当冷却液温度低于85℃时，主阀门完全关闭，旁通阀完全开启，由气缸盖出来的冷却液经旁通管直接进入水泵，称为小循环（图11-9a）。由于冷却液只是在水泵和水套之间流动，不经过散热器，且流量小，所以冷却强度弱。

2）当发动机内冷却液温度升高到102℃时，主阀门完全开启，旁通阀完全关闭，冷却液全部流经散热器，称为大循环（图11-9b），此时冷却液流动路线长、流量大、冷却强度强。

3）当冷却液温度在85～102℃时，大、小循环同时进行。当发动机冷却液温度达85℃左右时，石蜡逐渐变成液态，体积随之增大，迫使橡胶管收缩，从而对中心杆下部锥面产生向上的推力，由于杆的上端固定，故中心杆对橡胶管及感应体产生反推力，克服弹簧张力使主阀门逐渐打开，旁通阀开度逐渐减小。

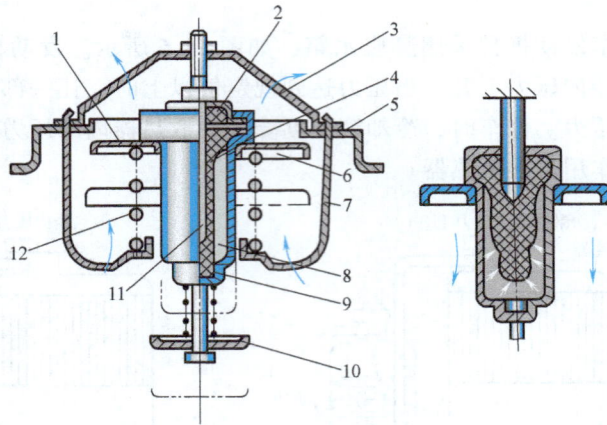

图 11-8　蜡式节温器的组成

1—主阀门　2—盖和密封垫　3—上支架　4—橡胶管　5—阀座　6—通气孔　7—下支架
8—石蜡　9—感应体　10—旁通阀　11—中心杆　12—弹簧

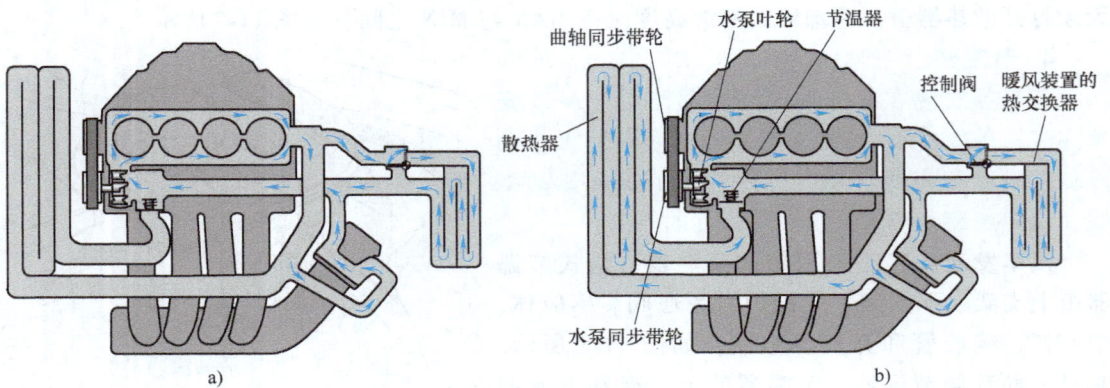

图 11-9　冷却系统的循环示意图

a）小循环示意图　b）大循环示意图

5. 冷却风扇

冷却风扇的功用是提高流经散热器的空气流速和流量，以增强散热器的散热能力并冷却发动机附件。冷却风扇多装在发动机与散热器之间，与水泵同轴驱动。这样，当冷却风扇转动时，对空气产生轴向吸力，空气流从前到后通过散热器芯，从而使散热器芯中的冷却液加速冷却。

冷却风扇的扇风量与冷却风扇的直径、转速、叶片形状、叶片安装角度以及叶片数目有关。目前车用水冷发动机大多数采用轴流式冷却风扇，其形式如图 11-10 所示。

在汽车上大多采用电动冷却风扇，其结构如图 11-11 所示。电动冷却风扇系统一般由电动冷却风扇温度传感器（冷却液温度开关）、冷却风扇、电动机等组成。电动冷却风扇可根据冷却液温度变化使冷却风扇断续工作，从而提高了整车的经济性能。另外，电动冷却风扇省去了冷却风扇 V 带轮和发电机轴的驱动 V 带连接，冷却风扇叶片尺寸和散热器等布置自由度大，具有能耗低、噪声小等优点。

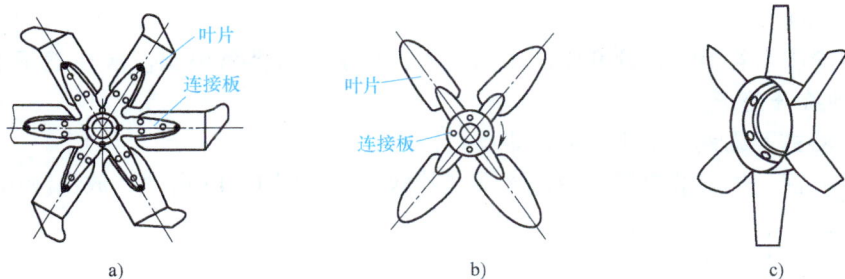

图 11-10　轴流式冷却风扇的形式

a）叶尖前弯曲的冷却风扇　b）尖窄根宽的冷却风扇　c）尼龙压铸翼形叶片整体冷却风扇

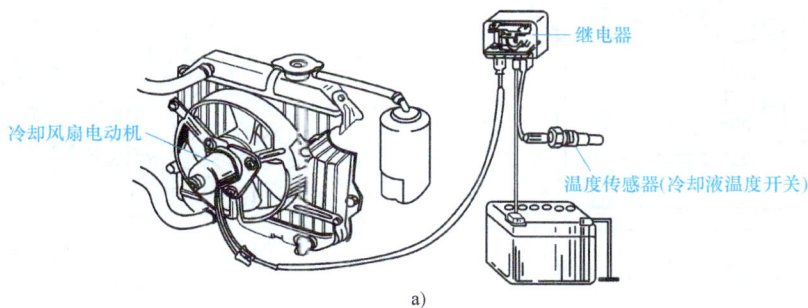

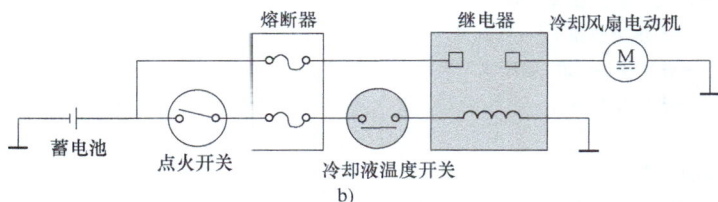

图 11-11　电动冷却风扇的结构

a）结构　b）电动机配线图

技能操作

一、准备工作及注意事项

1. 准备好常用拆装工具若干套。
2. 准备好发动机拆装台架若干套。
3. 准备好举升机若干台。
4. 准备好清洁工具。
5. 工作过程中应注意安全及环保工作是否到位。

二、散热器、水泵、节温器的拆卸（以桑塔纳汽车 AJR 发动机为例）

桑塔纳汽车 AJR 发动机冷却系统布置图如图 11-12 所示。

1. 排放冷却液

1）旋开膨胀水箱盖。在旋开膨胀水箱盖时，可能会有蒸气喷出。应在盖子上盖一块抹布，再小心地旋开盖子。

2）在发动机下放置一个干净的收集盘。

3）松开夹箍，拔下散热器的冷却液下橡胶软管，如图 11-13 所示，放出冷却液。

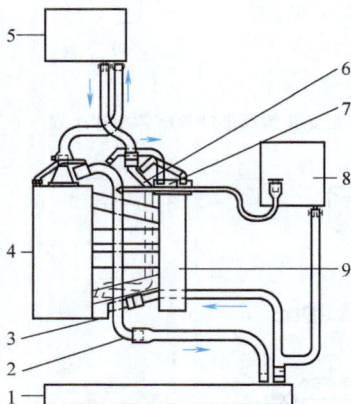

图 11-12　桑塔纳汽车 AJR 发动机冷却
系统布置图

1—散热器　2—冷却液上橡胶软管　3—节温器
4—气缸体　5—暖风热交换器　6—冷却液
下橡胶软管　7—进气预热　8—膨胀水箱
9—进气歧管

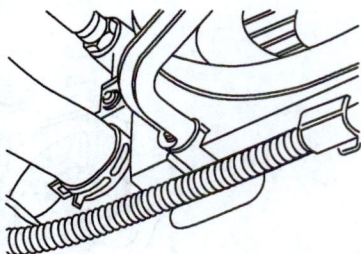

图 11-13　拔下散热器的冷却
液下橡胶软管

2. 散热器总成的拆卸

1）松开冷却液橡胶软管上的夹箍，拔下散热器的冷却液橡胶软管。

2）拔下位于双电控冷却风扇罩壳上的热敏开关插头，如图 11-14 所示。

3）为防止损坏空调冷凝器及制冷剂管路，不要压迫、扭曲及弯曲制冷剂管路。

4）将双电控冷却风扇连同罩壳一起取下。

5）拆卸散热器。

3. 水泵总成的拆卸

1）拆卸驱动 V 带，拆卸风扇电动机。

2）拆卸同步带的上、中防护罩，将曲轴调整到 1 缸上止点位置。

3）拆卸凸轮轴上的同步带，但不必拆卸曲轴 V 形带轮。保持同步带在曲轴同步带轮上的位置。

4）旋下螺栓，拆卸同步带后防护罩，拆卸水泵，小心地将其拉出，如图 11-15 所示。

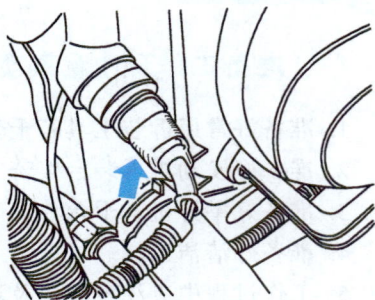

图 11-14　拔下热敏开关插头

4. 节温器的拆卸

1）拆卸 V 带，拆卸发电机。

2）拆卸冷却液橡胶软管。

3）松开螺栓，取出节温器盖、O形密封圈和节温器，如图11-16所示。

5. 节温器的检查

在水中加热节温器，观察节温器阀门开启温度和升程。节温器开始打开温度为（87±2）℃，结束打开温度约为120℃，节温器最大升程约为8mm。

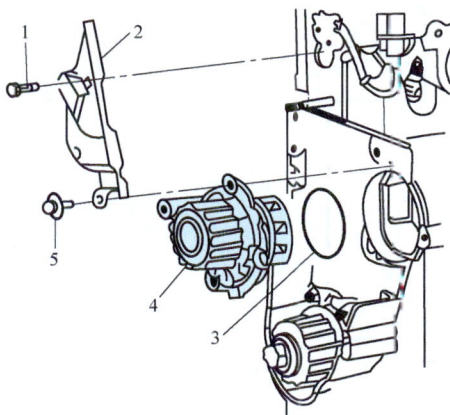

图11-15　拆卸水泵

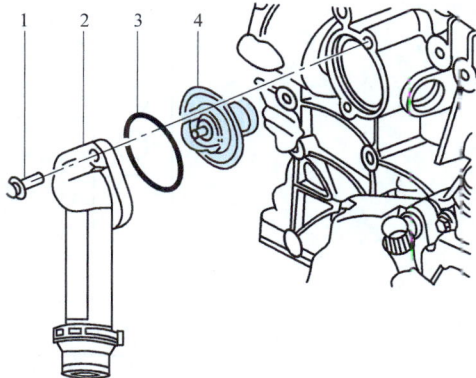

图11-16　拆卸节温器

1、5—螺栓　2—同步带后防护罩　3—O形密封圈　4—水泵　　1—螺栓　2—节温器盖　3—O形密封圈　4—节温器

三、节温器、水泵、散热器的安装（以桑塔纳汽车AJR发动机为例）

1. 节温器的安装

1）清洁O形密封圈的密封表面。
2）安装节温器（节温器的感温部分必须在气缸体内）。
3）用冷却液浸湿新的O形密封圈。
4）拧紧螺栓，安装发电机。

2. 水泵的安装

1）清洁O形密封圈的密封表面，用冷却液浸湿新的O形密封圈。
2）安装水泵（罩壳上的凸耳朝下）。
3）安装同步带后防护罩。
4）拧紧水泵螺栓，拧紧力矩为15N·m。
5）安装同步带（调整配气相位），安装驱动V带。
6）加注冷却液。

3. 散热器的安装

安装散热器时，以与拆卸相反的顺序进行。

4. 冷却液橡胶软管的安装

安装冷却液橡胶软管时，按与拆卸相反的顺序进行。

技能拓展

帕萨特汽车ANQ发动机冷却系统的拆装

ANQ发动机冷却系统示意图如图11-17所示，ANQ发动机冷却系统部件如图11-18所示。

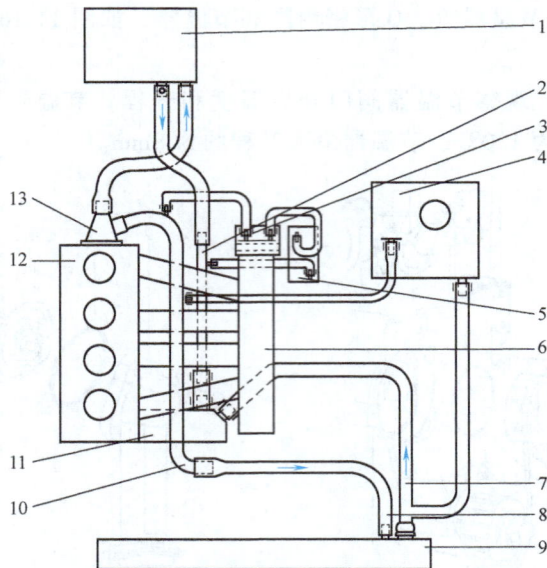

图 11-17　ANQ 发动机冷却系统示意图

1—热交换器　2—底部冷却液管　3—节气门控制单元　4—膨胀水箱　5—机油散热器
6—进气歧管　7—冷却液下橡胶软管　8—冷却液上橡胶软管　9—散热器
10—顶部冷却液管　11—水泵/节温器　12—气缸盖/气缸体　13—管接头

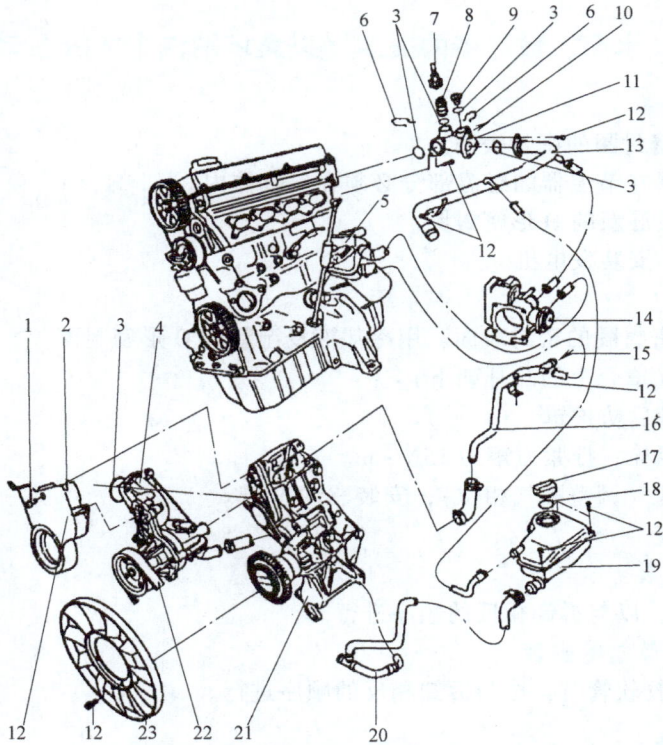

图 11-18　ANQ 发动机冷却系统部件

1—螺栓（拧紧力矩为20N·m）　2—同步带下部防护罩　3、18—O形圈　4—水泵　5—机油散热器
6—保持夹　7—连接接头　8—冷却液温度传感器（G62）　9—塞子　10—通向热交换器
11—连接管　12—螺栓（拧紧力矩为10N·m）　13—上部冷却液管　14—节气门控制单元
15—从热交换器来　16—下部冷却液管　17—塞盖　19—膨胀水箱
20—下部冷却液软管　21—组合支架　22—驱动带　23—风扇叶轮

1. 冷却液的排空和加注

（1）冷却液的排空　将放出的冷却液收集在干净容器内，以便再次使用或处理。热车时应注意，打开膨胀水箱盖时会喷出炽热蒸气，因此应用布包住盖子后慢慢开启。

1）查取车载收音机代码，关闭点火开关，断开蓄电池搭铁线，拆卸发动机舱盖。

2）拆卸油底壳护板，如图 11-19 所示。

3）拧下散热器下端的动力转向液压油冷却蛇形管，如图 11-20 所示，使之可以自由活动，注意不要打开液压油的回路。

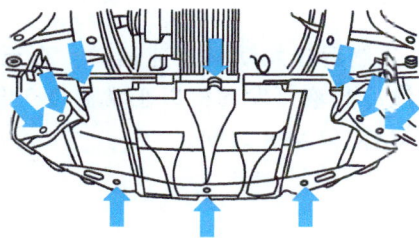

图 11-19　拆卸油底壳护板

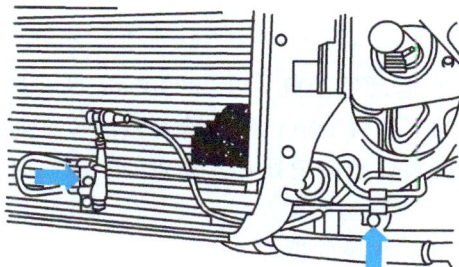

图 11-20　拧下动力转向液压油冷却蛇形管

4）取下散热器上的堵头，将发动机冷却液放掉，如图 11-21 所示。

5）拔下前照灯线束插头和散热器风扇区域温度传感器线束插头，如图 11-22 所示。

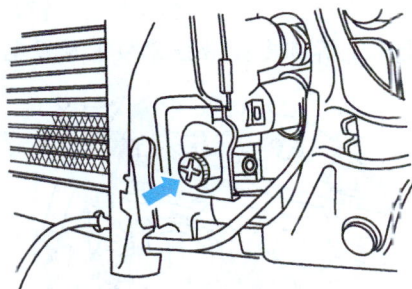

图 11-21　取下散热器上的堵头

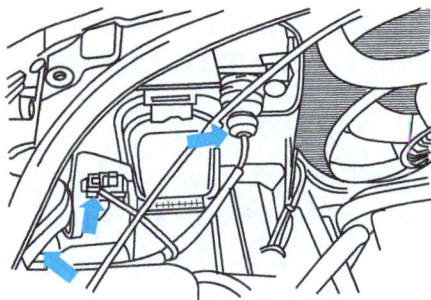

图 11-22　拔下线束插头

6）放出发动机冷却液。

（2）冷却液的加注　冷却系统需要加注由水和防冻防腐剂 G001A8C 组成的混合冷却液。G001A8C 和 TL774C 冷却液添加剂能防止冷却液结冰、锈蚀及形成水垢，还可提高冷却液的沸点。在热带气候地区，冷却液的高沸点可保证发动机在高负荷时运行的安全性。

若更换散热器、热交换器、气缸盖或气缸盖衬垫，则原来的冷却液不允许再使用。

① 安装底部冷却液软管并紧固。更换 O 形密封圈，安装水泵（冷却液泵）放液螺塞，其拧紧力矩为 30N·m。将管接头 V.A.G1274/8 拧到膨胀水箱上，并将漏斗 V.A.G1274/10 装到管接头上，加注冷却液，如图 11-23 所示。若加注时无专用工具，则应拆卸膨胀水箱并抬高约 100mm。

② 松开固定在热交换器接头上的防尘套卡箍，向后拉防尘套。松开热交换器上的冷却液软管，向后拉软管，直到气孔不再被接头封住（如图 11-24 中箭头所示）。加注冷却液，直至冷却液软管的通气孔中流出冷却液。将软管推到接头上并紧固，盖上膨胀水箱盖。

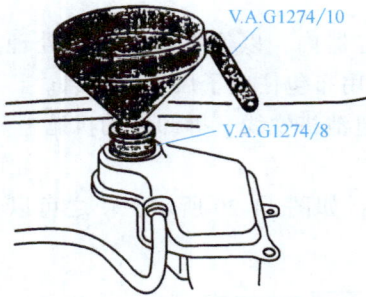

图 11-23　加注冷却液

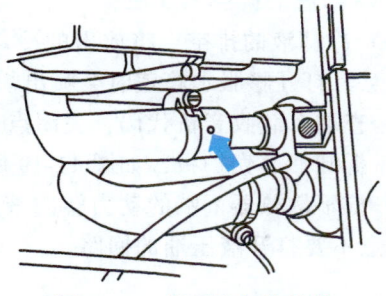

图 11-24　松开冷却液软管

③ 起动发动机，以 2000r/min 的转速运转约 3min。然后让发动机怠速运转，直至散热器上的下软管变热。检查冷却液液位，如果需要，加注冷却液。发动机以正常温度工作时，液位必须处于标记处；发动机处于冷态时，液位应在 MAX 和 MIN 之间。

2. 水泵的拆装

（1）水泵的拆卸

1）查取车载收音机防盗密码；关闭点火开关，断开蓄电池搭铁线；排放冷却液；拆卸多楔带；拆卸黏液型风扇及带轮；拆卸 V 带，不必拆卸空调压缩机多楔带及转矩反应器支架。

2）从发电机上断开端子 60 和端子 30，将线束从电缆中脱出（图 11-25）。

3）从发电机、叶片泵及黏液型风扇支座上拆卸进气歧管支架、气缸体支柱、转矩反应器支座的支架。拧下图 11-26 中箭头所示的螺母，从支座上拆卸多楔带张紧装置及发电机。

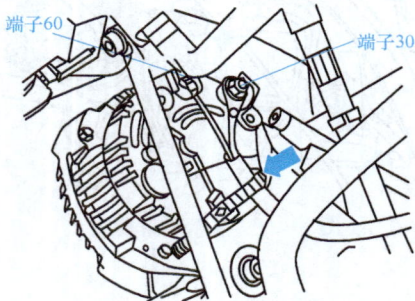

图 11-25　拆卸发电机端子

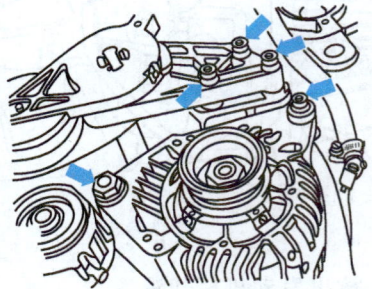

图 11-26　拆卸多楔带张紧装置及发电机

4）拧下 V 带及叶片泵多楔带轮的紧固螺栓，将销子插入叶片泵带轮，并将其保持在原位，从支座上拧下叶片泵紧固螺栓，但不松开液压管接头。用绳索将叶片泵固定在车身上，从水泵及节温器上断开冷却液软管（图 11-27）。

5）拧下发电机、叶片泵及黏液型风扇支座的后紧固螺栓 1~6，如图 11-28 所示。从同步带护罩上拧下水泵紧固螺栓，拆卸水泵。从水泵壳体上拆卸轴承盖，如图 11-29 所示。

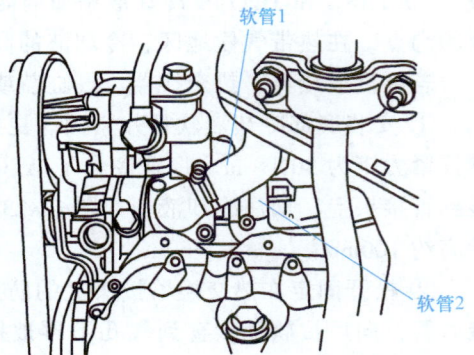

图 11-27　拆卸冷却液软管

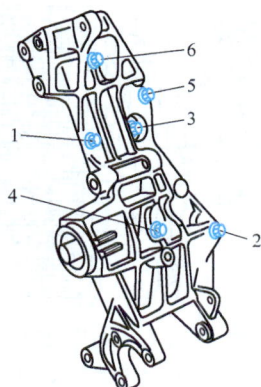

图 11-28　拧下后紧固螺栓

1~6—螺栓

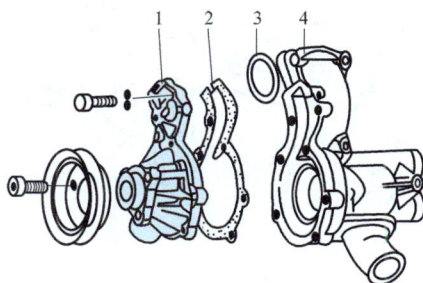

图 11-29　拆卸轴承盖

1—轴承盖　2—衬垫　3—O形密封圈　4—水泵壳体

（2）水泵的安装　按与拆卸相反的顺序安装水泵。安装时注意以下事项：

1）清洗壳体两端的密封面，更换衬垫及O形密封圈，将锤头螺栓插入水泵的孔中。

2）将发电机、叶片泵及黏液型风扇的支座连同水泵一起装到气缸体上，然后按1~6顺序拧紧螺栓。螺栓1和5规格为M8×70，螺栓2规格为M8×110，螺栓3规格为M8×50，螺栓4规格为M8×90，螺栓6规格为M8×100，各螺栓的拧紧力矩为25N·m。

3. 节温器的拆装

（1）节温器的拆卸　排放冷却液，拧下螺栓，拆卸管接头、O形密封圈及节温器，如图11-30所示。

（2）节温器的检查　将节温器浸于热水中检测：开启温度约为87℃，全开温度约为102℃（不可测试），开启行程至少为8mm。

（3）节温器的安装　清洗和展平O形密封圈的密封面，插入节温器，加注冷却液。管接头与水泵壳体的联接螺栓拧紧力矩为10N·m。

4. 散热器的拆装

（1）散热器的拆卸

1）拆卸前保险杠，通过散热器上的放液螺塞排空冷却液，松开联接法兰处的固定卡箍，从散热器上拆卸冷却液软管，如图11-31所示。

2）脱开动力转向液压油冷却管。

3）拆卸导风罩，如图11-32所示，从散热器上拆卸导风罩（左、右侧），拆卸冷凝器紧固螺栓1和2，从空调压力开关F129上拆卸压力开关插头。向上拉冷凝器，使其脱离支座，然后向前转动，用绳索将其固定在右前轮上。注意：切不可打开空调制冷剂回路；操作时切勿拉伸、扭曲或弯曲管路及软管，以免损坏冷凝器及制冷剂管路/软管。

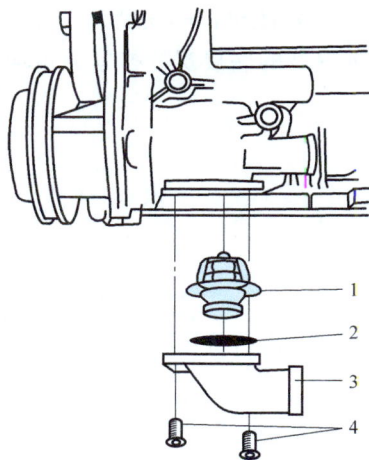

图 11-30　节温器的拆卸

1—节温器　2—O形密封圈　3—管接头　4—螺栓

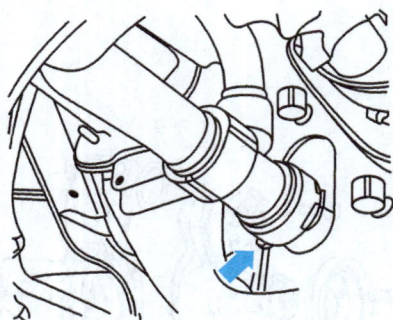

图 11-31　拆卸冷却液软管

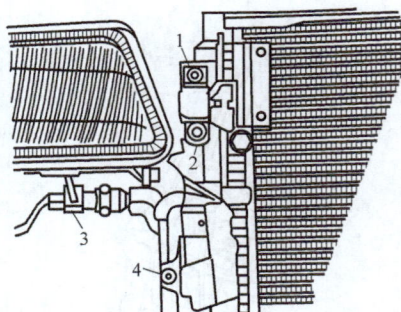

图 11-32　拆卸导风罩

1、2—螺栓　3—压力开关插头　4—导风罩

4）松开散热器的两个锁止销，向上将其拔下（图 11-33）。向前端摆动散热器，抬起并取下。

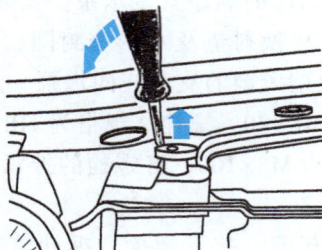

图 11-33　松开散热器的两个锁止销

（2）散热器的安装　按与拆卸相反的顺序安装散热器。安装时注意，冷凝器和冷却管与散热器的联接螺栓拧紧力矩均为 10N·m。

汽车底盘的拆装与调整

项目 12　离合器摩擦片的更换

项目要求

1. 熟悉离合器的结构、原理及主要部件安装位置。
2. 能通过与客户交流、查阅相关维修技术资料等方式获得车辆信息。
3. 掌握离合器摩擦片的更换方法。
4. 能对操作结果进行测试，检查和评估其修复质量。
5. 能根据环境要求，妥善处理辅料、废弃液体和损坏的零件。

项目载体

客户反映一辆行驶里程为 100000km 的汽车出现了下面问题：汽车用低速档起步时，放松离合器踏板后，汽车不能起步，需要将离合器踏板抬得很高时才能勉强起步；汽车加速行驶时，车速不能随发动机转速的提高而提高，感到行驶无力，严重时产生焦煳味或冒烟等现象。

造成此故障的主要原因有：

1）踏板自由行程过大。

2）从动盘翘曲。

3）压盘变形。

4）离合器摩擦片变形或铆钉松动。

5）膜片弹簧断裂。

6）操纵机构发卡。

7）液压操纵机构漏油。

当离合器摩擦片产生变形、烧损、严重磨损时，需检查、更换离合器摩擦片。

相关知识

一、离合器的位置与功用

离合器装置在发动机与变速器之间，因发动机的布置方式不同其位置略有不同，图 12-1

所示为发动机前置驱动方式的桑塔纳汽车离合器的安装位置。

离合器是汽车传动系统中的重要组成部分，其功用如下。

1. 使发动机与传动系统逐渐接合，保证汽车平稳起步

汽车起步时，驾驶人缓慢抬起离合器踏板，使离合器的主、从动部分逐渐接合，与此同时，逐渐踩下加速踏板，以增加发动机的输出转矩，这样发动机的转矩便可由小到大传给传动系统。当牵引力足以克服汽车起步时的行驶阻力时，汽车便由静止开始缓慢逐渐加速，实现平稳起步。

2. 暂时切断发动机的动力传动，保证变速器换档平顺

图 12-1　桑塔纳汽车离合器的安装位置
1—发动机　2—离合器　3—减速器
4—变速器　5—半轴

汽车在行驶过程中，由于行驶条件的变换，需要不断变换档位。对于普通齿轮变速器，换档时不同的齿轮副要退出啮合或进入啮合，这就要求换档前踩下离合器踏板，中断发动机的动力传动，便于退出原有齿轮副的啮合、进入新齿轮副的啮合。如果没有离合器或离合器分离不彻底使动力不能完全中断，原有齿轮副之间会因压力大而难以脱开，而待啮合齿轮副之间因圆周速度不同而难以进入啮合，勉强啮合也会产生很大的冲击和噪声，甚至会打齿。

3. 限制所传递的转矩，防止传动系统过载

汽车紧急制动时，如果发动机与传动系统刚性连接，发动机转速将急剧下降，其所有零件将产生很大的惯性力矩，这一力矩作用于传动系统，会造成传动系统过载而使其机件损坏。有了离合器，当传动系统承受载荷超过离合器所能传递的最大转矩时，离合器会通过主、从动部分之间的打滑来消除这一危险，从而起到过载保护的作用。

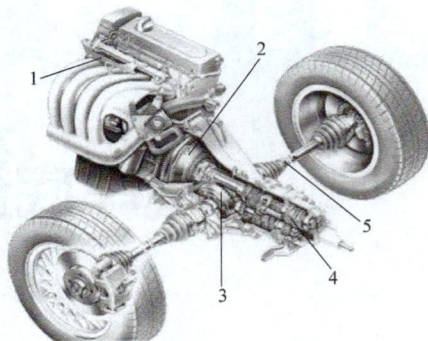

二、对离合器的要求

根据离合器的功用，它应满足下列主要要求：

1）既能可靠地传递发动机的最大转矩，又能防止传动系统过载。

2）接合时应平顺柔和，保证汽车平稳起步，减少冲击。

3）分离时应迅速彻底，保证变速器换档平顺和发动机起动顺利。

4）旋转部分的平衡性好，且从动部分的转动惯量小。

5）具有良好的通风散热能力，防止离合器温度过高。由于离合器接合过程中，主、从动部分有相对的滑转，在使用频繁时会产生大量的热量，如果不及时散出，会严重影响其使用寿命和工作的可靠性。

6）操纵轻便，以减轻驾驶人的疲劳。

三、离合器的基本组成和工作原理

1. 基本组成

当前汽车所采用的摩擦离合器一般为干摩擦式离合器，它主要由主动部分、从动部分、

压紧机构和操纵机构组成。图 12-2 所示为离合器一般构成。

主动部分包括飞轮、离合器盖和压盘。离合器盖用螺栓固定在飞轮上，压盘后端圆周上的凸台伸入离合器盖的窗口中，并可沿窗口轴向移动。这样，发动机转动时，动力便经飞轮、离合器盖传到压盘，并一起转动。

从动部分包括从动盘和从动轴。从动盘带有双面的摩擦片，离合器正常接合时分别与飞轮和压盘相接触；从动盘通过花键毂装在从动轴的花键上，从动轴是手动变速器的输入轴（一轴），其前端通过轴承支承在曲轴后端的中心孔中，后端支承在变速器壳体上。

压紧机构有若干根沿圆周均匀布置的压紧弹簧，它们装在压盘与离合器盖之间，用来将压盘和从动盘压向飞轮，使飞轮、从动盘和压盘三者压紧在一起。

图 12-2　离合器一般构成
1—离合器壳体　2—飞轮　3—离合器从动盘
4—压盘　5—操纵机构

操纵机构包括离合器踏板、分离拉杆、调节叉、分离叉、分离套筒、分离轴承、分离杠杆、回位弹簧等。

2. 工作原理

（1）接合状态　离合器在接合状态下，操纵机构各部件在回位弹簧的作用下回到各自的位置，分离杠杆内端与分离轴承之间保持有一定的间隙，压紧弹簧将飞轮、从动盘和压盘三者压紧在一起，发动机的转矩经过飞轮及压盘通过从动盘两摩擦面的摩擦作用传给从动盘，再由从动轴输到变速器。

（2）分离过程　分离离合器时，驾驶人踩下离合器踏板，分离套筒和分离轴承在分离叉的推动下，先消除分离轴承与分离杠杆内端之间的间隙，然后推动分离杠杆内端前移，使分离杠杆外端带动压盘克服压紧弹簧作用力后移，摩擦作用消失，离合器的主、从动部分分离，中断动力传动。

（3）接合过程　接合离合器时，驾驶人缓慢抬起离合器踏板，在压紧弹簧的作用下，压盘向前移动并逐渐压紧从动盘，使接触面间的压力逐渐增加，摩擦力矩也逐渐增加；当飞轮、压盘和从动盘之间接合还不紧密时，所能传动的摩擦力矩较小，离合器的主、从动部分有转速差，离合器处于打滑状态；随着离合器踏板的逐渐抬起，飞轮、压盘和从动盘之间的压紧程度逐渐紧密，主、从动部分的转速渐趋相等，直到离合器完全接合而停止打滑，接合过程结束。

四、膜片弹簧式离合器的结构

膜片弹簧式离合器的结构如图 12-3 所示。桑塔纳 2000GLi 型汽车离合器采用单片、干式、膜片弹簧式离合器，它主要由压盘、从动盘、膜片弹簧、分离轴承、分离套筒、分离叉轴、离合器拉索等零件组成。

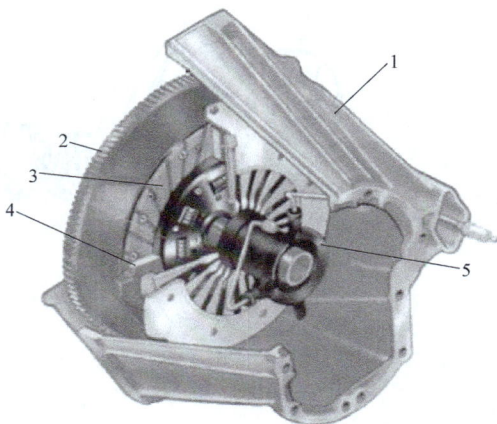

离合器的自由间隙可以通过
螺杆套之间的螺母进行调节

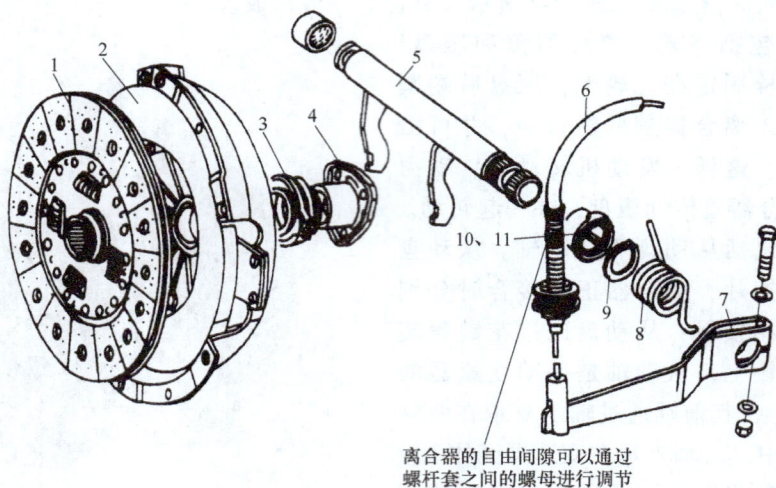

图 12-3　膜片弹簧式离合器的结构

1—从动盘　2—膜片弹簧与压盘　3—分离轴承　4—分离套筒　5—分离叉轴　6—离合器拉索
7—传动杆　8—弹簧　9—卡簧　10、11—轴承套及密封件

1. 离合器盖和压盘

离合器盖通过螺栓固定在飞轮上，为了保持正确的安装位置，离合器盖通过定位销进行定位。压盘与离合器盖之间通过周向均匀的 3 组或 4 组传动片来传递转矩。传动片用弹簧钢片制成，每组两片，一端用铆钉铆在离合器盖上，另一端用螺钉联接在压盘上（图 12-4）。

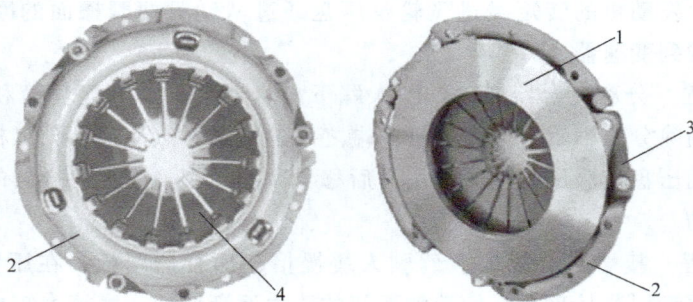

图 12-4　膜片弹簧式离合器

1—离合器压盘　2—离合器盖　3—压盘传动片　4—膜片弹簧

2. 膜片弹簧

膜片弹簧式离合器所用的压紧弹簧，是用薄弹簧钢板制成的带有锥度的膜片弹簧，膜片弹簧中心部分开有若干个径向切口，形成弹性杠杆，它既是压紧弹簧又是分离杠杆，具有双重作用。膜片弹簧两侧装有钢丝支承环，这两个钢丝支承环是膜片弹簧工作时的支点，由数个铆钉将其安装在离合器盖上。膜片弹簧如图 12-5 所示。

当离合器盖未安装到飞轮上时，膜片弹簧不受力而处于自由状态，此时离合器盖与飞轮之间有一个距离 S，如图 12-6a 所示。当离合器盖通过螺栓固定在飞轮上时，膜片弹簧在支

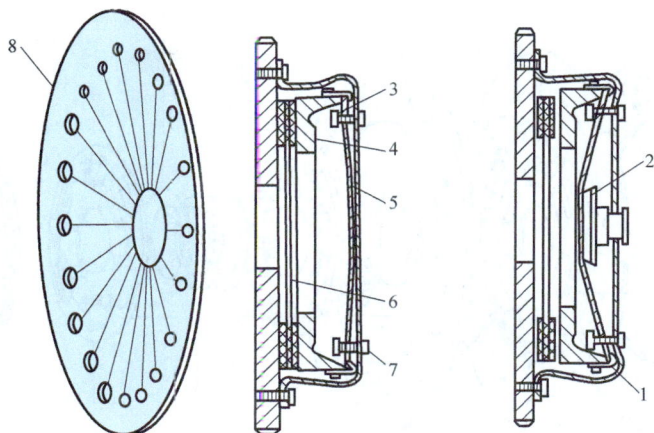

图 12-5　膜片弹簧

1—分离钩（回位弹簧片）　2—分离轴承　3—支撑环　4—主动（压）盘　5—膜片弹簧

6—从动盘　7—支承环定位螺钉（铆钉）　8—膜片弹簧立体图形

承环处受压产生弹性变形，此时膜片弹簧的外圆周对压盘产生压紧力使离合器处于接合状态，如图 12-6b 所示。当踩下离合器踏板时，分离轴承推动膜片弹簧，使膜片弹簧以支承环为支点使外圆周向后翘起，通过分离钩拉动压盘后移使离合器分离，如图 12-6c 所示。

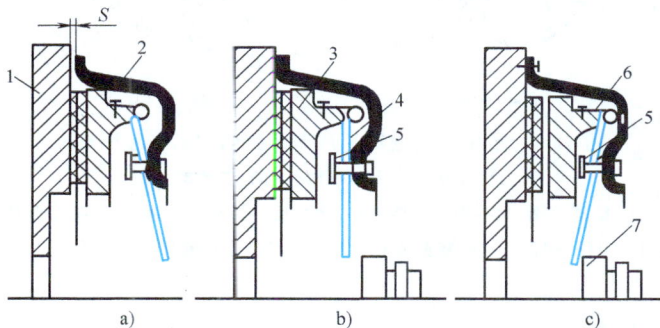

图 12-6　膜片弹簧离合器工作原理示意图

a）安装位置　b）接合状态　c）分离状态

1—飞轮　2—离合器盖　3—压盘　4—膜片弹簧　5—膜片弹簧支承环　6—分离钩　7—分离轴承

3. 从动盘的结构

从动部分包括从动盘和从动轴，从动盘一般都带有扭转减振器。发动机传到传动系统的转速和转矩是周期性变化的，使传动系统产生扭转振动，这将使传动系统的零部件受到冲击性交变载荷，使其使用寿命下降、零件损坏。采用扭转减振器可以有效地防止传动系统的扭转振动。带扭转减振器的从动盘的结构和工作原理如图 12-7 所示。

从动盘钢片外圆周铆接有波浪形弹簧钢片，摩擦片分别铆接在波浪形弹簧钢片上，从动盘钢片与减振器盘铆接在一起，这两者之间夹有摩擦垫圈和从动盘毂。从动盘毂、从动盘钢片和减振器盘上都有 6 个圆周均布的窗孔，减振弹簧装在窗孔中。

当从动盘受到转矩时，转矩从摩擦片传到从动盘钢片，再经减振弹簧传给从动盘毂，此时弹簧将被压缩，吸收发动机传来的扭转振动。

a)

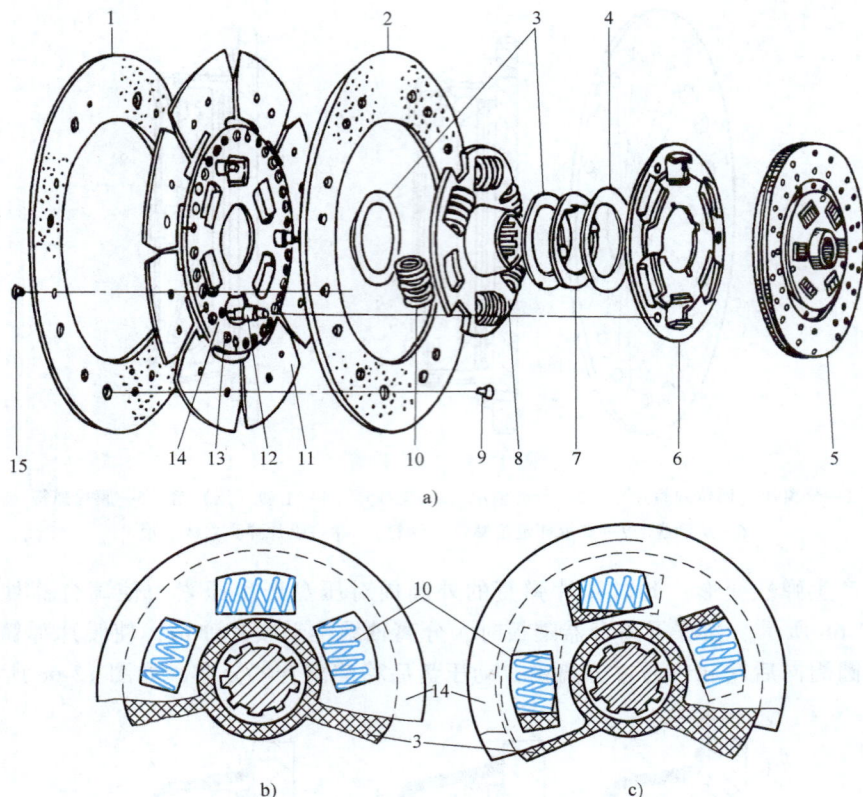

b)   c)

图 12-7　带扭转减振器的从动盘的结构和工作原理

a）结构　b）不工作时　c）工作时

1、2—摩擦片　3—摩擦垫圈　4—碟形垫圈　5—装合后的从动盘总成　6—减振器盘　7—摩擦板
8—从动盘毂　9、13、15—铆钉　10—减振弹簧　11—波浪形弹簧钢片　12—止动销　14—从动盘钢片

4. 分离杠杆与分离轴承

分离杠杆是随离合器主动部分一起绕其中心转动的元件，而分离轴承则沿其轴线移动。分离轴承广泛采用轴向或径向推力轴承，其中多数的轴承在装配前一次加足润滑脂。分离轴承的外形如图 12-8 所示。

图 12-8　分离
轴承的外形

五、离合器操纵机构

离合器的操纵机构是驾驶人借以使离合器分离、使之柔和地接合的机构，它起始于离合器踏板，终止于分离杠杆。

离合器操纵机构一般有机械式和液压式两种。例如，桑塔纳 2000GLi 型汽车的离合器操纵机构采用机械拉索式，桑塔纳 2000GSi 型汽车离合器操纵机构则采用液压式。

桑塔纳 2000GLi 型汽车离合器机械拉索式操纵机构主要由分离轴承、分离叉轴、拉索组件和踏板组件等零部件组成，如图 12-9 所示。踩下离合器踏板时，踏板上端拉动离合器拉索，同时带动分离叉轴顺时针转动，使分离叉推动分离轴承，压迫膜片弹簧，离合器分离。

桑塔纳 2000GSi 型汽车离合器液压操纵机构由离合器踏板、储液罐、进油软管、离合器主缸、离合器工作缸、油管总成、分离叉和分离轴承等组成，如图 12-10 所示。

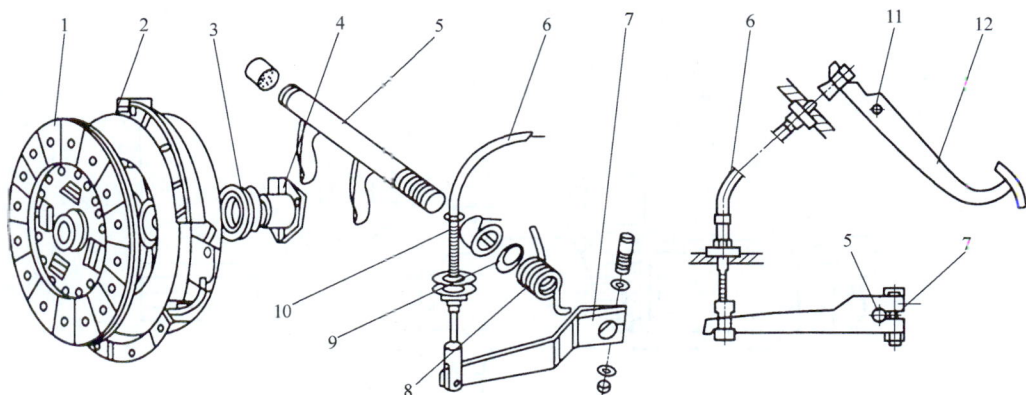

图 12-9　桑塔纳 2000GLi 型汽车离合器机械拉索式操纵机构

1—从动盘　2—压盘　3—分离轴承　4—分离套筒　5—分离叉轴　6—拉索组件

7—分离叉臂　8—回位弹簧　9—卡环　10—轴承衬套　11—踏板轴　12—踏板组件

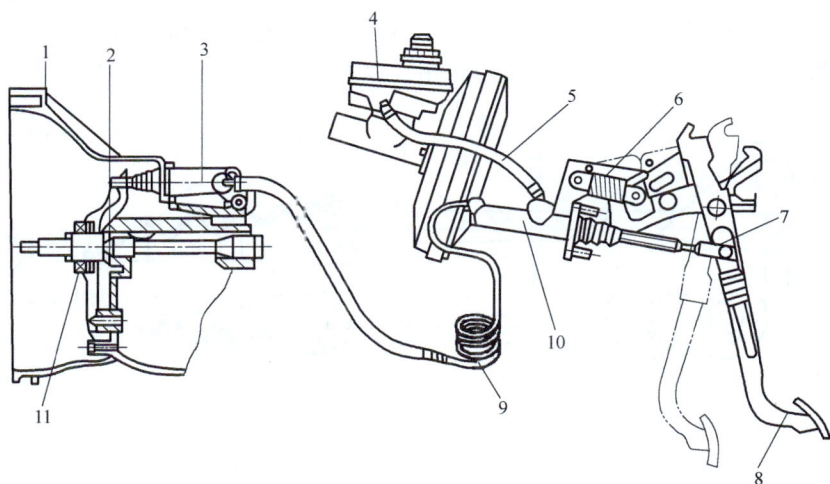

图 12-10　桑塔纳 2000GSi 型汽车离合器液压操纵机构

1—变速器壳体　2—分离叉　3—离合器工作缸　4—储液罐　5—进油软管　6—助力弹簧

7—推杆接头　8—离合器踏板　9—油管总成　10—离合器主缸　11—分离轴承

储液罐有两个出油孔，分别把制动液供给制动主缸和离合器主缸。

离合器主缸的结构如图 12-11 所示，主缸体借补偿孔 A、进油孔 B 通过进油软管与储液罐相通。主缸内装有活塞，活塞中部较细，且为十字形断面，使活塞右方的主缸内腔形成油室。活塞两端装有皮碗，活塞左端中部装有单向阀，经小孔与活塞右方主缸内腔的油室相通。当离合器踏板处于初始位置时，活塞左端皮碗位于补偿孔 A 与进油孔 B 之间，两孔均开放。

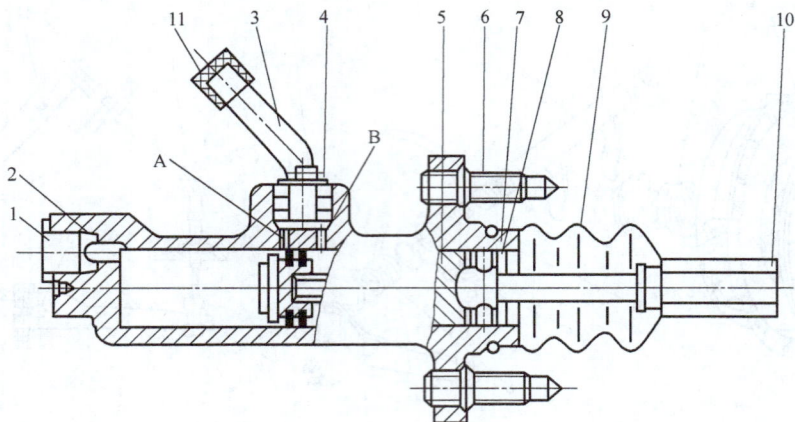

图 12-11　离合器主缸的结构

1—保护塞　2—壳体　3—管接头　4—皮碗　5—阀芯　6—固定螺栓　7—卡簧　8—挡圈
9—护套　10—推杆　11—保护套　A—补偿孔　B—进油孔

　　离合器工作缸的结构如图 12-12 所示，工作缸内装有活塞、皮碗、推杆等，缸体上还设有放气螺塞。当管路内有空气而影响操纵时，可拧松放气螺塞进行放气。工作缸活塞直径略大于主缸活塞直径，故液压系统稍有增力作用，以补偿液流通道的压力损失。

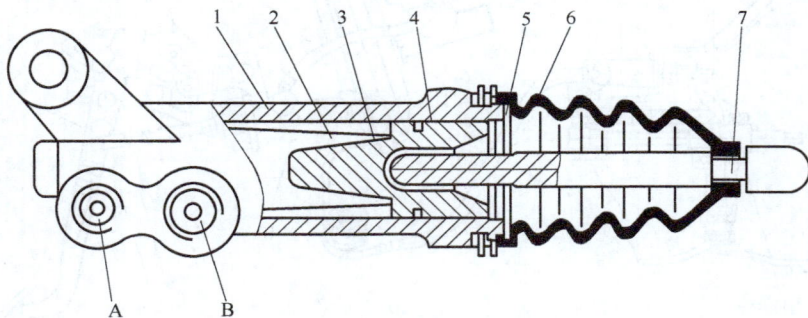

图 12-12　离合器工作缸的结构

1—壳体　2—活塞　3—管接头　4—皮碗　5—挡圈　6—保护套　7—推杆
A—放气孔　B—进油孔

技能操作

一、准备工作及注意事项

1. 准备好常用拆装工具若干套。

2. 准备好实训车辆若干辆。

3. 准备好举升机若干台。

4. 准备好清洁工具。

5. 工作过程中应注意安全及环保工作是否到位。

二、离合器摩擦片的更换（以桑塔纳 2000GLi 型汽车的离合器为例）

1. 离合器摩擦片的拆卸

1）拆卸蓄电池的搭铁线。

2）拆卸离合器拉索（图 12-13）。

3）举升起汽车，将传动轴（半轴）从变速器上拆卸下来并支撑好（图 12-14）。

离合器拆卸

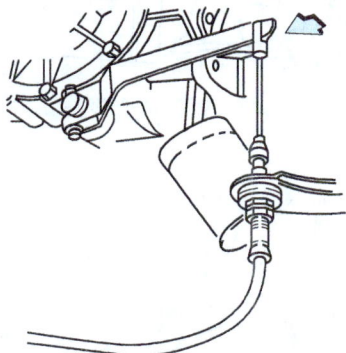

图 12-13　拆卸离合器拉索

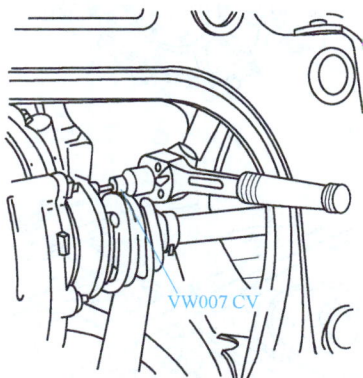

图 12-14　拆卸传动轴

4）旋松变速操纵机构的内换档杆螺栓（图 12-15）。

5）压出支撑杆球头（图 12-16），并将内换档杆与离合块分离。

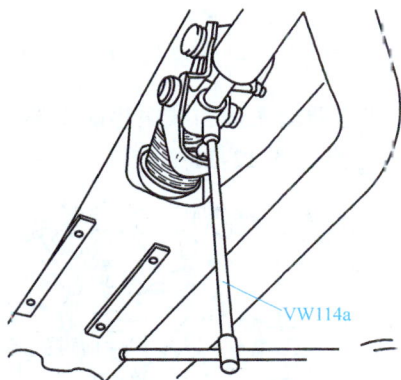

图 12-15　旋松内换档杆螺栓

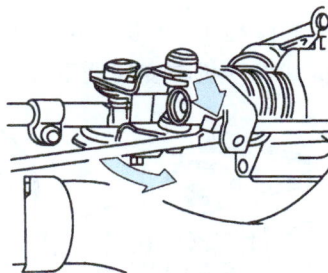

图 12-16　压出支撑杆球头

6）拆卸倒档灯开关的插头。

7）拆卸车速里程表软轴（图 12-17）。

8）拆卸离合器盖板（图 12-18）。

9）拆卸排气管。

10）降下汽车并将发动机固定好（图 12-19）。拆卸发动机与变速器上部联接螺栓。

11）举升起汽车，拆卸起动机的紧固螺栓。

12）拆卸发动机中间支架（图 12-20）。

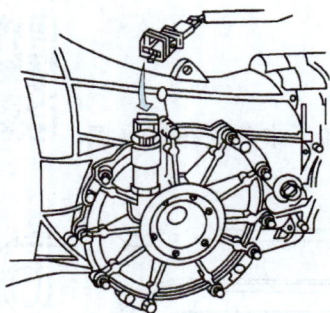

图 12-17　拆卸车速里程表软轴

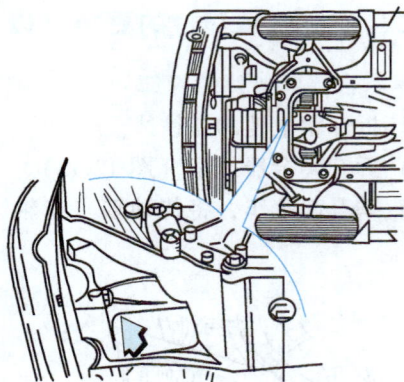

图 12-18　拆卸离合器盖板

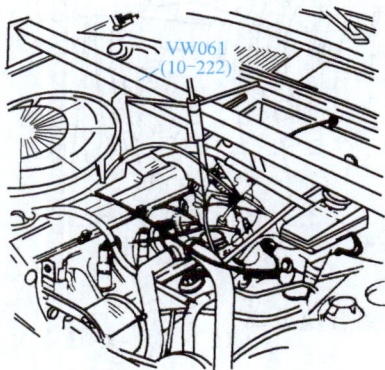

VW061
(10-222)

图 12-19　固定发动机

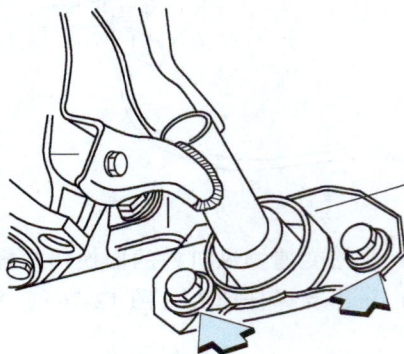

图 12-20　拆卸发动机中间支架

13）拆卸螺栓1，并旋松螺栓2（图12-21）。拆卸变速器减振垫和减振垫前支架。

14）拆卸发动机与变速器下部联接螺栓，并拆卸变速器（图12-22）。

螺栓2

螺栓1

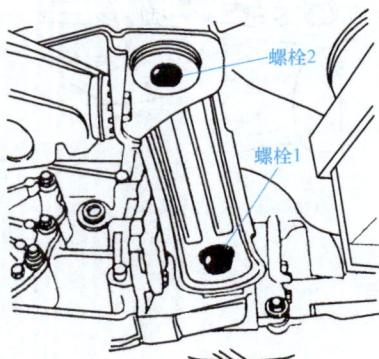

图 12-21　拆卸螺栓

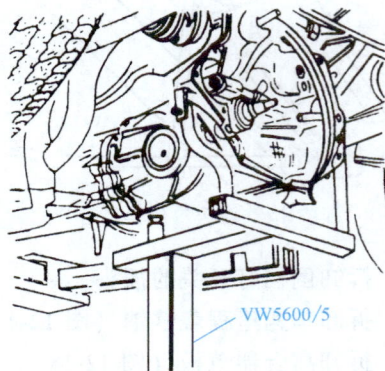

VW5600/5

图 12-22　拆卸变速器

15）用专用工具10-201，将飞轮固定（图12-23），然后逐渐将离合器压盘的固定螺栓对角拧松，取下离合器盖及压盘总成，并取下离合器从动盘。

16）更换离合器摩擦片。

2. 离合器摩擦片的安装

1）用专用工具 10-201 将飞轮固定。

2）用专用工具 10-213 将离合器从动盘定位于飞轮和压盘中心（图 12-24）。

离合器安装

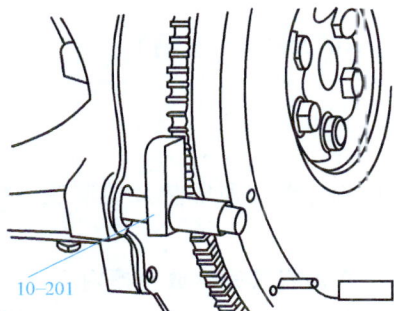

图 12-23　用专用工具固定飞轮

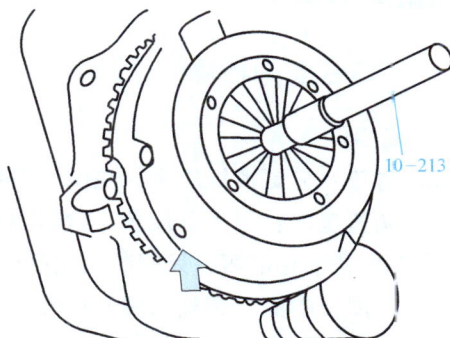

图 12-24　用专用工具将离合器从动盘定位于飞轮和压盘中心

3）装上紧固螺栓，并用 25N·m 的力矩对角逐渐拧紧。

4）变速器总成的安装可按与拆卸相反的顺序进行。变速器总成有关的螺栓拧紧力矩见表 12-1。

表 12-1　变速器总成有关的螺栓拧紧力矩

部件	拧紧力矩/N·m
变速器固定在发动机上的螺栓	55
变速器减振垫前支架的固定螺栓	25
减振垫固定在前、后支架上的螺栓	20
减振垫固定在车身上的螺栓	110
变速器支架固定在横梁上的螺栓	70
发动机中间支架固定在车身上的螺栓	30
传动轴固定在变速器上的螺栓	40
内变速杆固定螺栓	30

离合器装配时应注意以下几点：

1）离合器盖与飞轮上的装配标记要对齐。

2）各支点和轴承表面以及分离轴承（轴承和套都是钢制的）在组装时应涂上锂基润滑脂。

3）应将离合器从动盘有减振弹簧保持架的一面朝向压盘方向进行安装。

4）安装离合器压盘总成时，需用导向定位器或变速器输入轴进行中心定位，使从动盘与压盘同心，便于安装输入轴。

5）压盘须与飞轮接触才可紧固螺栓。紧固时，应按对角线方向逐次拧紧，拧紧力矩为 25N·m。

6）分离叉轴两端衬套必须同心。

7）离合器驱动臂的安装位置与固定拉索螺母架的距离 $a=200\text{mm}\pm5\text{mm}$。

8）应将离合器踏板的自由行程调到 15mm。

技能拓展

一、离合器的检修（以桑塔纳 2000GLi 型汽车的离合器为例）

1. 检修注意事项

1）衬垫：应更换纸质密封垫圈，更换 O 形圈。

2）调整垫片：用千分尺多点检测调整垫片，可以精确地测出所需垫片的厚度。检查调整垫片边缘是否有损坏，只能装入完好的调整垫片。

3）挡圈、锁圈：调整挡圈及锁圈，不能拉开过度，必须将其完全放在槽内。

4）螺栓、螺母：固定离合器盖和罩壳的螺栓和螺母应交叉拧紧和拧松（特别是易损件），并且应按规定的拧紧力矩拧紧螺栓和螺母。

5）轴承：将有标志一面的滚针轴承（壁厚较大）朝向安装工具，在轴与轴承之间涂一层机油。所有的轴承和接触表面均使用白色 ET-Nr. AOS126000 05 润滑脂润滑。

6）在进行离合器踏板修理工作时，应将蓄电池搭铁线拆开。

2. 离合器踏板的更换

1）拉开并拆卸离合器拉索。

2）拆卸离合器踏板固定在踏板轴上的保险装置。

3）取下离合器踏板。

4）装上新的离合器踏板。

3. 离合器踏板衬套的更换

1）拆卸离合器踏板。

2）用专用工具压出离合器踏板塑料衬套，如图 12-25 所示。

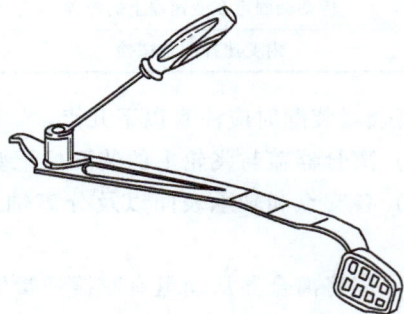

3）拆卸离合器踏板橡胶衬套，如图 12-26 所示。

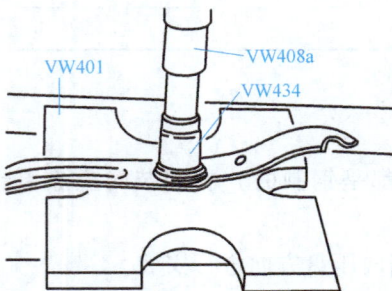

图 12-25　用专用工具压出离合器踏板塑料衬套　　图 12-26　拆卸离合器踏板橡胶衬套

4）装上橡胶衬套，涂上无酸润滑脂。

5）使塑料衬套与导管长的一端齐平，压入离合器踏板衬套，如图 12-27 所示。

4. 离合器踏板助力弹簧的更换（图 12-28）

1）拆卸挡圈，拆卸连接销，取下助力弹簧。

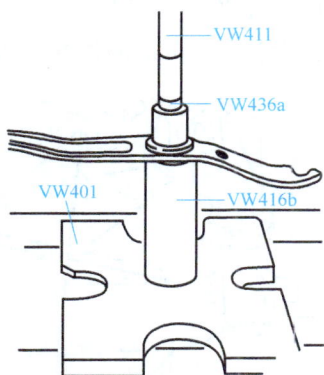

图 12-27　压入离合器踏板衬套

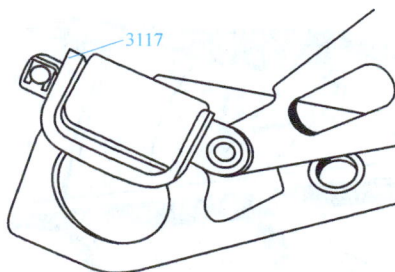

图 12-28　更换离合器踏板助力弹簧

2）装上新的助力弹簧。

5. 离合器拉索的更换（图 12-29）

1）旋松调整踏板自由行程的防松螺母，并放松拉索。

2）取下拉索。

3）装上新的拉索，用润滑脂润滑用于连接的两端。

6. 分离叉轴的更换

1）拆卸变速器。

2）拆卸离合器分离叉轴传动杆。

3）拆卸分离轴承，拆卸分离叉轴的挡圈，如图 12-30 所示。

4）取下橡胶防尘套，拆卸分离套筒。

5）拆卸分离叉轴的定位螺栓。

6）拆卸分离叉轴左衬套，取下分离叉轴。

7）拆卸分离叉轴右衬套，如图 12-31 所示，使用 $A = 18.5 \sim 23.5$mm 的内拉头。

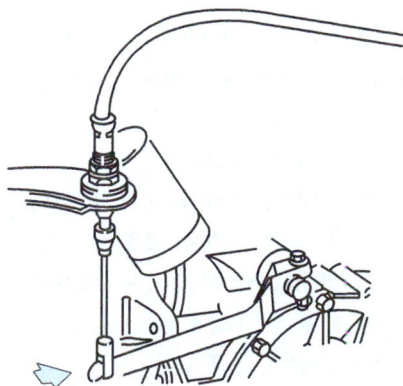

图 12-29　更换离合器拉索

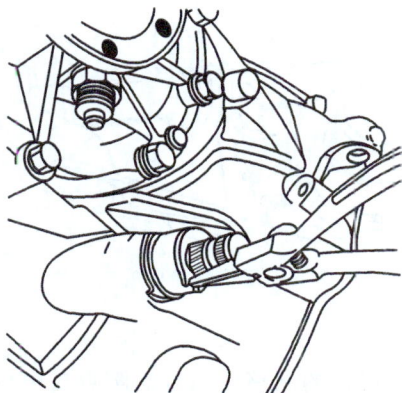

图 12-30　拆卸分离叉轴的挡圈

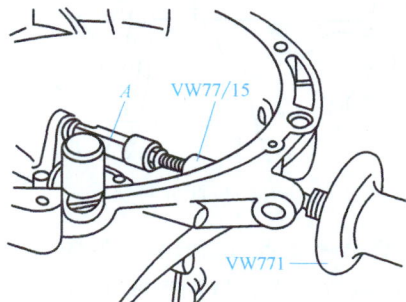

图 12-31　拆卸分离叉轴右衬套

8）装上新的离合器分离叉轴右衬套。

9）装上分离叉轴，用适量的润滑脂润滑衬套及分离叉轴的支撑位置并进行安装。

10）用 15N·m 的力矩拧紧分离叉轴的定位螺栓（图 12-32 箭头所示位置）。

11）装上分离套筒。将防尘套推入分离叉轴，挡圈压至尺寸 $A=18$mm 的位置（图 12-33）。

图 12-32　拧紧分离叉轴的定位螺栓

图 12-33　挡圈的安装位置

12）装上分离轴承，并使离合器分离叉轴传动杆的安装位置达到 $a=(20\pm5)$mm（图 12-34）。

7. 分离轴承的更换

1）拆卸变速器。

2）拆卸分离轴承（图 12-35）。

3）用润滑脂润滑接触点，装上新的轴承。

4）装上回位弹簧（图 12-36）。

8. 分离套筒的更换

1）拆卸变速器。

2）拆卸分离轴承，拆卸分离套筒。

3）安装时，排油孔应朝下（图 12-37）。

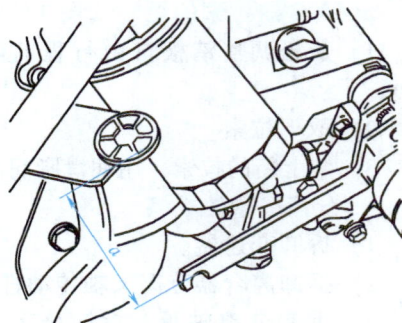

图 12-34　离合器分离叉轴
传动杆的安装位置

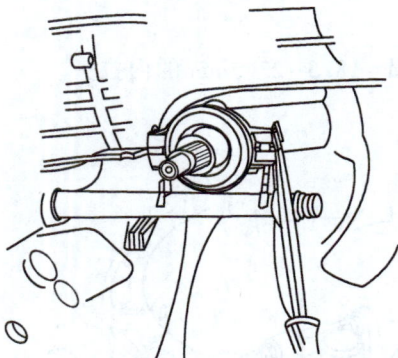

图 12-35　拆卸分离轴承

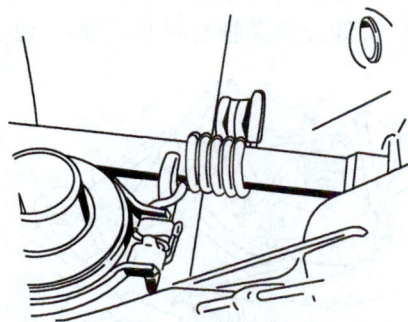

图 12-36　回位弹簧的安装位置

9. 离合器踏板自由行程的调整（图 12-38）

桑塔纳汽车离合器的调整主要就是离合器踏板自由行程的调整。离合器踏板自由行程应为 15~20mm，可通过图 12-38 箭头所示的离合器拉索调整螺母来进行调整。

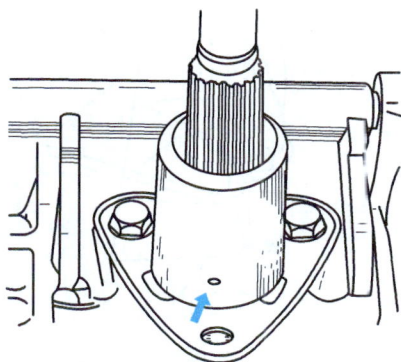

图 12-37　安装时排油孔朝下

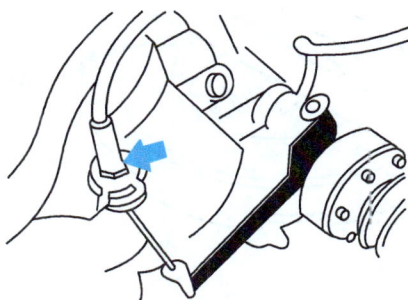

图 12-38　离合器踏板自由行程的调整

10. 离合器从动盘的检查

1）从动盘径向圆跳动的检查。在距从动盘外边缘 2.5mm 处进行测量，离合器从动盘最大径向圆跳动应为 0.4mm，测量径向圆跳动如图 12-39a 所示。

2）从动盘摩擦片磨损程度的检查。摩擦片的磨损程度可用游标卡尺进行测量（图 12-39b）。铆钉头埋入深度 A 应不小于 0.20mm。

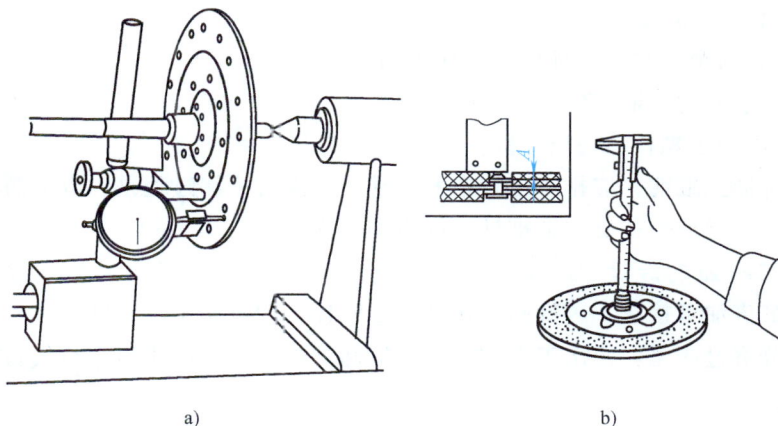

a)　　　　　　　　　　　　　　　b)

图 12-39　离合器从动盘的检查

a）测量径向圆跳动　b）测量摩擦片磨损程度

11. 离合器压盘平面度的检查

离合器压盘平面度不应超过 0.2mm，可用直尺搁平后用塞尺进行测量。离合器压盘平面度的测量如图 12-40 所示。

12. 机械拉索式操纵机构的检修

1）检查分离叉轴两端衬套的磨损情况。两衬套必须同心，有必要时更换。

2）检查分离轴承磨损情况，润滑分离轴承，必要时更换分离轴承。

3）安装分离轴承导向座回位弹簧。

4）按图 12-41 所示安装橡胶防尘套，将其推入分离叉轴使挡圈顶至尺寸 A 约为 18mm 为止。

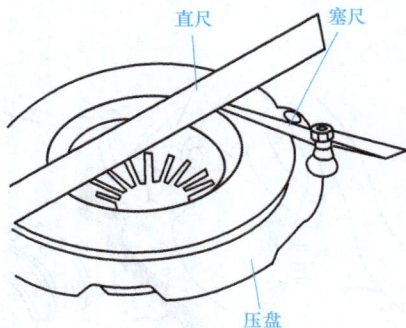

图 12-40　离合器压盘平面度的测量

图 12-41　安装橡胶防尘套

5）安装拉索式操纵机构驱动臂，通过转动螺母（参见图 12-38）可以调整离合器踏板自由行程。

二、桑塔纳 2000GSi 型汽车离合器液压操纵机构的检修

桑塔纳 2000GSi 型汽车离合器机械部分的检修可参见桑塔纳 2000GLi 型汽车离合器的检修方法。液压操纵机构的检修如下。

1. 离合器主缸的拆卸与分解

1）取下离合器踏板与主缸推杆叉的连接销轴。

2）从主缸上拧下进油管和出油管接头。

3）拧下主缸固定螺栓，拉出主缸。

在解体离合器主缸前，应排净主缸中的制动液。主缸分解过程是：取下防尘罩，用螺钉旋具或卡环钳拆卸卡环，拉出主缸推杆、压盖和活塞。

2. 离合器工作缸的拆卸与分解

拧下工作缸进油管接头，再拆卸工作缸固定螺栓，即可拉出工作缸。

工作缸的分解过程是：拉出工作缸推杆，拆卸防尘罩，然后用压缩空气将工作缸活塞从缸筒内压出来。

3. 离合器主缸、工作缸的检修

主缸和工作缸是离合器液压操纵机构的主要部件，其工作性能的好坏直接影响离合器的工作性能。当出现缸筒内壁磨损超过 0.125mm、活塞与缸筒的间隙超过 0.20mm、皮圈老化及回位弹簧失效等情况时，应更换相应零件。

4. 离合器主缸、工作缸的装配

主缸和工作缸的装配，按与拆卸和分解相反的顺序进行，但装配时应注意以下事项：

1）零件在装配前要用非腐蚀性液体清洗干净，并在活塞、皮碗、皮圈、缸套等零件上涂一层制动液。装合后，推杆在缸筒内运动应灵活。在放松（不工作）位置时，主缸皮碗和活塞头部应位于进油孔和补偿孔之间，两孔都开放。工作缸上带有塑料支承环，安装时外表面要涂上一层薄薄的机油，工作缸推杆末端也要涂上润滑脂润滑。

2）安装离合器工作缸时，需要用一个适当的杠杆克服弹簧的弹力，将其压向变速器壳相应的孔中后，才能将固定螺栓旋入。

5. 离合器液压操纵机构中空气的排出

离合器液压操纵机构在经过检修之后，管路内可能进入空气，在添加制动液时也可能使液压系统中进入空气。空气进入后，由于缩短了主缸推杆行程（即踏板工作行程），从而使离合器分离不彻底，因此，液压系统检修后或怀疑液压系统进入空气时，就要排除液压系统中的空气。排除空气的方法如下：

1）用千斤顶顶起汽车，然后用支架将汽车支住，将主缸储液罐中的制动液加至规定高度。

2）在工作缸的放气阀上安装一根软管，接到一个盛有制动液的容器内。

3）排空气需要两个人配合工作，一人慢慢地踏离合器踏板数次，感到有阻力时踏住不动；另一人拧松放气阀直至制动液开始流出，然后拧紧放气阀。

4）连续按上述方法操作几次，直到流出的制动液中没有气泡为止。

5）空气排除干净之后，需要再次检查及调整离合器踏板的自由行程。

项目 13　变速器操纵机构的调整

项目要求

1. 熟悉变速器操纵机构的组成及其工作原理。
2. 能通过与客户交流、查阅相关维修技术资料等方式获得车辆信息。
3. 掌握变速器操纵机构的调整方法。
4. 能对操作结果进行测试，检查和评估其修复质量。
5. 能根据环境要求，妥善处理辅料、废弃液体和损坏的零件。

项目载体

客户反映一辆桑塔纳2000汽车，行驶过程中出现从档位上突然跳到空档的情况，特别是汽车行驶到坑洼不平处、中高速车速（大多数是在高速档位）、负荷突然变化时容易出现此种情况。

产生此故障的主要原因有：
1）操纵机构变形或松旷。
2）离合器与变速器连接调整不当。
3）拨叉磨损、弯曲。
4）自锁装置失效。
5）档位齿轮磨损严重。
6）同步器接合齿圈磨损严重。

相关知识

一、变速器的功用

1. 实现变速、变矩

汽车上应用的发动机具有转矩变化范围小、转速高的特点，这与汽车实际的行驶状况是

不相适应的。如果没有变速器而直接将发动机与驱动桥连接在一起，首先由于发动机的转矩小，不能克服汽车的行驶阻力，使汽车根本无法起步；其次即使汽车能行驶起来，也会由于车速太高而不实用，甚至无法驾控。所以必须将发动机输出的转矩增大、转速降低，以适应汽车实际行驶的要求。变速器是通过不同的档位来实现这一功用的。

2. 实现倒车

发动机的旋转方向从前往后看为顺时针方向，且是不能改变的，为了实现汽车的倒向行驶，应在变速器中设置倒档。

3. 实现中断动力传递

在发动机起动、怠速运转、变速器换档、汽车滑行和暂时停车等情况下，都需要中断发动机的动力传递，因此变速器中应设置空档。

二、变速器操纵机构的功用及要求

变速器操纵机构的功用是进行档位变换。为了保证变速器能够准确地挂入选定的档位，并可靠工作，变速器操纵机构必须满足下列要求：

1）能够防止自动挂档及自动脱档，并保证各档传动齿轮以全齿长啮合。挂档时，驾驶人对于是否挂入了档位应具有"手感"，为此，在操纵机构中应设有自锁定位装置。

2）能够保证不会同时挂入两个档，避免同时啮合的两档齿轮因其传动比不同而互相卡住，造成运动干涉甚至造成零件损坏，为此，在操纵机构中必须设有互锁装置。

3）能够防止误挂倒档，防止汽车在前进中因误挂倒档而造成极大的冲击，使零件损坏，并防止在汽车起步时误挂倒档而造成安全事故，为此，在操纵机构中应当设有倒档锁。

三、变速器操纵机构的构造

变速器操纵机构按照变速杆位置的不同，可分为直接操纵式和远距离操纵式两种类型。

1. 直接操纵式操纵机构

这种形式的变速器布置在驾驶人座椅附近，变速杆由驾驶室底板伸出，驾驶人可以直接操纵，多用于发动机前置后轮驱动的车辆。变速器直接操纵式操纵机构示意图如图 13-1 所示。

拨叉轴 7、8、9 和 10 的两端均支承于变速器盖的相应孔中，可以轴向滑动。所有的拨叉和拨块都以弹性销固定于相应的拨叉轴上。三/四档拨叉的上端具有拨块。拨叉 2 和拨块 3、4、14 的顶部制有凹槽。变速器处于空档时，各凹槽在横向平面内对齐，叉形拨杆下端的球头即伸入这些凹槽中。选档时，可使变速杆绕其中部球形支点横向摆动，则其下端推动叉形拨杆绕换档轴的轴线摆动，从而使叉形拨杆下端球头对准与所选档位对应的拨块凹槽，然后使变速杆纵向摆动，带动拨叉轴及拨叉向前或向后移动，即可实现挂档。例如，横向摆动变速杆使叉形拨杆下端球头深入拨块 3 顶部凹槽中，拨块 3 连同拨叉轴 9 和拨叉 5 沿纵向向前移动一定距离，便可挂入二档；若向后移动一段距离，则挂入一档。当使叉形拨杆下端球头深入拨块 14 的凹槽中，并使其向前移动一段距离时，便挂入倒档。

各种变速器由于档位数及档位排列位置不同，其拨叉和拨叉轴的数量及排列位置也不相同。

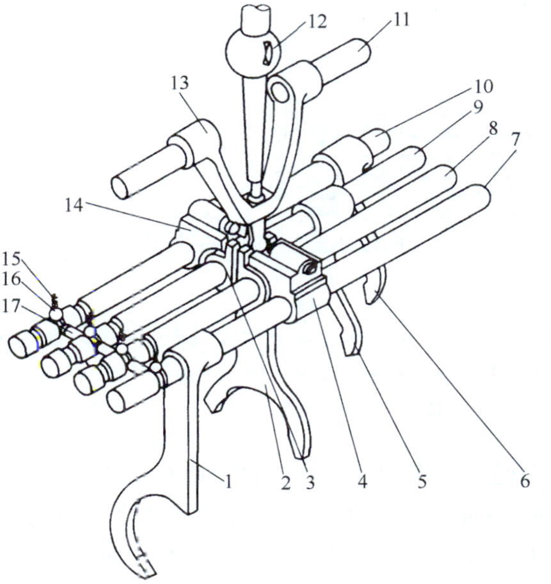

图 13-1 变速器直接操纵式操纵机构示意图

1—五/六档拨叉 2—三/四档拨叉 3——一/二档拨块 4—五/六档拨块 5——一/二档拨叉 6—倒档拨叉

7—五/六档拨叉轴 8—三/四档拨叉轴 9——一/二档拨叉轴 10—倒档拨叉轴 11—换档轴 12—变速杆

13—叉形拨杆 14—倒档拨块 15—自锁弹簧 16—自锁钢球 17—互锁销

2. 远距离操纵式操纵机构

在有些汽车上，由于变速器离驾驶人座位较远，需要在变速杆与拨叉之间加装一些辅助杠杆或一套传动机构，构成远距离操纵机构。这种操纵机构多用于发动机前置前轮驱动的汽车，如桑塔纳2000汽车五档手动变速器的远距离操纵机构（图13-2），由于其变速器安装在前驱动桥处，远离驾驶人座椅，需要采用这种操纵方式。

在桑塔纳2000汽车五档手动变速器壳体上的内换档机构类似于直接操纵式的换档机构。

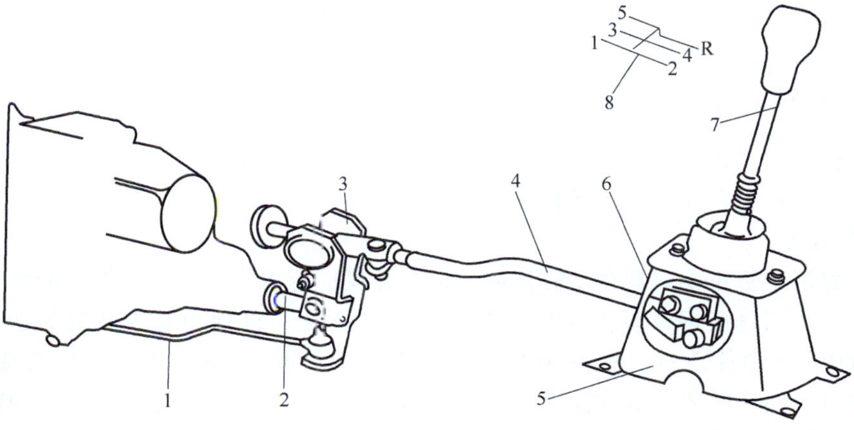

图 13-2 桑塔纳 2000 汽车五档手动变速器的远距离操纵机构

1—支撑杆 2—内换档杆 3—换档杆接合器 4—外换档杆

5—倒档保险档块 6—变速杆座 7—变速杆 8—换档标记

桑塔纳2000汽车五档手动变速器的内换档机构如图13-3所示。

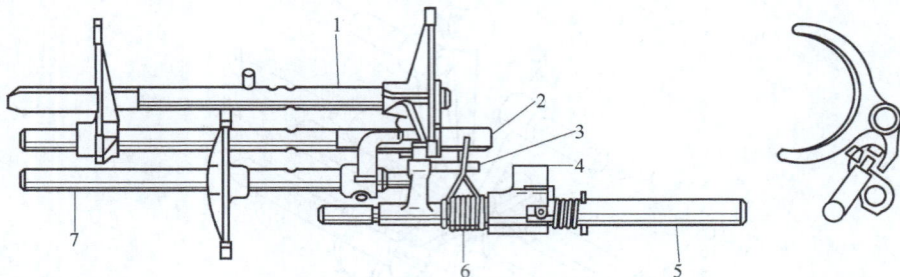

图 13-3　桑塔纳2000汽车五档手动变速器的内换档机构

1—五/倒档拨叉轴　2—三/四档拨叉轴　3—定位拨销　4—倒档保险挡块
5—内换档杆　6—定位弹簧　7——一/二档拨叉轴

另外，有些乘用车和轻型货车的变速器，将变速杆安装在转向柱上，这种操纵机构称为柱式换档操纵机构，如图13-4所示，在变速杆与变速器之间是通过一系列的传动件进行传动，这也是远距离操纵方式。它具有变速杆占据驾驶室空间小、乘坐方便等优点。

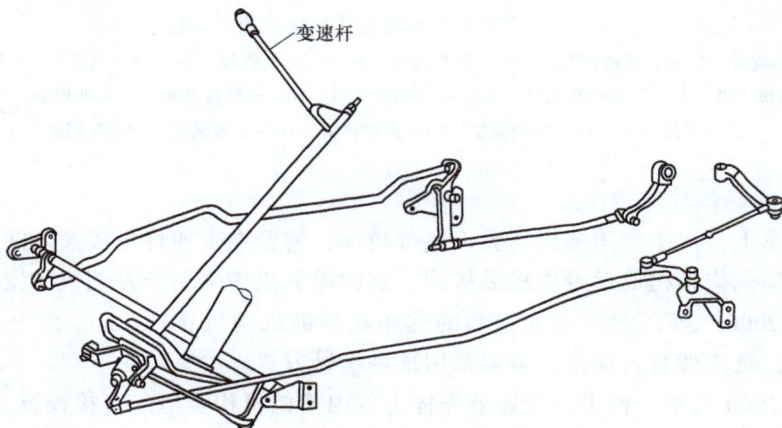

图 13-4　柱式换档操纵机构

四、换档锁装置

为了保证变速器在任何情况下都能准确、安全、可靠地工作，变速器操纵机构一般都具有换档锁装置，包括自锁装置、互锁装置和倒档锁装置。

1. 自锁装置

自锁装置用于防止变速器自动脱档或挂档，并保证轮齿以全齿宽啮合。大多数变速器的自锁装置都是采用自锁钢球对拨叉轴进行轴向定位锁止。自锁和互锁装置如图13-5所示，在变速器盖中钻有3个深孔，孔中装入自锁钢球和自锁弹簧，其位置处于拨叉轴的正上方，每根拨叉轴对着钢球的表面沿轴向设有3个凹槽，槽的深度小于钢球的半径。中间的凹槽对正钢球时为空档位置，前边或后边的凹槽对正钢球时则处于某一工作档位置，相邻凹槽之间的距离保证齿轮处于全齿长啮合或是完全退出啮合。凹槽对正钢球时，钢球便在自锁弹簧的压力作用下嵌入该凹槽内，拨叉轴的轴向位置便被固定，不能自行挂档或自行脱档。当需要

换档时，驾驶人通过变速杆对拨叉轴施加一定的轴向力，克服自锁弹簧的压力而将自锁钢球从拨叉轴凹槽中挤出并推回孔中，拨叉轴便可滑过钢球进行轴向移动，并带动拨叉及相应的接合套或滑动齿轮轴向移动。当拨叉轴移至其另一凹槽与钢球相对正时，钢球又被压入凹槽，驾驶人具有很强的手感，此时拨叉所带动的接合套或滑动齿轮便被拨入空档或被拨入另一个工作档位。

2. 互锁装置

互锁装置用于防止同时挂上两个档位。互锁装置工作示意图如图13-6所示，互锁装置由互锁钢球和互锁销组成。

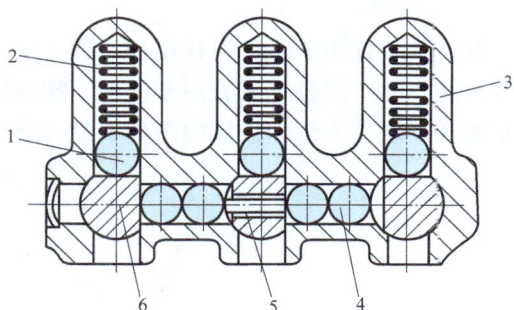

图 13-5　自锁和互锁装置

1—自锁钢球　2—自锁弹簧　3—变速器盖
4—互锁钢球　5—互锁销　6—拨叉轴

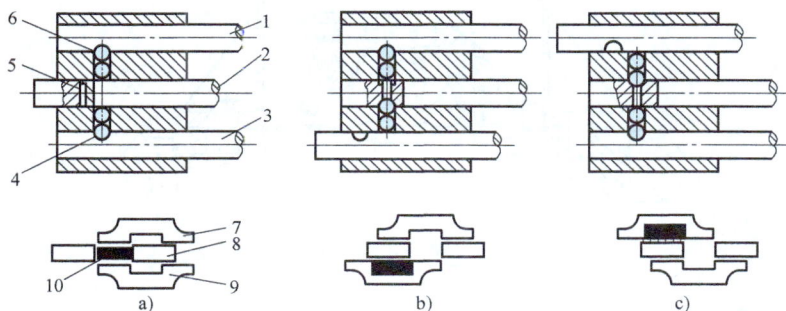

图 13-6　互锁装置工作示意图

a）移动中间拨叉轴2位置　b）移动拨叉轴3位置　c）移动拨叉轴1位置
1~3—拨叉轴　4、6—互锁钢球　5—互锁销　7~9—拨叉　10—变速杆

当变速器处于空档时，所有拨叉轴的侧面凹槽与互锁钢球、互锁销都在一条直线上。当移动中间拨叉轴2时，如图13-6a所示，拨叉轴2两侧的内钢球从其侧面凹槽中被挤出，而两外钢球4、6则分别嵌入拨叉轴1、3的侧面凹槽中，因而将拨叉轴1、3刚性地锁止在其空档位置。若欲移动拨叉轴3，则应先将拨叉轴2退回到空档位置。于是在移动拨叉轴3时，钢球4便从拨叉轴3的凹槽中被挤出，同时通过互锁销和其他钢球将拨叉轴1、2均锁止在空档位置，如图13-6b所示。同理，当移动拨叉轴1时，则拨叉轴2、3被锁止在空档位置，如图13-6c所示。由此可知，互锁装置工作的机理是当驾驶人用变速杆推动某一拨叉轴时，自动锁止其余拨叉轴，从而防止同时挂上两个档位。

有的3档变速器将自锁和互锁装置合二为一（图13-7）。两根空心锁销内装有自锁弹簧，在图13-7所示的空档位置时，两锁销内端面间的距离 a 等于一个槽深 b，因而同时拨动两根拨叉轴是不可能的，自锁弹簧的预压力使锁销对拨叉轴具有自锁定位作用。

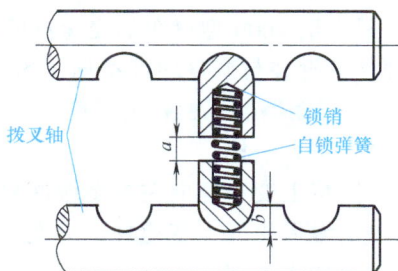

图 13-7　合二为一的自锁和互锁装置

145

3. 倒档锁装置

倒档锁装置用于防止误挂倒档。图 13-8 所示为常见的锁销式倒档锁装置。当驾驶人想挂倒档时，必须用较大的力使变速杆下端压缩倒档锁弹簧，将倒档锁销推入锁销孔内，才能使变速杆下端进入倒档拨块的凹槽中进行换档，由此起到警示作用，以防误挂倒档。

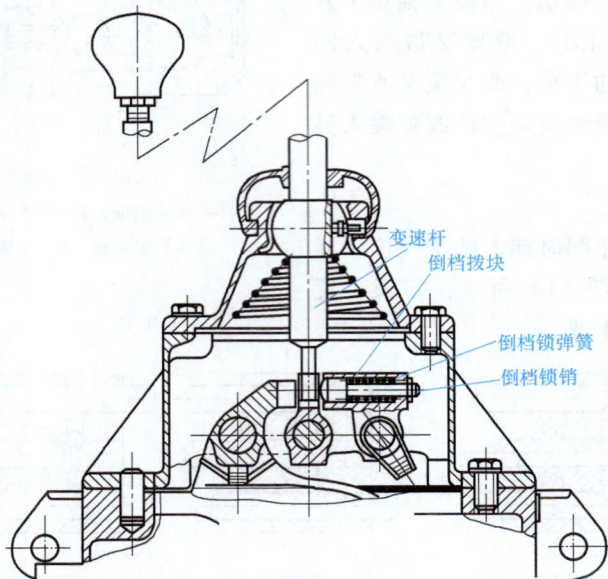

图 13-8　锁销式倒档锁装置

技能操作

一、准备工作及注意事项

1. 准备好常用拆装工具若干套。
2. 准备好实训车辆若干辆。
3. 准备好举升机若干台。
4. 准备好清洁工具。
5. 工作过程中应注意安全及环保工作是否到位。

二、变速器操纵机构的调整（以桑塔纳 2000 型汽车的变速器为例）

桑塔纳 2000 型汽车的变速器操纵机构的分解图如图 13-9 所示。变速器操纵机构的有关零部件的拆装与调整均可参见此图。

1. 变速器操纵机构的调整

1）挂入一档。
2）将上变速杆向左推至缓冲垫处。
3）慢慢松开上变速杆，上变速杆朝右返回 5～10mm。
4）挂入五档。
5）将上变速杆向右推至缓冲垫。

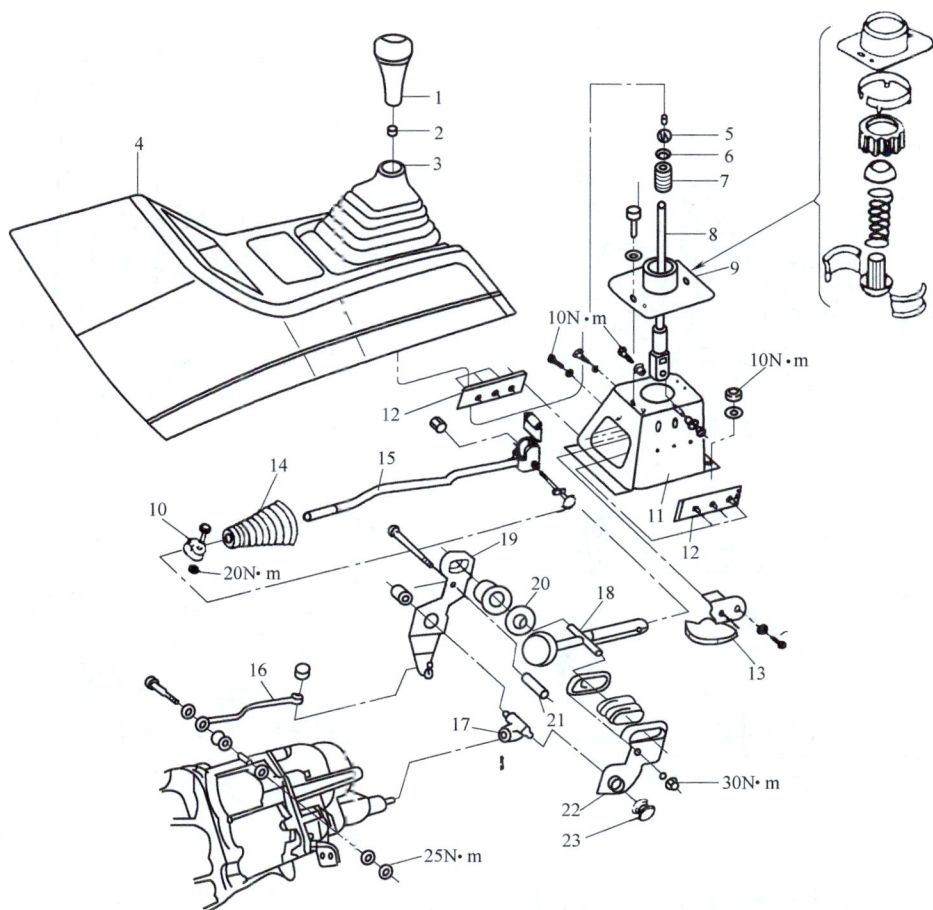

图 13-9　桑塔纳 2000 型汽车的变速器操纵机构的分解图

1—变速杆手柄　2—防尘罩衬套　3—防尘罩　4—仪表板　5—锁环　6—挡圈　7—弹簧
8—上变速杆　9—变速杆支架　10—夹箍　11—变速杆罩壳　12—缓冲垫　13—倒档缓冲垫
14—密封罩　15—下变速杆　16—支撑杆　17—离合块　18—换档连接套　19—轴承右侧压板
20—罩盖　21—支撑轴　22—轴承左侧压板　23—塑料衬套

6）慢慢松开上变速杆，上变速杆朝左返回 5～10mm。

7）当上变速杆朝一档和五档压去时，上变速杆大致返回同样的距离。如果有必要，可通过移动变速杆支架的椭圆形孔进行调整。

8）检查各档齿轮啮合是否平滑。如果啮合困难，要进行调整。

9）将上变速杆置于极限位置。

10）旋松夹箍的螺母（图 13-10），移动上变速杆，要求下变速杆在连接时能自由滑动。

11）取下变速杆手柄和防尘罩。

12）将变速杆支架孔与变速杆罩壳孔对准，并旋紧螺栓（图 13-11）。

13）将专用工具 VW5305/7 嵌入变速杆支架前孔中，将上变速杆放在 C 位置（图 13-12 箭头所示）。

14）轻轻地旋紧下面的螺栓，固定专用工具 VW5305/7（图 13-13）。

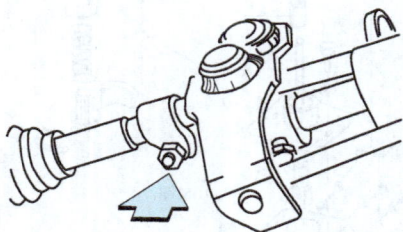

图 13-10　旋松夹箍螺母

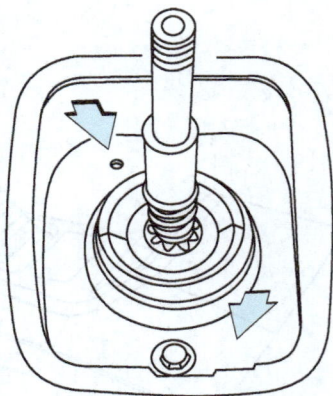

图 13-11　变速杆支架孔与变速杆罩壳孔对准

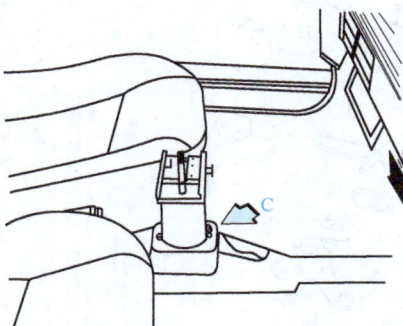

图 13-12　将上变速杆放在 C 位置上

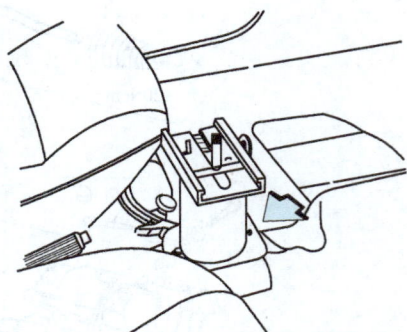

图 13-13　固定专用工具 VW5305/7

15) 将上变速杆放到最右面，直至缓冲垫，旋紧定位器螺栓（图 13-14）。

16) 将上变速杆放在 B 位置（图 13-15 中箭头所示）。

图 13-14　旋紧定位器螺栓

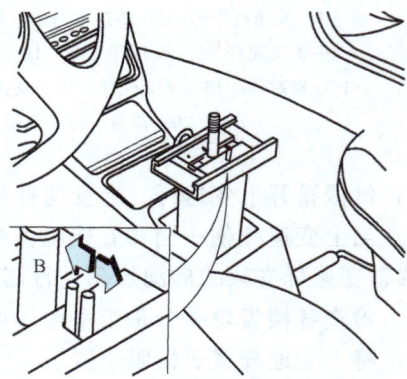

图 13-15　将上变速杆放在 B 位置上

17) 用 20N·m 的力矩拧紧夹箍螺母。

18) 取下专用工具 VW5305/7。

19) 挂入一档，将上变速杆向左压到底。

20) 松开上变速杆，上变速杆在弹簧的作用下返回到右边。

21）挂入五档，将上变速杆向右压到底。

22）松开上变速杆，上变速杆在弹簧的作用下返回到左边（在挂入一档和五档时，上变速杆大致返回相同的距离，如果不是这样，可移动变速杆支架上的椭圆形孔来进行修正）。

23）先后挂入所有的档位，特别要注意倒档的锁止功能。

24）装上仪表板、防尘罩和变速杆手柄。

2. 上变速杆的拆卸和安装

（1）上变速杆的拆卸

1）拆卸变速杆手柄，取下防尘罩。

2）取下仪表板。

3）拆卸固定在上变速杆的弹簧锁环（注意锁环一经拆卸，就要更换），取下挡圈和弹簧。

4）拆卸变速杆支架。

5）拆卸变速控制器罩壳，使上、下变速杆脱离。

（2）上变速杆的安装　上变速杆的安装按照与拆卸相反的顺序进行，但应注意以下事项：

1）检查所有零件的完好情况，更换已经损坏的零件。

2）润滑衬套和挡圈。

3）调整上变速杆。

4）固定变速杆手柄时使用快干胶。

3. 变速杆支架的拆卸和安装

（1）变速杆支架的拆卸

1）取下变速杆手柄和防尘罩。

2）拆卸锁环、挡圈和弹簧（锁环一经拆卸，就要更换）。

3）拆卸变速杆支架的固定螺栓，取下变速杆支架。

4）用手取下变速杆支架。变速杆支架及其零件分解如图 13-16 所示。变速杆支架只有加润滑脂时才分解，一旦发现任何零件损坏，就要全部更换。

（2）变速杆支架的安装

1）用润滑脂润滑变速杆支架内部件。

2）装上变速杆支架，螺栓不用拧紧，将变速杆支架上的孔与变速操纵机构罩壳上的孔对准，用 10N·m 的力矩拧紧螺栓。

3）装上弹簧、挡圈和新的锁环。

图 13-16　变速杆支架及其零件分解图

4）检查各档的啮合情况（如有必要移动变速杆支架上的椭圆孔来调整）。

5）装上防尘罩和变速杆手柄。

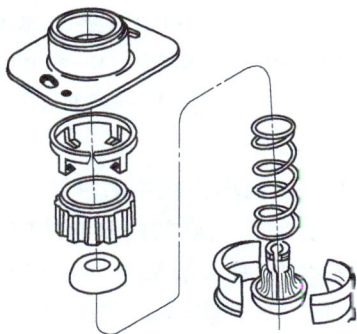

技能拓展

帕萨特汽车手动变速器操纵机构的拆装与调整

帕萨特汽车手动变速器操纵机构的结构如图 13-17 所示。变速器操纵机构的支承部位和

滑动面均须使用配件编号 G 052 142 A2 的合成润滑脂润滑。

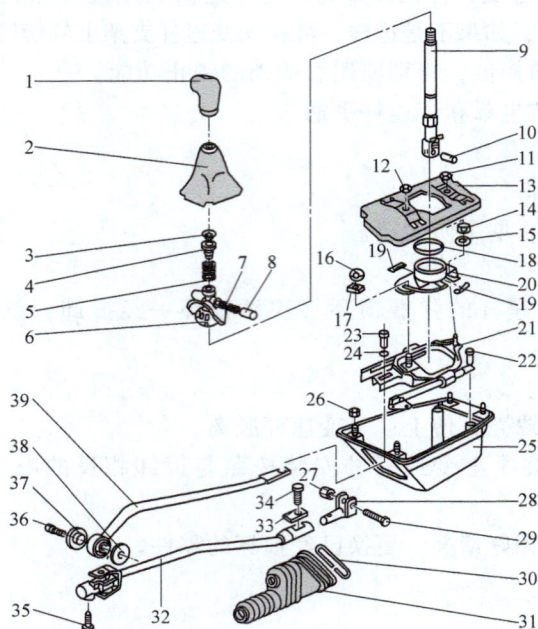

图 13-17　帕萨特汽车手动变速器操纵机构的结构

1—变速杆手柄　2—防尘罩　3—卡簧　4—间隔衬套　5、7—压缩弹簧　6—球状挡块　8—衬套

9—上变速杆　10—间隔管　11、12—六角螺母（拧紧力矩为 10N·m）　13—盖板

14、16—六角螺母（拧紧力矩为 25N·m）　15、17—连接件　18—卡簧　19—缓冲器　20—球状外壳

21—后推杆　22—内六角头螺栓（拧紧力矩为 10N·m）　23、34—内六角头螺栓（拧紧力矩为 25N·m）

24—垫圈　25—换档机构外壳　26、27—六角螺母（拧紧力矩为 10N·m）　28—换档拨叉

29—螺栓　30—张紧环　31—防尘罩　32—下变速杆　33—紧固夹头　35—六角头螺栓（拧紧力矩为 20N·m）

36—内六角头螺栓（拧紧力矩为 40N·m）　37、38—垫圈　39—前推杆

1. 换档操纵机构的拆卸

1）将防尘套的内侧向外转，用螺钉旋具小心地按照图 13-18 所示箭头方向撬杠杆部分的同时拉出变速杆手柄，分开防尘套与变速杆手柄。

2）旋下换档机构罩壳的橡胶护板（图 13-19 中箭头所示），旋下换档机构罩壳的紧固螺母（图 13-20 中箭头所示），随后把变速杆手柄连同防尘套一起旋下。

3）分开三元催化转化装置后排气装置。如果有必要，拆卸前排气装置。

4）旋出图 13-21 中箭头 B 所示内六角头螺栓，拆卸排气装置上方的前隔垫板，将换档机构罩壳随同变速杆（图 13-21 中箭头 A 所示）和推杆向下回转并取出。

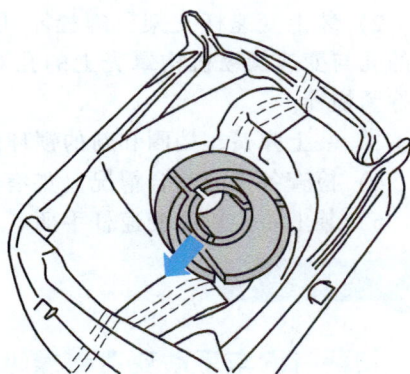

图 13-18　分开防尘套与变速杆手柄

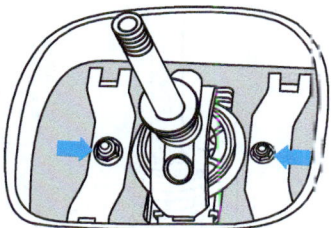

图 13-19　拆卸橡胶护板

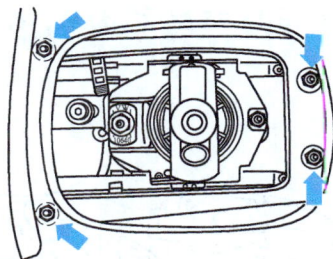

图 13-20　换档机构罩壳紧固螺母

2. 换档操纵机构的安装

按与拆卸相反的顺序进行安装。换档机构罩壳与车身拧紧力矩为 10N·m；变速杆与变速器拧紧力矩为 20N·m；推杆与变速器拧紧力矩为 40N·m。

3. 换档操纵机构的调整

正确调整换档操纵机构时要保证以下几点：

1）换档机构、操纵机构和继电器能正常工作。

2）换档操纵机构灵活。

3）变速器、离合器和离合器操纵机构均处于正常状态。

图 13-21　拆卸换档操纵机构

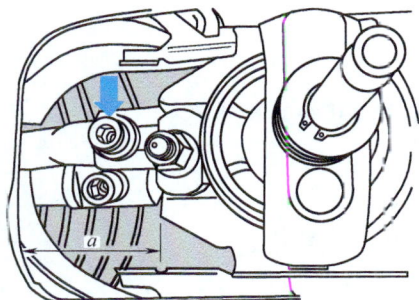

4）变速器处于空档位置。

小心地从中央通道卸下防尘套，旋出用于换档机构壳体的橡胶护板，然后把变速杆手柄连同防尘套一起旋出。测量车身和变速器换档操纵机构之间的距离，如图 13-22 所示，尺寸 a 必须为 37mm，否则，应进行调整。

换档操纵机构的调整步骤如下：

1）拧松推杆的螺栓（图 13-22 中箭头所示），在推杆/换档操纵机构的连接灵活的前提下，通过移动换档操纵机构来进行调节，然后拧紧推杆的螺栓。

2）拧松球形壳体的螺母（图 13-23 中箭头 A 和箭头 B 所示），保证球形壳体水平对准，然后拧紧球形壳体的螺母。

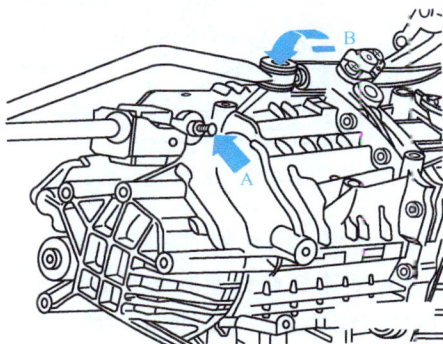

图 13-22　测量车身和变速器换档操纵机构之间的距离

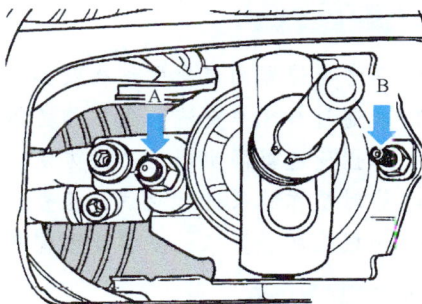

图 13-23　拧松球形壳体的螺母

3）拧松变速杆的螺栓（图 13-24 中箭头所示），在变速杆/换档操纵机构的连接灵活的前提下，对准变速杆，并把它稍微向后放。此时，两个球形止动凸缘至球形壳体的距离 a 必

须相等，如图 13-25 所示。最后，拧紧变速杆的螺栓。

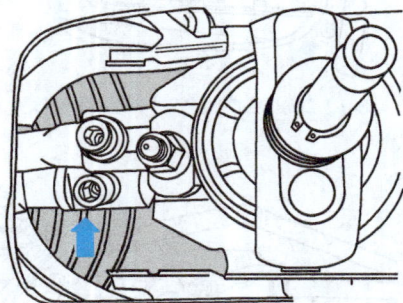

图 13-24　拧松变速杆的螺栓

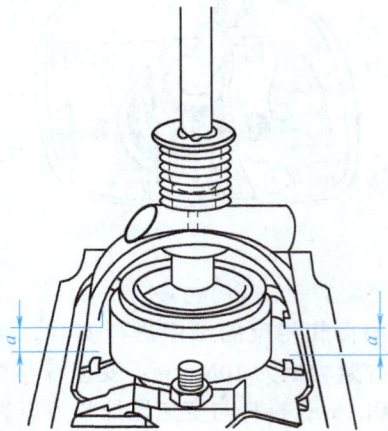

图 13-25　球形止动凸缘至球形壳体的距离

4. 换档操纵机构的功能检查

1）变速杆在怠速时必须置于三/四档和空档位置中，操纵离合器，对各档进行多次连续换档。应特别注意倒档止块的工作状态。

2）变速杆必须能自由地从五档/倒档、空档位置回到三/四档、空档位置。

3）如果在重复换入某一档位时出现卡滞现象，则须进行微调。

4）拧松球形壳体的螺母，把变速杆向右压至变速器某一档，此时，将球形壳体向左对着变速杆推压，然后使变速杆和球形壳体保持不动并拧紧，最后装配防尘套和变速杆手柄。

5）如果仅仅不能换入五档和倒档，那么必须检查五档和倒档的止块。必要时，应予以更换。

项目 14　变速器同步器的更换

项目要求

1. 熟悉变速器同步器的结构及其工作原理。
2. 能通过与客户交流、查阅相关维修技术资料等方式获得车辆信息。
3. 掌握变速器同步器的更换方法。
4. 能对操作结果进行测试，检查和评估其修复质量。
5. 能根据环境要求，妥善处理辅料、废弃液体和损坏的零件。

项目载体

一辆手动档汽车挂档困难，其故障现象是起步前挂档时，尽管离合器踏板已踏到底，但仍不容易挂上档。

产生此故障的主要原因有：

1）拨叉紧固螺母松动或拨叉、锁环变形磨损。

2）操作不当，挂档时齿轮撞击，导致齿轮倒角一侧崩齿或变形。

3）锁定弹簧压紧力过大，变速杆变形，拨叉轴变形。

4）离合器分离不彻底。

如果是变速器故障，应拆解变速器，检查、更换新件或修复。

相关知识

手动变速器包括变速传动机构和操纵机构两大部分。变速传动机构的主要作用是改变转矩的大小和方向；操纵机构的作用是实现换档。

变速传动机构是变速器的主体，按工作轴的数量（不包括倒档轴）可分为二轴式变速器和三轴式变速器。

一、二轴式变速器的变速传动机构

二轴式变速器用于发动机前置前轮驱动的汽车，一般与驱动桥（前桥）合称为手动变速驱动桥。目前，我国常见的国产汽车均采用这种变速器，如桑塔纳、捷达、富康、奥迪等车型。

前置发动机有纵向布置和横向布置两种形式，与其配用的二轴式变速器也有两种不同的结构形式。发动机纵置时，主减速器为一对锥齿轮，发动机纵置的二轴式变速器传动示意图（桑塔纳2000）如图14-1所示。发动机横置时，主减速器采用一对圆柱齿轮，发动机横置的二轴式变速器传动示意图（捷达）如图14-2所示。

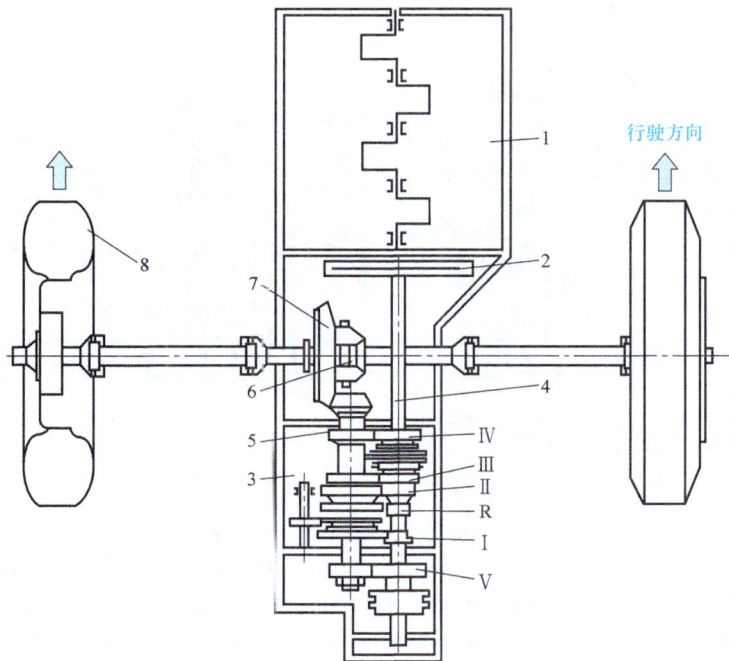

图 14-1 发动机纵置的二轴式变速器传动示意图（桑塔纳 2000）

1—纵置发动机 2—离合器 3—变速器 4—变速器输入轴 5—变速器输出轴（主减速器主动锥齿轮轴）
6—差速器 7—主减速器从动锥齿轮 8—前轮
Ⅰ、Ⅱ、Ⅲ、Ⅳ、Ⅴ—一、二、三、四、五档齿轮 R—倒档齿轮

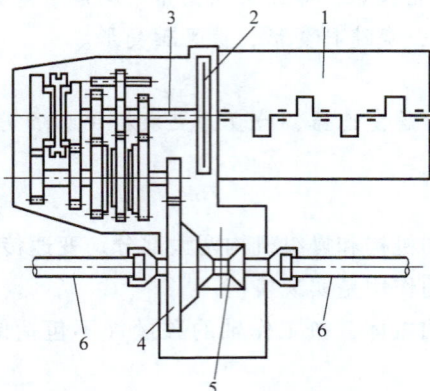

图 14-2　发动机横置的二轴式变速器传动示意图（捷达）

1—发动机　2—离合器　3—变速器　4—主减速器　5—差速器　6—带等角速万向节的半轴

1. 发动机纵向布置的二轴式变速器

（1）基本结构　图 14-3、图 14-4 所示分别为桑塔纳 2000 型汽车二轴式变速器传动机构的结构图和示意图。

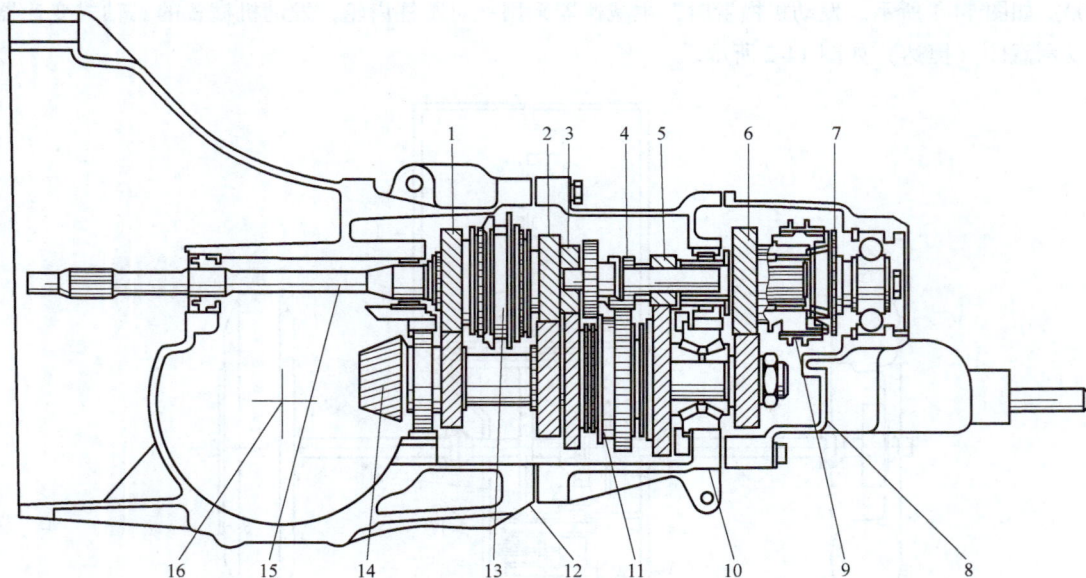

图 14-3　桑塔纳 2000 型汽车二轴式变速器传动机构的结构图

1—四档齿轮　2—三档齿轮　3—二档齿轮　4—倒档齿轮　5—一档齿轮　6—五档齿轮
7—五档运行齿环　8—换档机构壳体　9—五档同步器　10—齿轮箱体　11—一/二档同步器
12—变速器壳体　13—三/四档同步器　14—输出轴　15—输入轴　16—差速器

　　该变速器的变速传动机构有输入轴和输出轴，两轴平行布置，输入轴也是离合器的从动轴，输出轴也是主减速器的主动锥齿轮轴。该变速器具有 5 个前进档和 1 个倒档，全部采用锁环式惯性同步器换档。输入轴上有一~五档主动齿轮，其中一、二档主动齿轮与轴制成一

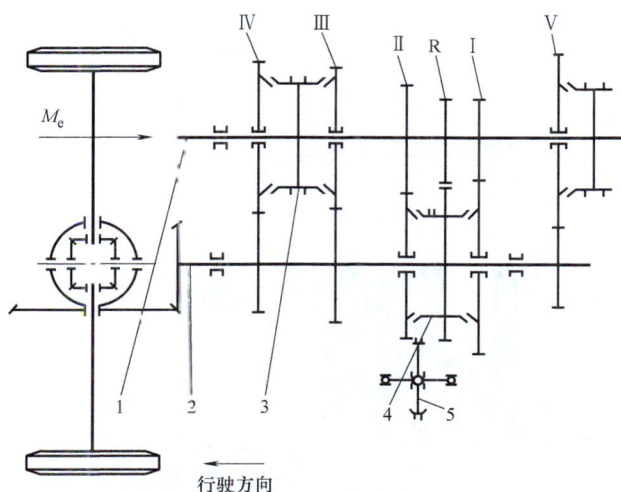

图 14-4　桑塔纳 2000 型汽车二轴式变速器传动机构的示意图

1—输入轴　2—输出轴　3—三/四档同步器　4——/二档同步器　5—倒档中间齿轮

Ⅰ——档齿轮　Ⅱ—二档齿轮　Ⅲ—三档齿轮　Ⅳ—四档齿轮　Ⅴ—五档齿轮　R—倒档齿轮

体，三、四、五档主动齿轮通过滚针轴承空套在轴上。输入轴上还有倒档主动齿轮，它与轴制成一体。三/四档同步器和五档同步器装在输入轴上。输出轴上有一～五档从动齿轮，其中一、二档从动齿轮通过滚针轴承空套在轴上，三、四、五档齿轮通过花键套装在轴上。一/二档同步器装在输出轴上。在变速器壳体的右端还装有倒档轴，上面通过滚针轴承套装有倒档中间齿轮。

（2）各档动力传递路线　桑塔纳 2000 型汽车变速器各档动力传递路线见表 14-1。

表 14-1　桑塔纳 2000 型汽车变速器各档动力传递路线

档位	动力传递路线
一	变速杆从空档向左、向前移动，实现： 动力→输入轴→输入轴一档齿轮→输出轴一档齿轮→输出轴上一/二档同步器→输出轴→动力输出
二	变速杆从空档向左、向后移动，实现： 动力→输入轴→输入轴二档齿轮→输出轴二档齿轮→输出轴上一/二档同步器→输出轴→动力输出
三	变速杆从空档向前移动，实现： 动力→输入轴→输入轴三/四档同步器→输入轴三档齿轮→输出轴三档齿轮→输出轴→动力输出
四	变速杆从空档向后移动，实现： 动力→输入轴→输入轴三/四档同步器→输入轴四档齿轮→输出轴上四档齿轮→输出轴→动力输出
五	变速杆从空档向右、向前移动，实现： 动力→输入轴→输入轴上五档同步器→输入轴上五档齿轮→输出轴五档齿轮→输出轴→动力输出
倒	变速杆从空档向右、向后移动，实现： 动力→输出轴→输出轴倒档齿轮→倒档轴上倒档齿轮→输出轴倒档齿轮→输出轴→动力反向输出

2. 发动机横向布置的二轴式变速器

（1）基本结构　发动机横向布置的二轴式变速器的结构如图 14-5 所示，所有前进档齿轮和倒档齿轮都采用常啮合斜齿轮，并采用锁环式同步器换档。

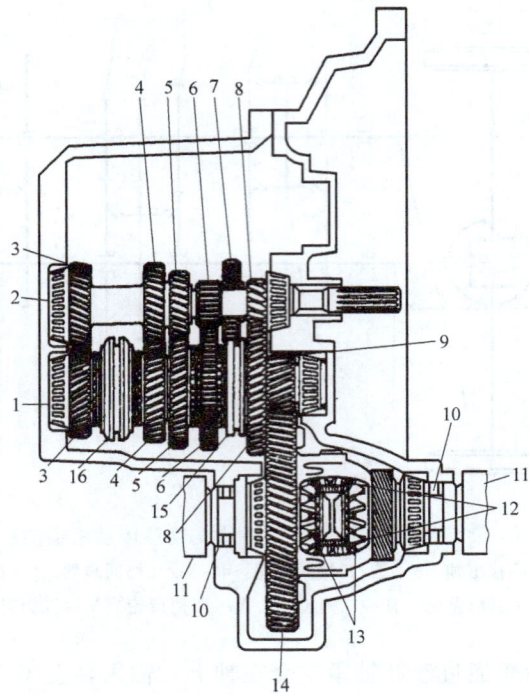

图 14-5　发动机横向布置的二轴式变速器的结构

1—输出轴　2—输入轴　3—四档齿轮　4—二档齿轮　5—二档齿轮　6—倒档齿轮　7—倒档惰轮
8—一档齿轮　9—主减速器主动齿轮　10—差速器油封　11—等速万向节轴　12—差速行星齿轮
13—差速半轴齿轮　14—主减速器从动齿轮　15——/二档同步器　16—三/四档同步器

（2）动力传递路线

1）一档。一档动力传递路线如图 14-6 所示，一/二档同步器使一档齿轮与主减速器主动齿轮轴接合，将变速齿轮锁定到主减速器主动齿轮轴上。输入轴齿轮的一档主动齿轮顺时针转动，逆时针地驱动一档从动齿轮和主减速器主动齿轮轴，顺时针驱动主减速器从动齿轮。

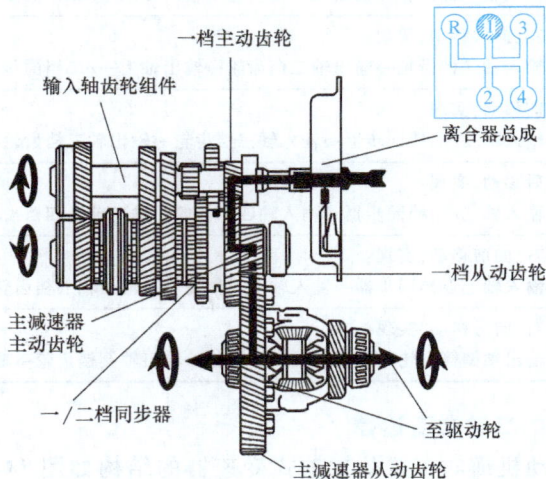

图 14-6　一档动力传递路线

2）二档。从一档向二档换档时，一/二档同步器分离一档从动齿轮，并接合二档从动齿轮。二档动力传递路线如图14-7所示。

3）三档。当二档同步器接合套返回空档后，将三/四档同步器锁定到主减速器主动齿轮轴上的三档齿轮上。三档动力传递路线如图14-8所示。

4）四档。三/四档同步器接合套从三档齿轮移开，移向四档齿轮，并锁定在主减速器主动齿轮轴上。四档动力传递路线如图14-9所示。

5）倒档。变速杆位于倒档时，倒档惰轮与倒档主动齿轮和倒档从动齿轮啮合。倒档从动齿轮同时是一/二档同步器接合套，同步器接合套带有沿其外缘加工的直齿。倒档惰轮改变变速齿轮的转动方向，汽车就可以倒车。倒档动力传递路线如图14-10所示。

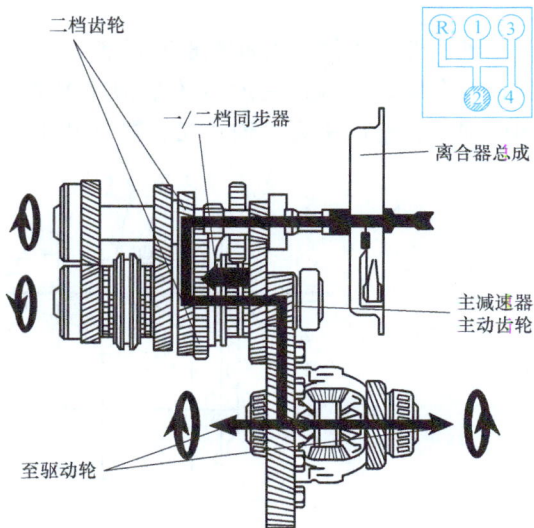

图 14-7　二档动力传递路线

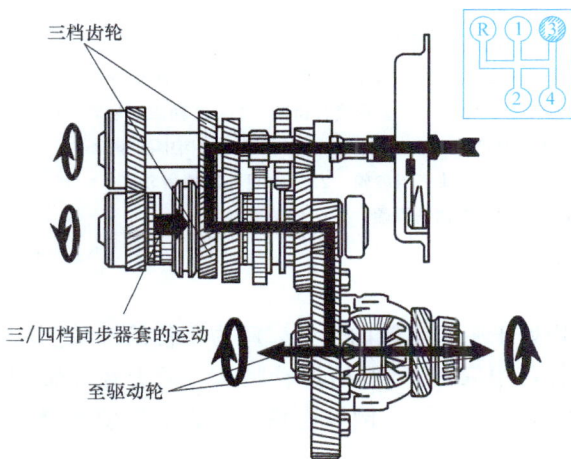

图 14-8　三档动力传递路线

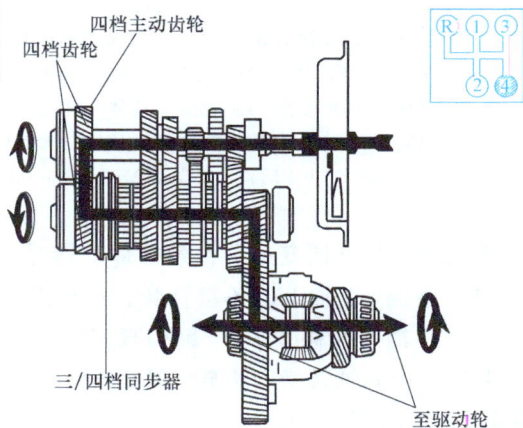

图 14-9　四档动力传递路线

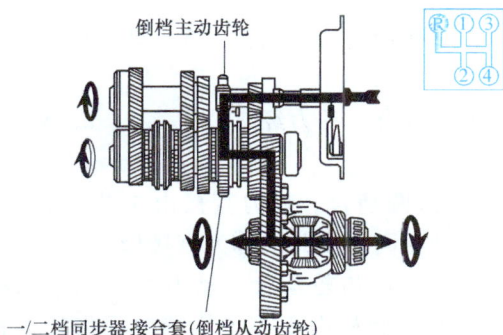

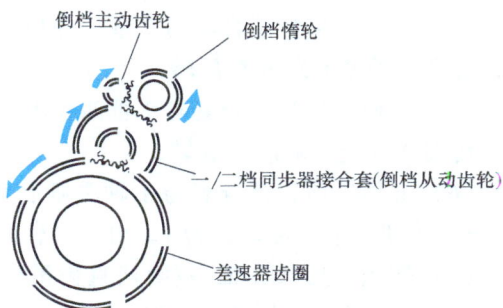

图 14-10　倒档动力传递路线

二、三轴式变速器的变速传动机构

三轴式变速器用于发动机前置后轮驱动的汽车。下面以东风 EQ1092 中型货车的变速器为例进行介绍。三轴式变速器的结构简图如图 14-11 所示，有 3 根主要的传动轴，1 轴、2 轴和中间轴，所以称为三轴式变速器。另外，还有倒档轴。

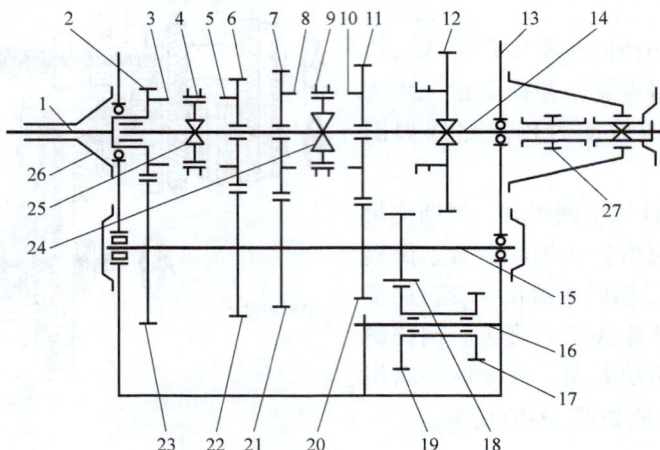

图 14-11　三轴式变速器的结构简图

1—1 轴　2—1 轴常啮合齿轮　3—1 轴常啮合齿轮接合齿圈　4、9—接合套　5—四档齿轮接合齿圈
6—2 轴四档齿轮　7—2 轴三档齿轮　8—三档齿轮接合齿圈　10—二档齿轮接合齿圈　11—2 轴二档齿轮
12—2 轴一/倒档齿轮　13—变速器壳体　14—2 轴　15—中间轴　16—倒档轴　17、19—倒档中间齿轮
18—中间轴一/倒档齿轮　20—中间轴二档齿轮　21—中间轴三档齿轮　22—中间轴四档齿轮
23—中间轴常啮合齿轮　24、25—花键毂　26—1 轴轴承盖　27—回油螺纹

该变速器为五档变速器，各档传动情况如下：

（1）空档　2 轴上的各接合套、传动齿轮均处于中间空转的位置，动力不传给 2 轴。

（2）一档　前移 2 轴一/倒档直齿滑动齿轮与中间轴一/倒档齿轮啮合。动力经 1 轴常啮合齿轮、中间轴常啮合齿轮、中间轴一/倒档齿轮、2 轴一/倒档齿轮，传到 2 轴使其顺时针旋转（与 1 轴同向）。

（3）二档　后移接合套与 2 轴二档齿轮的接合齿圈啮合。动力经 2、23、20、11、10、9、24，传到 2 轴使其顺时针旋转。

（4）三档　前移接合套与 2 轴三档齿轮的接合齿圈啮合。动力经 2、23、21、7、8、9、24，传到 2 轴使其顺时针旋转。

（5）四档　后移接合套与 2 轴四档齿轮的接合齿圈啮合。动力经 2、23、22、6、5、4、25，传到 2 轴使其顺时针旋转。

（6）五档　前移接合套与 1 轴常啮合齿轮的接合齿圈啮合。动力直接由 1 轴经 2、3、4、25，传到 2 轴，传动比为 1。由于 2 轴的转速与 1 轴相同，故此档称为直接档。

（7）倒档　后移 2 轴一/倒档直齿滑动齿轮与倒档中间齿轮啮合。动力经 2、23、18、19、17、12，传给 2 轴使其逆时针旋转，汽车倒向行驶。倒档由于多了倒档中间齿轮的传动，所以改变了 2 轴的旋转方向。

三、同步器

同步器的功用是使接合套与待啮合的齿圈迅速同步，缩短换档时间，并防止其在同步前啮合而产生换档冲击。

目前所采用的同步器几乎都是摩擦式惯性同步器，按锁止装置不同，可分为锁环式惯性同步器和锁销式惯性同步器两种。

1. 锁环式惯性同步器

（1）基本结构　锁环式惯性同步器的结构如图14-12所示，花键毂用内花键套装在2轴外花键上，用垫圈、卡环轴向定位。花键毂两端与1轴常啮合齿轮的接合齿圈和2轴齿轮之间各有一个青铜制成的锁环（同步环）。锁环上有短花键齿圈，其花键的尺寸和齿数与花键毂、齿圈1和齿轮4的外花键齿相同。两个齿轮和锁环上的花键齿，靠近接合套的一端都有倒角（锁止角），与接合套齿端的倒角相同。锁环有内锥面，与齿圈、齿轮的外锥面圆锥角相同。在环锁内锥面上制有细密的螺纹（或直槽），当锥面接触后，它能及时破坏油膜，增加锥面间的摩擦力。锁环内锥面摩擦副称为摩擦件，外沿带倒角的齿圈是锁止件，锁环上还有3个均布的缺口。3个滑块分别装在花键毂上3个均布的轴向槽内，沿槽可以轴向移动。滑块被2个弹簧圈的径向力压向接合套，滑块中部的凸起部位压嵌在接合套中部的环槽内。滑块和弹簧是推动件。滑块两端伸入锁环5的

图14-12　锁环式惯性同步器的结构

1—1轴常啮合齿轮的接合齿圈　2—滑块　3—拨叉
4—2轴齿轮　5、9—锁环（同步环）
6—弹簧圈　7—花键毂　8—接合套
10—环槽　11—轴向槽　12—缺口

缺口中，滑块窄缺口宽，两者之差等于锁环的花键齿宽。锁环相对滑块顺时针转和逆时针转都只能转动半个齿宽，且只有当滑块位于锁环缺口的中央时，接合套与锁环才能接合。

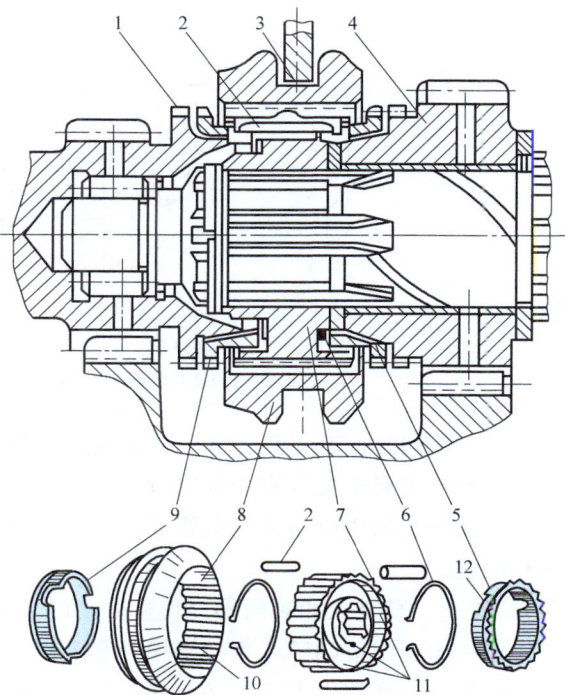

（2）工作原理　以二档换三档为例，说明锁环式惯性同步器的工作原理，如图14-13所示。

1）空档位置。接合套刚从二档退入空档时，如图14-13a所示，三档齿轮的接合齿圈、接合套、锁环以及与其有关联的运动件，因惯性作用而沿原方向继续旋转（图中箭头所示方向）。由于齿圈1是高档齿轮（相对于二档齿轮来说），所以接合套、锁环的转速低于齿圈1的转速。

2）挂档。欲换入三档时，驾驶人通过变速杆使拨叉推动接合套连同滑块一起向左移动，如图14-13b所示，滑块又推动锁环移向齿圈1，使锥面接触。驾驶人作用在接合套上的

159

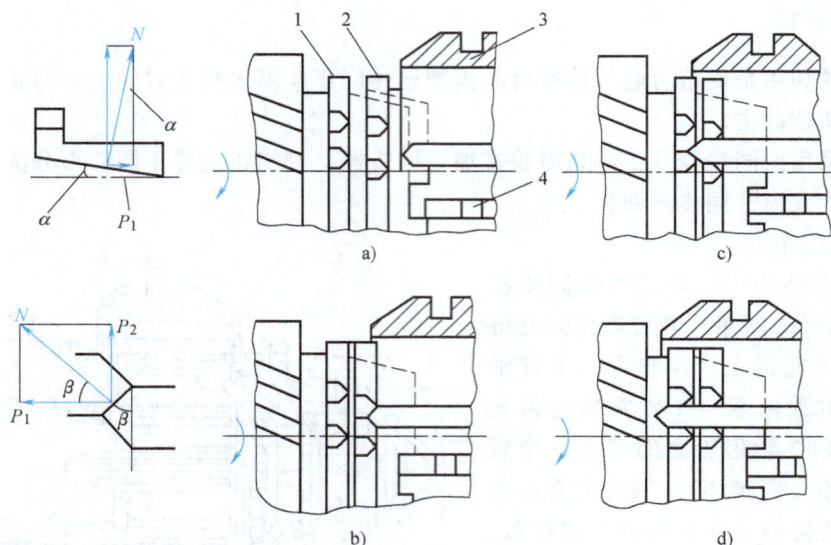

图 14-13　锁环式惯性同步器的工作原理

1—三档齿轮的接合齿圈　2—锁环（同步环）　3—接合套　4—滑块

轴向推力，使两锥面有正压力 N，又因两者有转速差，所以产生摩擦力矩。通过摩擦作用，齿轮带动锁环相对于接合套向前转动一个角度，使锁环缺口靠在滑块的另一侧（上侧）为止，此时接合套的内齿与锁环上错开了约半个齿宽，接合套的齿端倒角面与锁环的齿端倒角面互相抵住。

3）锁止。驾驶人的轴向推力使接合套的齿端倒角面与锁环的齿端倒角面之间产生正压力，形成一个企图拨动锁环相对于接合套反转的力矩，称为拨环力矩。这样在锁环上同时作用着方向相反的摩擦力矩和拨环力矩，同步器的结构参数可以保证在同步前（存在摩擦力矩）拨环力矩始终小于摩擦力矩，所以在同步之前无论驾驶人施加多大的操纵力，都不会挂上档，即产生锁止作用，如图 14-13c 所示。

4）同步啮合。随着驾驶人施加于接合套上的推力加大，摩擦力矩不断增加，使齿圈 1 的转速迅速降低。当齿圈 1、接合套和锁环达到同步时，作用在锁环上的摩擦力矩消失。此时在拨环力矩的作用下，锁环、齿圈 1 以及与之相连的各零件都相对于接合套反转一个角度，滑块处于锁环缺口的中央，如图 14-13c 所示，键齿不再抵触，锁环的锁止作用消除。接合套压下弹簧圈继续左移（滑块脱离接合套的内环槽而不能左移），与锁环的花键齿圈进入啮合，进而再与齿圈 1 进入啮合，如图 14-13d 所示，换入三档。

锁环式惯性同步器尺寸小、结构紧凑、摩擦力矩也小，多用于乘用车和轻型汽车。

2. 锁销式惯性同步器

大、中型货车普遍采用锁销式惯性同步器，下面以东风 EQ1092 汽车五档变速器的四/五档同步器为例进行介绍。四/五档锁销式惯性同步器的结构如图 14-14 所示。

2 个带有内锥面的摩擦锥盘，以其内花键分别固装在带有接合齿圈的斜齿轮（1 轴齿轮和 2 轴四档齿轮）上，随齿轮一起转动。2 个有外锥面的摩擦锥环，其上有圆周均布的 3 个锁销、3 个定位销，与接合套装在一起。定位销与接合套的相应孔是间隙配合，定位销中部

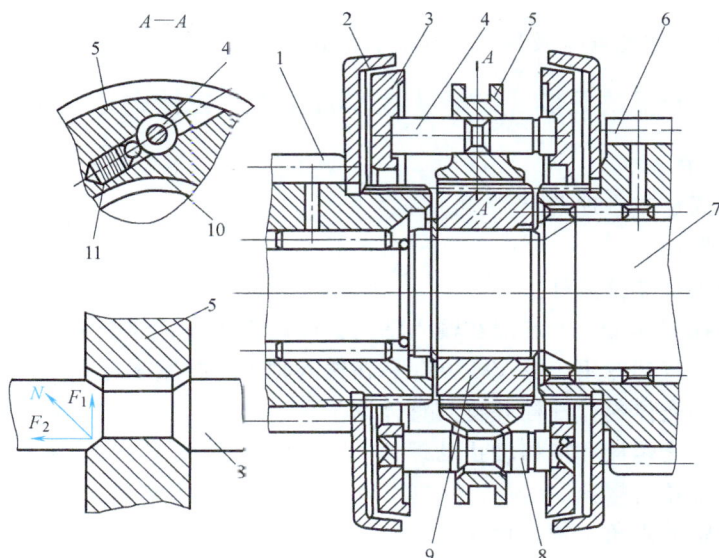

图 14-14　四/五档锁销式惯性同步器的结构

1—1 轴齿轮　2—摩擦锥盘　3—摩擦锥环　4—定位销　5—接合套　6—2 轴四档齿轮
7—2 轴　8—锁销　9—花键毂　10—钢球　11—弹簧

切有一小段环槽，接合套钻有斜孔，内装弹簧，把钢球顶向定位销中部的环槽，使接合套处于空档位置，定位销随接合套能轴向移动。定位销两端伸入 2 个摩擦锥环内侧面的弧线形浅坑中，定位销与浅坑有周向间隙，摩擦锥环相对接合套在一定范围内周向摆动。锁销中部环槽的两端和接合套相应孔两端切有相同的倒角；锁销与孔对中时，接合套才能沿锁销轴向移动；锁销两端铆接在摩擦锥环相应的孔中。2 个摩擦锥环、3 个锁销、3 个定位销和接合套构成一个部件，套在花键毂的齿圈上。

锁销式惯性同步器的工作原理与锁环式惯性同步器类似。

换档时，接合套受到拨叉的轴向推力作用，通过钢球、定位销推动摩擦锥环向前移动。因摩擦锥环与摩擦锥盘有转速差，故接触后的摩擦作用使摩擦锥环和锁销相对于接合套转过一个角度，锁销与接合套上相应孔的中心线不再同心，锁销中部倒角与接合套孔端的锥面相抵触，在同步前，作用在摩擦面的摩擦力矩总大于拨销力矩，接合套被锁止不能前移，防止在同步前接合套与齿圈进入啮合。同步后，摩擦力矩消失，拨销力矩使锁销、摩擦锥盘和相应的齿轮相对于接合套转过一个角度，锁销与接合套的相应孔对中，接合套克服弹簧的张力压下钢球并沿锁销向前移动，完成换档。

技能操作

一、准备工作及注意事项

1. 准备好常用拆装工具若干套。
2. 准备好变速器总成若干套。
3. 准备好举升机若干台。

4. 准备好清洁工具。

5. 工作过程中应注意安全及环保工作是否到位。

二、变速器同步器的更换 （以桑塔纳 2000 型汽车二轴式五档手动变速器为例）

1. 变速器壳体的拆卸

1）将变速器固定在修理架上。

2）放出变速器油。

3）向下压出离合器分离杆。

4）将专用支撑架 30-211A 装配在输入轴上，固定输入轴，如图 14-15 所示。

5）拧紧螺栓，直到专用工具 VW295a 靠在输入轴上，拧紧螺母。

6）拧下变速器壳体端盖螺栓并将其整体取下。

7）拆下五档锁止螺栓和换档轴止动螺栓。

8）拆下换档轴端盖螺栓。

9）拧下倒档轴的六角头锁止螺栓。

10）从驱动法兰上拆下端盖、弹性挡圈和碟形弹簧。

11）将两个 M8×30 的六角头螺栓拧到驱动法兰上，用专用工具 VW391 拉出驱动法兰，如图 14-16 所示。

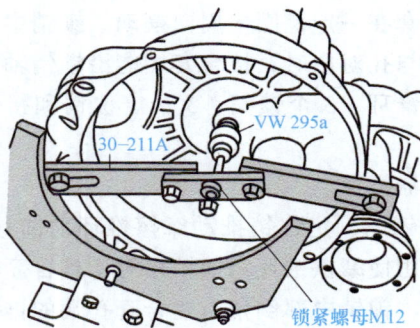

图 14-15　固定输入轴

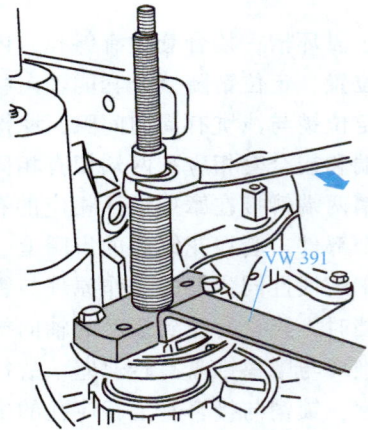

图 14-16　拉出驱动法兰

12）用 M12 套筒扳手拧下同步器齿毂螺栓，使五档和倒档齿轮分别啮合（前面的换档拨叉开口朝下）。

13）撬下转接管的止动垫圈，如图 14-17 所示。

14）用专用工具 3059 向左转动转接管，将其从换档拨叉上拧下，如图 14-18 所示。注意：不要将换档拨叉轴从转接管上拔下。

15）将同步器总成及五档齿轮、换档拨叉一起拆下。

16）将五档齿轮的弹性挡圈和调整垫圈拆下。

17）用拉力器拉下五档齿轮。

18）用 M6 套筒扳手拧下张紧板的螺栓。

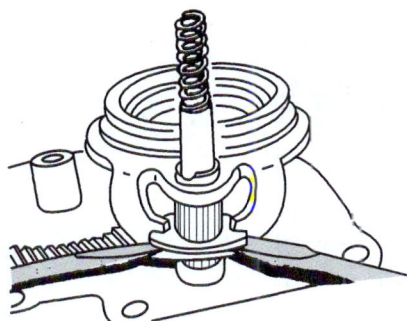

图 14-17　撬下转接管的止动垫圈

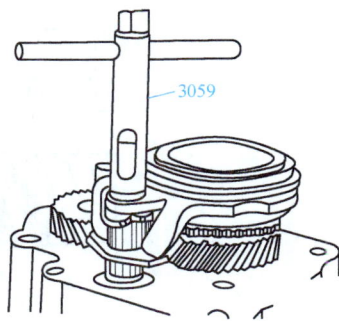

图 14-18　将转接管从换档拨叉上拧下

19）拧下壳体上的六角头紧固螺栓。

20）用专用工具 3042 拆下变速器壳体，如图 14-19 所示。

2. 变速器输入轴的拆卸

1）从离合器壳体的孔中拉出换档拨叉轴，摆动并取下换档拨叉。

2）拆下四档齿轮的输出轴弹性挡圈。

3）拆下四档齿轮。若拆卸困难，可用顶拔器拉出。

4）拆下输入轴总成。

3. 变速器输出轴的拆卸

1）拆下三档齿轮弹性挡圈。

2）拆下三档齿轮、二档齿轮、同步器锁环和滚针轴承。

3）拆下倒档齿轮。

4）用顶拔器拉出同步器齿毂及一档齿轮，如图 14-20 所示。

输入轴和输出
轴的拆卸

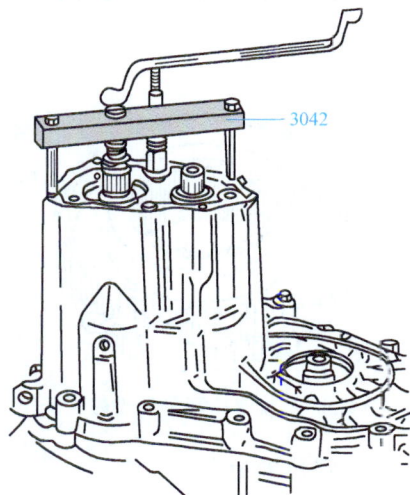

图 14-19　拆下变速器壳体

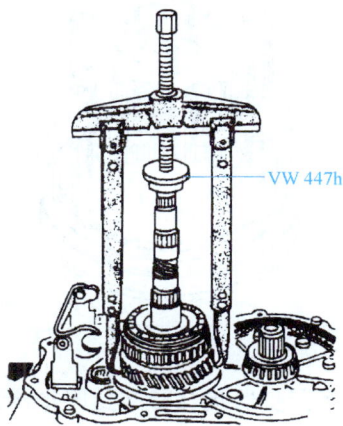

图 14-20　拉出同步器齿毂及一档齿轮

5）拧下轴承盖螺栓，拆下输入轴。

4. 检查同步器锁环

将同步器锁环压在各自齿轮的锥面上，检查间隙 a 大小，如图 14-21 所示。间隙 a 的规定值见表 14-2。

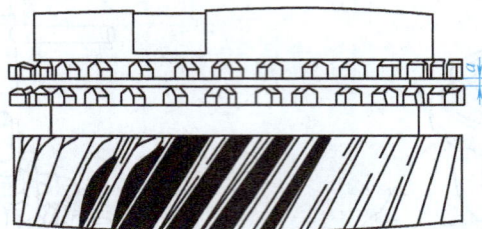

图 14-21　检查间隙 a 值

表 14-2　间隙 a 的规定值

同步器锁环	间隙 a/mm	
	新同步器锁环	磨损极限
一档和二档	1.1~1.7	0.5
三档	1.15~1.75	0.5
四档和五档	1.3~1.9	0.5

将同步器锁环放在极平滑的表面上（如平板、玻璃）进行检查。如果存在扭曲变形或侧面间隙成椭圆形，应更换同步器锁环。

5. 组装三/四档同步器

1）同步器齿毂内花键倒角朝向三档齿轮，标识（图 14-22 中白色箭头所示）朝向四档齿轮。同步器齿毂安装位置如图 14-22 所示。

2）同步器齿毂上（四档齿轮一侧）有一个环槽（图 14-23 中白色箭头所示）或外齿顶上有轴向槽（图 14-23 中黑色箭头所示）。三/四档同步器齿毂的标记如图 14-23 所示。

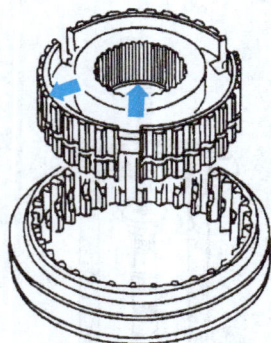

图 14-22　同步器齿毂安装位置

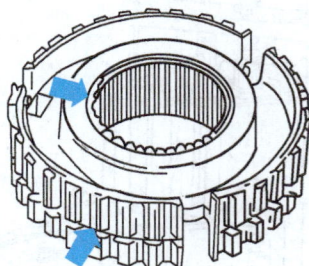

图 14-23　三/四档同步器齿毂的标记

3）将同步器接合套推到同步器齿毂上，必须在某一特定位置啮合。

4）装上滑块和弹簧，按 120°均匀分布，弹簧弯曲的末端必须钩住空心锁块。三/四档同步器组装如图 14-24 所示。

注意：更换同步器锁环时，应查询备件目录，装配旧同步器锁环时，不得互换。

6. 组装一/二档同步器

1）缺 3 个齿的 110°齿顶角的一档同步器锁环只能用于一档齿轮。一档同步器的标记如图 14-25 所示。

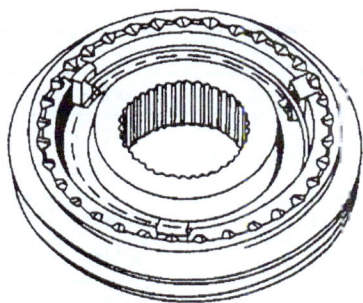

图 14-24　三/四档同步器组装

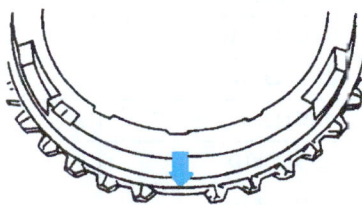

图 14-25　一档同步器的标记

2）一/二档接合套和同步器齿毂的安装位置如图 14-26 所示，箭头所示的端面上的标记槽朝向一档齿轮。

3）将同步器接合套装到同步器齿毂上，安装时位置任意。

4）装入滑块，按 120°均匀分布，然后装上弹簧，弹簧弯曲的末端必须钩住空心锁块。一/二档同步器组装如图 14-27 所示。

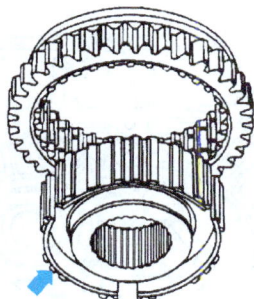

图 14-26　一/二档接合套和
同步器齿毂的安装位置

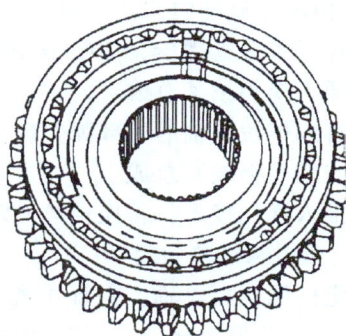

图 14-27　一/二档同步器组装

7. 变速器输出轴的安装

1）装上输出轴，拧紧轴承盖螺栓。

2）装上调整垫圈、滚针轴承、二档齿轮及同步器锁环。

3）将同步器接合套及同步器齿毂加热到 120℃并放在安装位置，用专用工具 VW244b 和 VW455 将其压至台肩处。

4）转动同步器锁环，使槽与滑块对齐。

5）安装倒档齿轮。

6）用专用工具 VW244b 和 VW455 将滚针轴承内圈压至台肩处。

7）装上滚针轴承、同步器锁环、二档齿轮和三档齿轮。

8）调整三档齿轮轴轴向间隙，如图 14-28 所示。弹性挡圈厚度见表 14-3，确定所选厚度是否可以直接安装后才可装入。

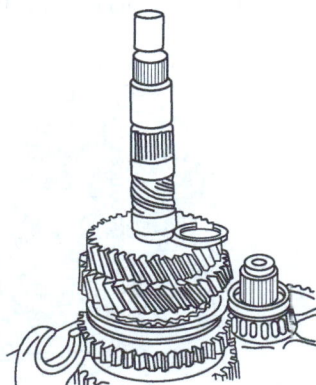

图 14-28　调整三档齿轮轴轴向间隙

表 14-3　弹性挡圈厚度

零件号	厚度/mm	标记
020311381	2.5	棕色
020311381A	2.6	黑色
020311381B	2.7	有光泽
020311381C	2.8	紫铜色
020311381D	2.9	黄铜色
020311381E	3.0	蓝色

8. 变速器输入轴的安装

1）装配输入轴前，如果输入轴未被分解，压出输入轴向心球轴承。

2）装上输入轴总成（不含深沟球轴承）。用专用支承架 30-211A、专用工具 VW295a 和 1 个锁紧螺母 M12 支承输入轴。

3）装上输出轴上的四档齿轮，并用弹性挡圈固定。

4）用专用工具 VW407 和 40-20 将输入轴向心球轴承连同调整垫圈压入变速器壳体。安装位置：内圈宽肩朝向四档齿轮。

5）拧紧张紧盘螺栓，如图 14-29 中箭头所示。

6）插入换档拨叉总成。

7）将换档拨叉轴的下部弹簧装入壳体内。

8）安装换档拨叉总成。

9）推入换档拨叉，将换档拨叉定位。

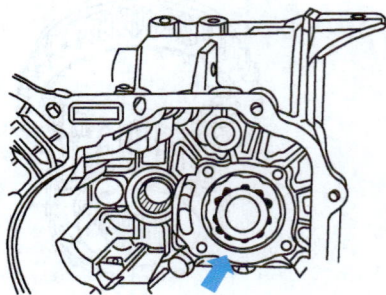

图 14-29　拧紧张紧盘螺栓

9. 变速器壳体的安装

1）定位倒档齿轮轴，保证距离 x 相等，如图 14-30 所示。压上变速器壳体前，必须用专用工具 30-211A 和 VW295a 正确支承输入轴。

2）安装变速器壳体，如图 14-31 所示。

3）拧紧倒档齿轮轴的六角头固定螺栓。

4）拧紧壳体的六角头固定螺栓。

5）用 15 N·m 的拧紧力矩拧紧深沟球轴承张紧盘上的扁头螺栓。

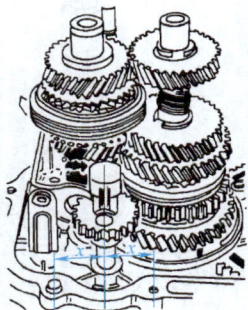

图 14-30　定位倒档齿轮轴

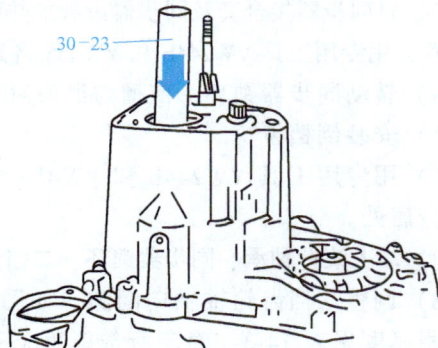

图 14-31　安装变速器壳体

6）装上驱动法兰和压力弹簧。若安装困难，可用专用工具 VW391 压入驱动法兰。

7）装上碟形弹簧和弹性挡圈，用专用工具 VW201 压入驱动法兰，如图 14-32 所示。

8）装入弹性挡圈并将其压入槽内。

9）压上新端盖。

10）将五档从动齿轮加热到约 100℃ 并装上，安装位置：槽向上。

11）装上止动垫圈和弹性挡圈。

12）将同步器总成连同五档主动齿轮和换档拨叉一同装入，装上新的轴承止动垫圈。

13）用专用扳手 3095 向右转动转接管并将其拧入换档拨叉。

14）检查并调整转接管，直至距离 $x=5.0$mm，如图 14-33 所示。

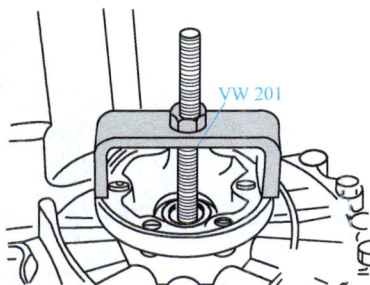

图 14-32 压入驱动法兰

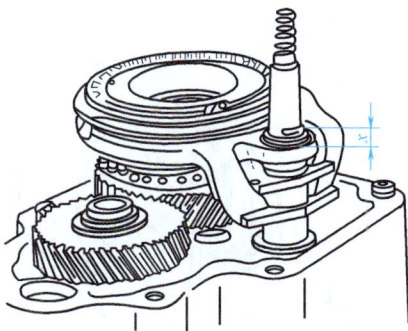

图 14-33 检查并调整转接管

注意：

① 不要从转接管上拔下换档拨叉轴，否则换档拨叉会在变速器内散开，从而不得不再一次分解变速器。

② 取下专用扳手 3095 时，若需要，可用螺钉旋具通过侧面的槽压住换档拨叉轴。

15）用新螺栓拧紧输入轴和输出轴的轴承座及向心球轴承，新螺栓涂上大众密封胶 D6，用 M12 套筒扳手以 150N·m 的力矩拧紧，挂上五档和倒档（前面拨叉开口应朝下）。

16）将换档拨叉置于空档，装上换档轴。

17）装上压力弹簧，以 50N·m 的力矩拧紧端盖。

18）将变速器倒档开关紧固螺栓以 10N·m 的力矩拧紧。

19）以 20N·m 的力矩拧紧换档轴螺栓。

技能拓展

桑塔纳 2000 型汽车手动变速器的拆装

1. 变速器总成的拆卸

1）拆下蓄电池的搭铁线。

2）拆下离合器拉索，如图 14-34 所示。

3）举升起汽车。将传动轴（半轴）从变速器上拆下来（图 14-35）并支撑好。

4）旋松变速操纵机构的内换档杆螺栓，如图 14-36 所示。

5）压出支撑杆球头（图 14-37）并将内换档杆与接合器分离。

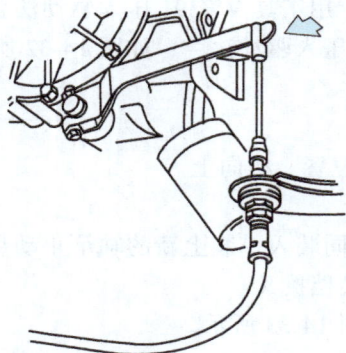

图 14-34　拆下离合器拉索

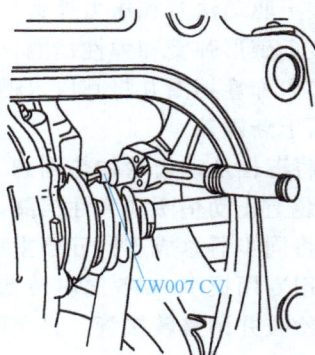

图 14-35　拆卸传动轴

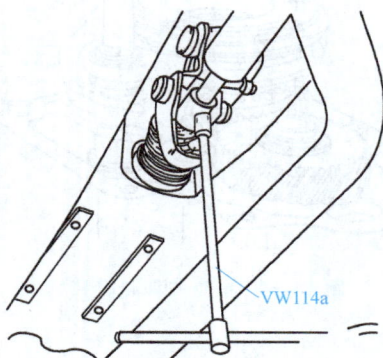

图 14-36　旋松变速操纵机构的内换档杆螺栓

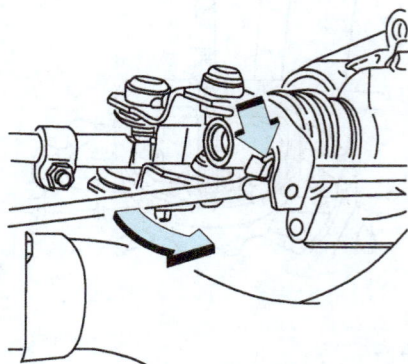

图 14-37　压出支撑杆球头

6）拆下倒档灯开关的插头。

7）拆下车速里程表软轴，如图 14-38 所示。

8）拆下离合器盖板，如图 14-39 所示。

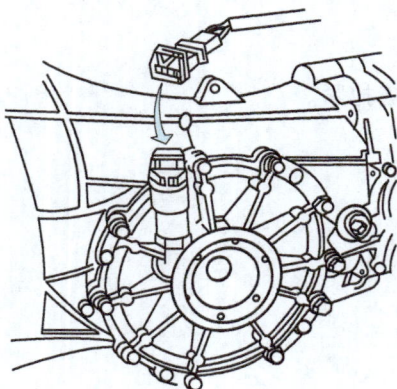

图 14-38　拆下车速里程表软轴

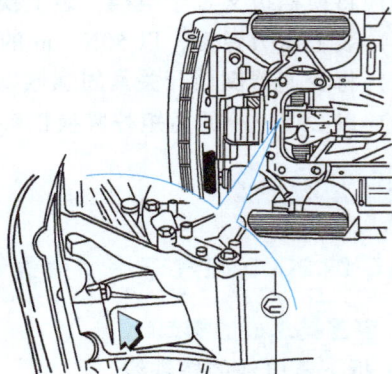

图 14-39　拆下离合器盖板

9）拆下排气管。

10）降下汽车并将发动机固定好（图 14-40）。拆下发动机与变速器上部的联接螺栓。

11）举升起汽车，拆下起动机的紧固螺栓。

12）拆下发动机中间支架，如图 14-41 所示。

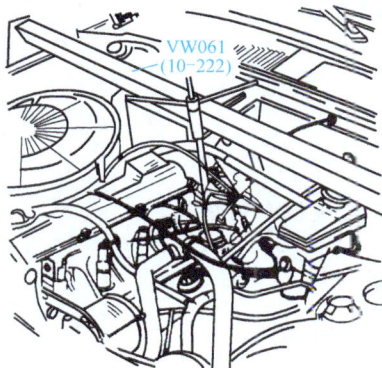

图 14-40　固定发动机

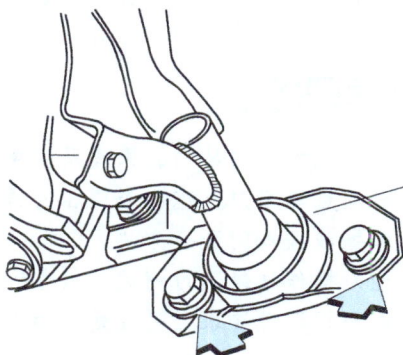

图 14-41　拆下发动机中间支架

13）拆下螺栓 1，并旋松螺栓 2，如图 14-42 所示。拆下变速器减振垫和减振垫前支架。

14）拆下发动机与变速器下部的联接螺栓，并拆下变速器，如图 14-43 所示。

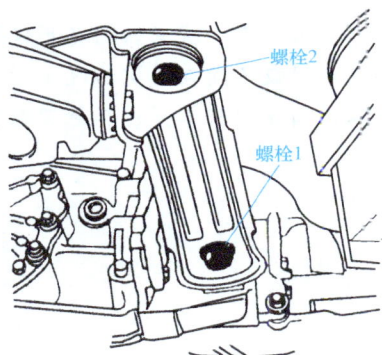

图 14-42　拆下螺栓

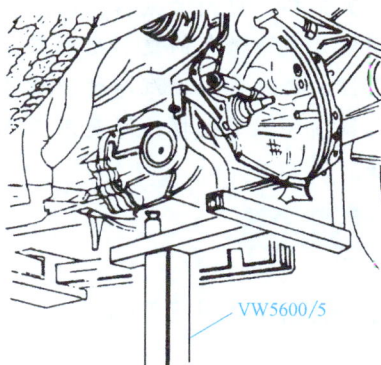

图 14-43　拆下变速器

2. 变速器总成的安装

变速器总成的安装可按与拆卸相反的顺序进行。如果需要，可调整离合器踏板自由行程。与变速器总成有关的拧紧力矩见表 14-4。

表 14-4　与变速器总成有关的拧紧力矩

部　件	拧紧力矩/N·m
变速器固定在发动机上的螺栓	55
变速器减振垫前支架的固定螺栓	25
减振垫固定在前、后支架上的螺栓	20
减振垫固定在车身上的螺栓	110
变速器支架固定在横梁上的螺栓	70
发动机中间支架固定在车身上的螺栓	30
传动轴固定在变速器上的螺栓	40
内变速杆固定螺栓	30

项目 15　汽车减振器的更换

项目要求

1. 熟悉减振器的结构、原理及主要部件安装位置。
2. 能通过与客户交流、查阅相关维修技术资料等方式获得车辆信息。
3. 掌握减振器的更换方法。
4. 能对操作结果进行测试，检查和评估其修复质量。
5. 能根据环境要求，妥善处理辅料、废弃液体和损坏的零件。

项目载体

客户反映汽车在转向时车身前部发出"嘎吱"异响，并感觉异常振动，用手下压汽车四角，发现右前车头下压费力，放手时明显缺少阻尼弹性。拆卸右悬架后，检查右前减振器，发现其损坏，更换减振器，故障排除。

减振器是汽车悬架的重要组成部分，在悬架中主要起减振作用，减振器损坏不仅影响汽车的舒适性，而且影响到汽车行驶及操控性，汽车经长期使用或长期在恶劣路况下行驶，会导致减振器损坏。减振器故障是汽车底盘中较常见的故障，因此，应掌握汽车悬架减振器的更换方法。

相关知识

一、悬架的组成与功用

1. 悬架的组成

悬架是车架（或车身）与车桥（或车轮）之间一切传力连接装置的总称。现代汽车的悬架虽有不同的结构形式，但一般都由弹性元件、减振器、导向机构等组成，乘用车一般还有横向稳定器。悬架的组成如图 15-1 所示。

弹性元件使车架（或车身）与车桥（或车轮）弹性连接，可以缓和由于不平路面带来的冲击，并承受和传递垂直载荷。减振器可以衰减由于路面冲击产生的振动，使振动的振幅迅速减小。

导向机构包括纵向推力杆和横向推力杆，用于传递纵向载荷和横向载荷，并保证车轮相对于车架（或车身）的运动关系。

横向稳定器可以防止车身在转向等情况下发生过大的横向倾斜。

图 15-1　悬架的组成

2. 悬架的功用

悬架具有如下的功用：

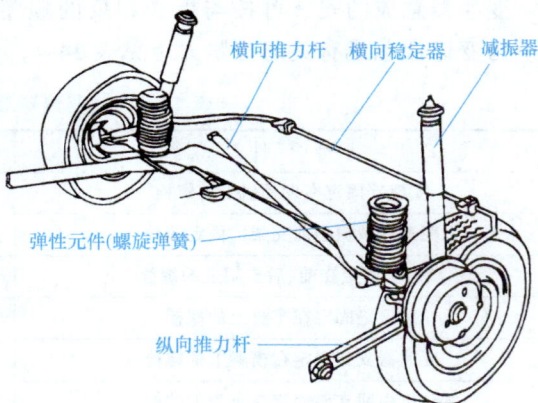

1）连接车架（或车身）和车轮，把路面作用到车轮的各种力传给车架（或车身）。

2）缓和冲击、衰减振动，使乘坐舒适，使汽车具有良好的平顺性。

3）保证汽车具有良好的操纵稳定性。

上述第2）、3）项功用与弹性元件和减振器的性能有关，具体来说是与弹性元件的刚度和减振器的阻尼力有关。只有悬架系统软、硬合适才能使车辆乘坐舒适、操纵稳定。

二、悬架的分类

汽车悬架有非独立悬架和独立悬架两种类型，非独立悬架与独立悬架的示意图如图15-2所示。

非独立悬架的结构特点是两侧车轮安装在一根整体式车桥上，车轮和车桥一起通过弹性悬架悬挂在车架（或车身）下面，所以一侧车轮发生位置变化后会导致另一侧车轮的位置也发生变化。独立悬架的结构特点是两侧车轮分别独立地与车架（或车身）弹性相连，与其配用的车桥为断开式车桥，所以两侧车轮的运动是相对独立、互不影响的。

图 15-2 非独立悬架与独立悬架的示意图
a）非独立悬架 b）独立悬架

1. 非独立悬架

非独立悬架广泛应用于货车的前、后悬架和乘用车的后悬架。按照采用弹性元件的不同，非独立悬架可以分为钢板弹簧式非独立悬架和螺旋弹簧式非独立悬架。

（1）钢板弹簧式非独立悬架 这种悬架的钢板弹簧一般纵向布置，所以也称为纵置板簧式非独立悬架。图15-3所示为钢板弹簧式非独立悬架，钢板弹簧中部用U形螺栓固定在车桥上，钢板弹簧前端卷耳用弹簧销与前支架相连，形成固定式铰链支点，起传力和导向作用。钢板弹簧后端卷耳则用吊耳销与可在车架上摆动的吊耳相连，形成摆动式铰链支点，从而保证了弹簧变形时两卷耳中心线间的距离有改变的可能。

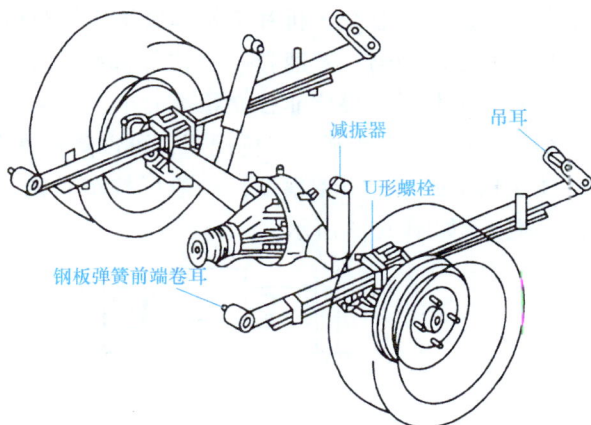

图 15-3 钢板弹簧式非独立悬架

（2）螺旋弹簧式非独立悬架 螺旋弹簧式非独立悬架一般只用于乘用车的后悬架。图15-4所示为螺旋弹簧非独立悬架（桑塔纳2000型汽车的后悬架）。两根纵向推力杆的中部与后桥焊接为一体，前端通过带橡胶的支承座与车身做铰链连接，后端与轮毂相连接。纵向推力杆用以传递纵向力及其力矩。整个后桥、纵向推力杆及车轮可以绕支承座的铰支点连线相对于车身上、下纵向摆动。螺旋弹簧的上端装在弹簧上座中，下端则支承在减振器外壳上的弹簧下座上，它只承受垂直力。减振器的上端与弹簧上座一起装在车身底部的悬架支座中，下端则与纵向推力杆相连接。

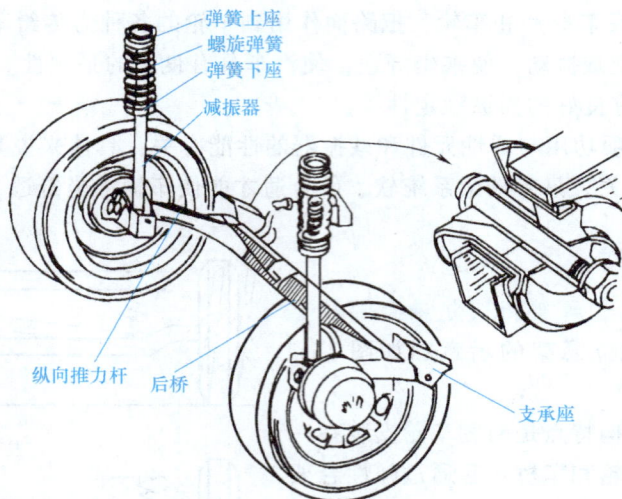

图 15-4　螺旋弹簧非独立悬架（桑塔纳 2000 型汽车的后悬架）

2. 独立悬架

现代汽车特别是乘用车上广泛采用独立悬架。 由于独立悬架能使两侧车轮各自独立地与车架（或车身）弹性连接，具有以下优点：

1）由于左、右车轮的运动相对独立、互不影响，可以减少行驶时车架（或车身）的振动，同时可以减弱转向轮的偏摆。

2）独立悬架的非簧载质量小，可以减小来自路面的冲击和振动，提高了行驶的平顺性。簧载质量是指汽车上由弹性元件支承的质量；非簧载质量是指弹性元件下吊挂的质量。对于非独立悬架，整个车桥和车轮都属于非簧载质量；对于独立悬架，只有部分车桥是非簧载质量，而主减速器、差速器、壳体等都装在车架（或车身）上，成了簧载质量，所以独立悬架的非簧载质量要比非独立悬架的小。

3）独立悬架与断开式车桥配用，可以降低汽车的重心，提高汽车行驶的平顺性。

独立悬架的结构类型很多，一般可按车轮的运动方式分为 3 类（烛式和麦弗逊式悬架属同一类），如图 15-5 所示。

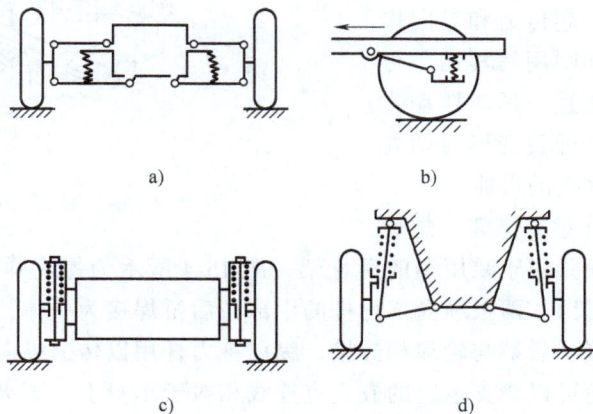

a)

b)

c)

d)

图 15-5　独立悬架的类型示意图

a）横臂式独立悬架　b）纵臂式独立悬架　c）烛式悬架　d）麦弗逊式悬架

1）横臂式独立悬架：车轮在汽车横向平面内摆动的悬架，如图 15-5a 所示。

2）纵臂式独立悬架：车轮在汽车纵向平面内摆动的悬架，如图 15-5b 所示。

3）车轮沿主销移动的独立悬架，包括烛式悬架和麦弗逊式悬架，分别如图 15-5c、d 所示。

（1）横臂式独立悬架　目前单横臂式独立悬架应用较少，以双横臂式独立悬架的应用为主。

图 15-6 所示为雷克萨斯 LS400 汽车的前悬架，此悬架是不等长双横臂式独立悬架。当车轮上下跳动时，虽然车轮平面、主销轴线、轮距都发生变化，但都可以控制在允许范围内，减少了车轮的侧滑和轮胎的磨损。

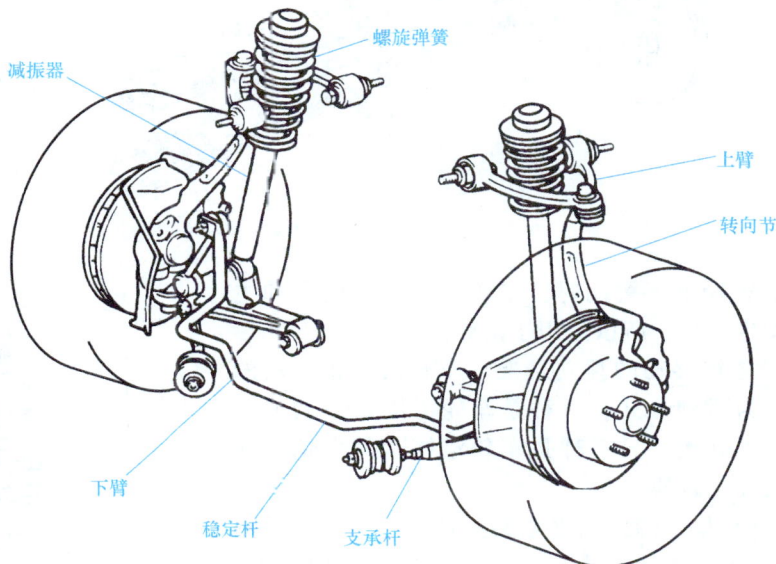

图 15-6　雷克萨斯 LS400 汽车的前悬架

（2）纵臂式独立悬架　纵臂式独立悬架也分为单纵臂式和双纵臂式两种。

1）单纵臂式独立悬架。单纵臂式独立悬架如果用于前轮，车轮上下跳动时会使主销后倾角变化很大（图 15-7），所以单纵臂式独立悬架都用于后轮（图 15-8）。纵摆臂是一片宽而薄的钢板，一端与半轴套管铰接，另一端带有套筒，套筒通过花键与扭杆弹簧的外端相连，扭杆的内端固定在车架上。

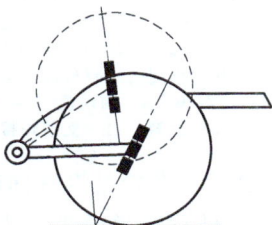

图 15-7　用于前轮的单纵臂式独立悬架

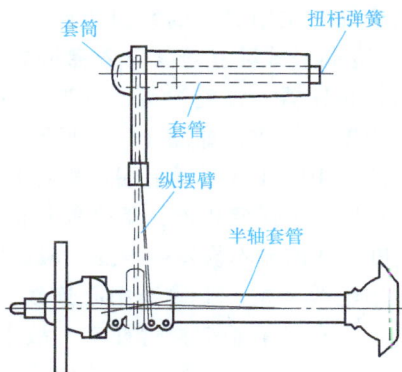

图 15-8　用于后轮的单纵臂式独立悬架

2）双纵臂式独立悬架。图 15-9 所示为用于前轮的双纵臂式独立悬架。转向节和两个纵摆臂做铰链连接，在车架的两根管式横梁的内部装有由若干层矩形端面的薄弹簧钢片叠成的扭杆弹簧。两根扭杆弹簧的内端用螺栓固定在横梁中部，外端插入纵臂轴的矩形孔中。纵臂轴用衬套支承在管式横梁内，轴和纵臂刚性地连接。

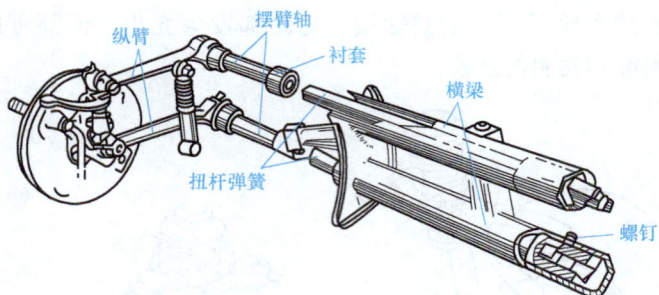

图 15-9　用于前轮的双纵臂式独立悬架

这种悬架在车轮上下跳动时，车轮外倾角、轮距和主销后倾角都不发生变化，所以适用于前轮。

（3）车轮沿主销移动的独立悬架　车轮沿主销移动的独立悬架可以分为两种形式，一种是车轮沿固定不动的主销移动的烛式独立悬架，另一种是车轮沿摆动的主销轴线移动的麦弗逊式独立悬架。

1）烛式独立悬架。烛式独立悬架主销的上、下两端刚性地固定在车架上。套在主销上的套管固定在转向节上。套管的中部固定装着螺旋弹簧的下支座。筒式减振器的下端与转向节相连，上端与车架相连。悬架的摩擦部分套着防尘罩。通气管与防尘罩内腔相通，以免罩中空气被密封而影响悬架的弹性。

汽车在不平路面上行驶时，车轮、转向节一起沿主销的轴线移动。螺旋弹簧只承受垂直载荷，而车轮上所受的纵向力、侧向力及其力矩则由转向节、套筒经主销传给车架，使套筒与主销之间的磨损严重。

2）麦弗逊式独立悬架。麦弗逊式独立悬架主要由双向作用筒式减振器、螺旋弹簧、支架焊接总成、限位缓冲块、橡胶防尘罩等组成，如图 15-10 所示。

双向作用筒式减振器上端用螺栓与车身联接，下端通过球铰链与悬架下摇臂相连，承受前桥的侧向力和弯矩以增加侧向刚度，使前轮不易发生偏摆，减振器外套有螺旋弹簧。

主销轴线为主、下铰链中心连线。当车轮上下跳动时，减振器下支点随前悬架摇臂摆动，故主销轴线角度是变化的，这说明车轮是沿着摆动的主销轴线而运动。此结构的特点是结构简单、布置紧凑、便于维修，且转弯半径小，机动性好。麦弗逊式独立悬架目前在乘用车中应用很广泛。

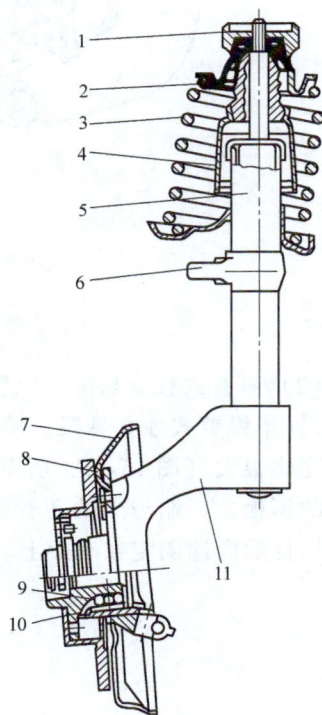

图 15-10　麦弗逊式独立悬架组成

1—盆形套圈　2—限位缓冲块
3—螺旋弹簧　4—橡胶防尘罩
5—双向作用筒式减振器　6—转向臂
7—挡泥板　8—制动盘　9—车轮轴承
10—卡簧　11—支架焊接总成

三、减振器

减振器的作用是吸收车辆的振动，使其迅速恢复平稳的状态，以改善汽车行驶的平稳性。减振器和弹性元件是并联安装的，如图 15-11 所示。

目前汽车上应用最广泛的是双向作用筒式减振器，其基本组成如图 15-12 所示，它有 3 个同心钢筒，外面的钢筒是防尘罩，其上部的吊耳与车架相连；中间是储油缸筒，内装有一定量的油液，其下端的吊耳与车桥相连；里面是工作缸筒，其内装满油液。它还有 4 个阀，即压缩阀、伸张阀、流通阀和补偿阀。流通阀和补偿阀是一般的单向阀，其弹簧很弱，当阀上的油压作用力与弹簧弹力同向时，阀处于关闭状态，完全不通油液；当油压作用力与弹簧弹力反向时，只要很小的油压，阀便能开启。压缩阀和伸张阀是卸载阀，其弹簧刚度较大，预紧力较大，只有当油压增高到一定程度时，阀才能开启；当油压减低到一定程度时，阀即自行关闭。

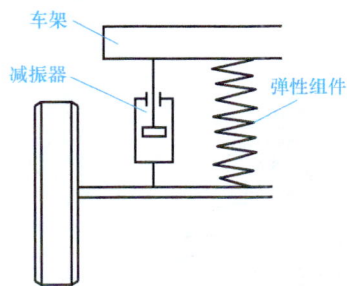

图 15-11　减振器和弹性组件的安装示意图

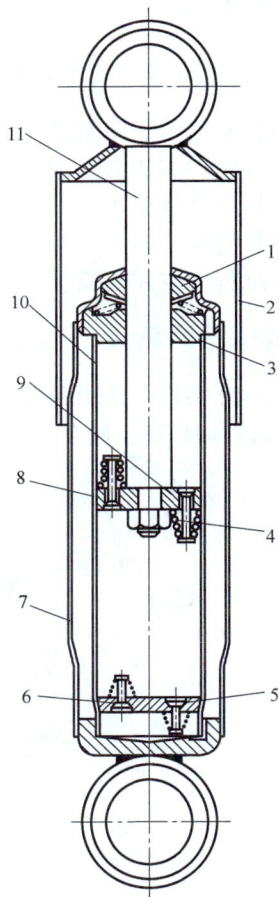

图 15-12　双向作用筒式减振器的基本组成

1—油封　2—防尘罩　3—导向座　4—流通阀　5—补偿阀
6—压缩阀　7—储油缸筒　8—伸张阀　9—活塞
10—工作缸筒　11—活塞杆

双向作用筒式减振器的工作原理可用压缩和伸张两个行程加以说明。

（1）压缩行程　当车桥移近车架（或车身）时，减振器受压缩，活塞下移，使其下方

腔室容积减小，油压升高。具有一定压力的油液顶开流通阀进入活塞上方腔室。由于活塞杆占去上腔室的部分容积，使上腔室增加的容积小于下腔室减小的容积，因此有一部分油液不能进入上腔室而只能压开压缩阀，流回储油缸筒。油液流经阀孔时，受到一定的节流阻力，为克服这种阻力而消耗了振动能量，使振动衰减。

（2）伸张行程　当车桥相对远离车架（或车身）时，减振器受拉伸，活塞上移，使其上腔室油压升高。上腔室的油液便推开伸张阀流入下腔室。同样由于活塞杆的存在，上腔室减小的容积小于下腔室增加的容积，因而从上腔室流出来油液不足以充满下腔室所增加的容积，使下腔室产生一定的真空度，这时储油缸筒中的油液在真空度作用下推开补偿阀流进下腔室进行补充。油液流经阀孔时，同样受到一定的节流阻力，为克服这种阻力而消耗了振动能量，使振动衰减。

从上面的原理可以得知，这种减振器在压缩、伸张两个行程都能起减振作用，因此称为双向作用减振器。

技能操作

一、准备工作及注意事项

1. 准备好常用拆装工具若干套。
2. 准备好实训车辆若干辆。
3. 准备好举升机若干台。
4. 准备好清洁工具。
5. 工作过程中应注意安全及环保工作是否到位。

二、减振器的更换（以桑塔纳 2000 型汽车前悬架为例）

桑塔纳 2000 型汽车采用前轮驱动、独立悬架的结构形式，其前桥与前悬架由传动轴（半轴）总成、前悬架总成、副车架和下摇臂组成。桑塔纳 2000 型汽车的前悬架如图 15-13 所示。

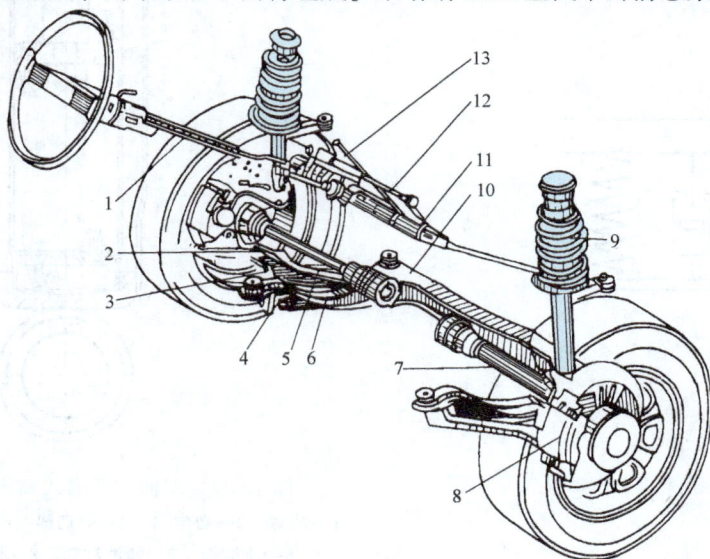

图 15-13　桑塔纳 2000 型汽车的前悬架

1—安全转向柱　2—车轮与下摆臂的联接螺栓　3—下摆臂　4—下摆臂橡胶轴承　5—横向稳定器
6—副车架　7—传动轴　8—前轮制动钳　9—减振器支柱　10—副车架前橡胶支承
11—动力转向装置　12—转向减振器　13—转向横拉杆

桑塔纳2000型汽车的前桥与前悬架部件如图15-14所示。桑塔纳2000型汽车的前悬架为独立悬架，采用滑柱连杆式（麦克弗逊式），由减振器、螺旋弹簧等组成，如图15-15所示。其特点是减振器作为悬架杆系的一部分兼起主销作用，滑柱在作为主销的圆筒内上下移动，减振器支柱座与车身连接取消了摇臂。这种悬架结构简单、布置紧凑、操纵稳定性好。

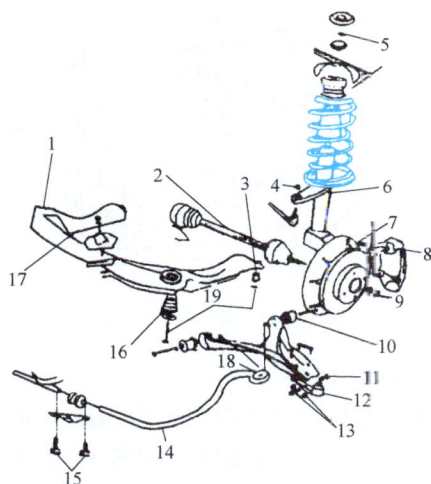

图15-14　桑塔纳2000型汽车的前桥与前悬架部件

1—副车架　2—传动轴　3—副车架后橡胶轴承

4—螺母（拧紧力矩为30N·m）

5—自锁螺母（拧紧力矩为60N·m）

6—减振支柱　7—螺栓（拧紧力矩为70N·m）

8—制动钳　9—自锁螺母（拧紧力矩为23CN·m）

10—下摇臂下支座　11—自锁螺母（拧紧力矩为50N·m）

12—球形接头　13—自锁螺母（拧紧力矩为65N·m）

14—稳定杆　15—螺栓（拧紧力矩为25N·m）

16—副车架前橡胶轴承　17—自锁螺母（拧紧力矩为40N·m）

18—自锁螺母（拧紧力矩为60N·m）

19—螺栓（拧紧力矩为70N·m）

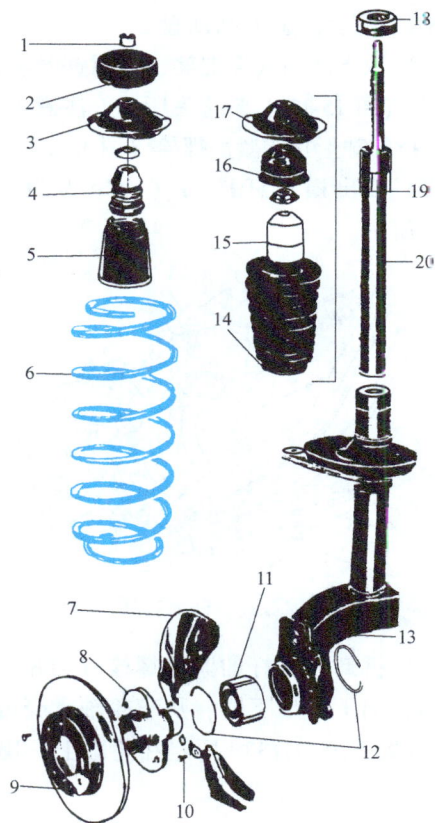

图15-15　前悬架分解图

1—开槽螺母　2—悬架支承轴轴承（只能整件更换）

3—弹簧护圈　4、15—限位缓冲器　5—护套

6—螺旋弹簧　7—挡泥板　8—轮毂　9—制动盘

10—紧固螺栓（拧紧力矩为10N·m）　11—车轮轴承

12—卡簧　13—车轮轴承壳　14—辅助橡胶弹簧

16—波纹管盖　17—弹簧护圈带通气孔

18—螺母盖（拧紧力矩为150N·m）

19—崎岖路面选装件（M103）　20—减振器

1. 前悬架总成的拆装

（1）前悬架总成的拆卸

1）取下车轮装饰罩。

2）拆卸轮毂与传动轴的紧固螺母（力矩为 230N·m）（图 15-16），车轮必须着地。

3）拆卸垫圈，旋松车轮紧固螺母（力矩为 110N·m），拆卸车轮。

4）旋下制动钳紧固螺栓（力矩为 70N·m），如图 15-17 所示，旋下制动盘。

5）取下制动软管支架，并用铁丝将制动钳固定在车身上（图 15-17 上部箭头所示，注意不要损坏制动软管），拆卸球形接头紧固螺栓（图 15-17 下部箭头所示）。

6）压出横拉杆接头（力矩为 30N·m），如图 15-18 所示。

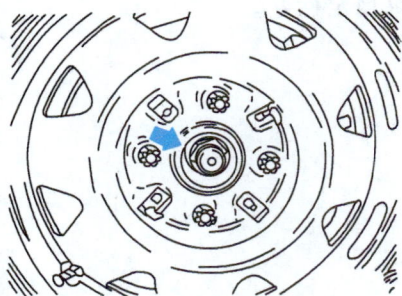

图 15-16 拆卸轮毂与传动轴的紧固螺母

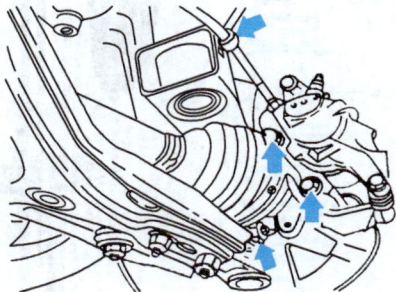

图 15-17 旋下制动钳紧固螺栓

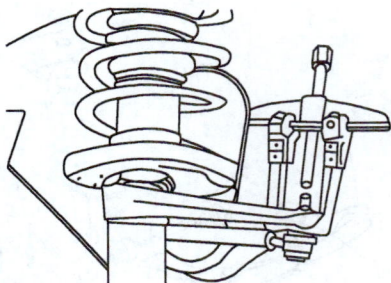

图 15-18 压出横拉杆接头

7）拆卸稳定杆的紧固螺栓（力矩为 25N·m），如图 15-19 所示。

8）向下掀压下臂，从车轮轴承壳内拉出传动轴，或利用两个固定车轮凸缘上的螺孔将压力装置 V.A.G1389 固定在轮毂上，用液压装置从轮毂中压出传动轴，如图 15-20 所示。

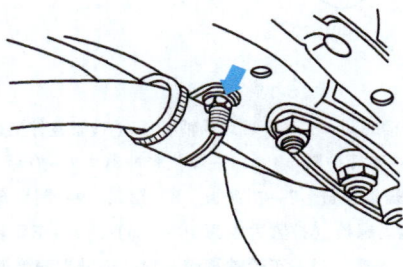

图 15-19 拆卸稳定杆的紧固螺栓

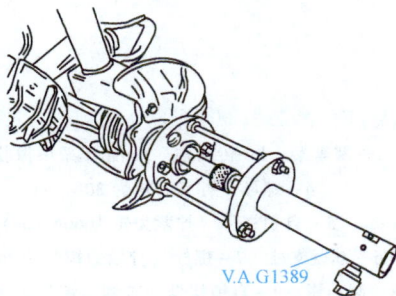

V.A.G1389

图 15-20 压出传动轴

9）拆掉压力装置。取下盖子，支撑减振器支柱下部，旋下活塞杆的螺母（图 15-21），用内六角扳手阻止活塞杆的转动。

（2）前悬架总成的安装　前悬架总成的安装顺序基本上与拆卸顺序相反，但在安装时应注意以下事项：

1）不允许对前悬架总成进行焊接或整形处理，不合格的要更换新的零部件总成。

2）安装传动轴时，应擦净传动轴与轮毂花键齿面上的油污，去除防护剂的残留物。在外等速万向节花键轴安装前涂防护剂 D6（涂一圈 5mm 宽），如图 15-22 所示。涂防护剂 D6 的传动轴装车后，应待 60min 之后才可使用。

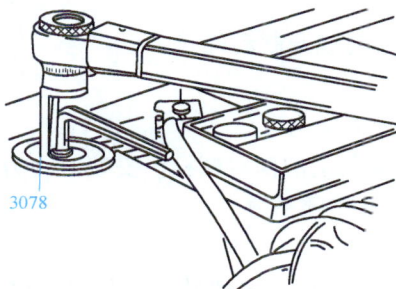

图 15-21　旋下活塞杆的螺母

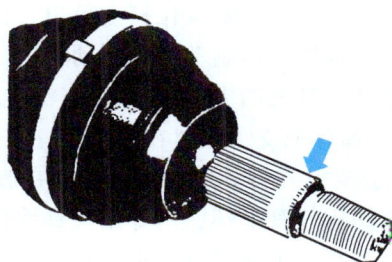

图 15-22　在外等速万向节花键轴安装前涂防护剂 D6

3）安装时，所有螺栓和螺母的拧紧力矩应符合规定。所有自锁螺母，必须更换新件。

2. 减振器的检查和更换

在车辆行驶过程中，如果减振器发出异常的响声，则说明该减振器已损坏，必须更换。一般减振器是不进行修理的。减振器上如果有很小的渗油现象，可不必调换；如果漏油较多，则必须推拉减振器活塞杆，通过拉伸和压缩减振器来检查渗油现象。漏出的减振器油不能加入减振器内重新使用，漏油的减振器不能再使用。

减振器的拆卸方法如下：

1）用拉具压住弹簧座并压缩压紧弹簧，如图 15-23 所示。如果没有 V.A.G1403 工具，可用 VW340 工具代替。

2）拧松开槽紧固螺母并放松弹簧（图 15-24）。可以用扳手 A 阻止活塞杆的转动以使松开螺母。

3）拆卸减振器，如图 15-25 所示。

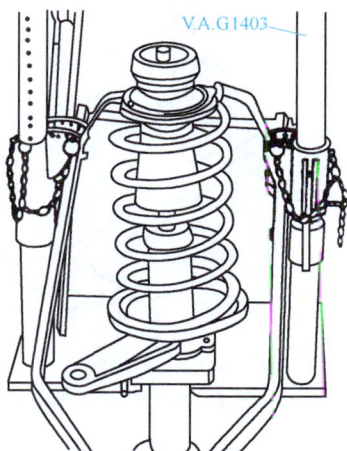

图 15-23　用拉具压住弹簧座并压缩压紧弹簧

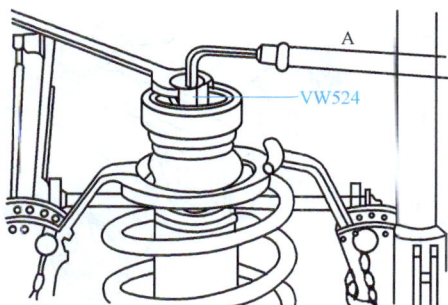

图 15-24　拧松开槽紧固螺母并放松弹簧

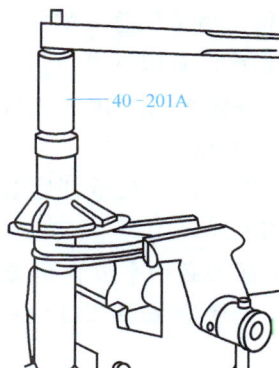

图 15-25　拆卸减振器

技能拓展

后桥与后悬架的拆卸和安装（以桑纳塔 2000 型汽车的后桥与后悬架为例）

1. 后桥与后悬架的拆卸

1）将驻车制动拉索从拉杆上吊出（图 15-26）。必要时脱开制动蹄。

2）分开轴体上的制动管和制动软管（图 15-26）。

3）松开车身上的支承座（图 15-26），仅留一个螺母支承。

注意：如要把支承座留在车身上，需拆除支承座与横梁上的固定螺栓。安装时，为了避免金属-橡胶支座在行驶中橡胶扭曲，在旋紧螺栓之前，横梁须平放。

4）拆卸排气管吊环，用专用工具撑住后桥横梁。

5）取下车室内减振器盖板，从车身上拆卸减振器支承杆座固定螺母，如图 15-27 所示。

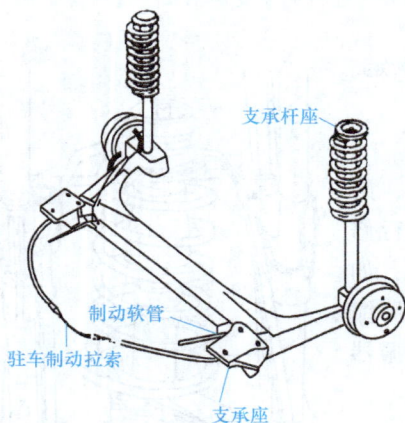

图 15-26　后桥总成的拆装

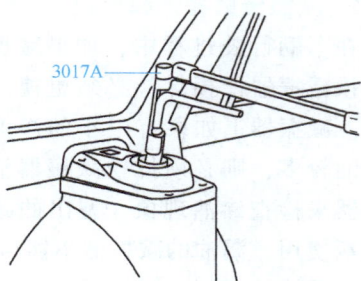

图 15-27　拆卸减振器支承杆座固定螺母

6）拆卸车身上的整个支承座。

7）慢慢升起汽车，将驻车制动拉索从排气管上面拉出。

8）将后桥从汽车底部拆出。维修时不允许对后桥进行焊接和整形。

2. 后桥与后悬架的安装

后桥、后悬架总成的安装可按与拆卸相反的顺序进行，但应注意以下事项：

1）将驻车制动拉索铺设在排气管上面，然后将后桥装到车身上。

2）将减振器支承杆座装入车身的支架中，并用螺母固定。

3）横梁必须平放，车身与横梁的夹角应为 17°± 2°36′，支承座安装到后桥上的示意图如图 15-28 所示。

4）更换所有自锁螺母，且按规定力矩拧紧。后

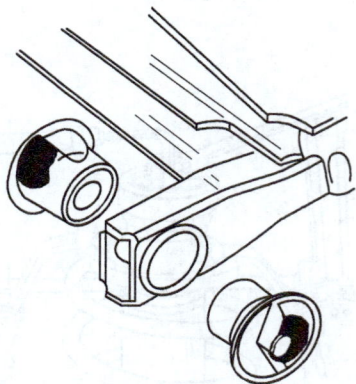

图 15-28　支承座安装到后桥上的示意图

桥螺母的拧紧力矩见表 15-1。

表 15-1　后桥螺母的拧紧力矩

项目	力矩/N·m	项目	力矩/N·m
减振器下端至后桥固定螺母	70	后桥金属-橡胶衬套固定螺母	70
减振器上端与车身固定螺母	35	制动底板固定螺母	60
支承座与车身固定螺母	45	车轮固定螺栓	90

项目 16　转向器的拆装与调整

项目要求

1. 熟悉转向器的类型、结构及三要部件安装位置。
2. 能通过与客户交流、查阅相关维修技术资料等方式获得车辆信息。
3. 掌握转向器的拆装与调整方沄。
4. 能对操作结果进行测试，检查和评估其修复质量。
5. 能根据环境要求，妥善处理辐料、废弃液体和损坏的零件。

项目载体

一辆汽车，客户反映转向沉重（特别是在低速时）。

造成汽车转向故障的原因很多，如汽车转向器故障或调节不当、动力转向系统故障、操纵机构及传动装置效率降低等，其中最为常见的故障是转向器故障，因此，要了解转向器的结构并掌握其检查、调整方法。

相关知识

一、转向系统的功用、类型

1. 功用

转向系统是指由驾驶人操纵，能实现转向轮偏转和回位的一套机构。转向系统在汽车上的安装位置如图 16-1 所示。当汽车需要改变行驶方向时，必须使转向轮绕主销轴线偏转一定角度，直到新的行驶方向符合驾驶人的要求时，再将转向轮恢复到直线行驶的位置。转向系统的功用是按照驾驶人的意愿改变汽车的行驶方向和保持汽车稳定地直线行驶。

2. 类型

汽车转向系统按转向动力源的不

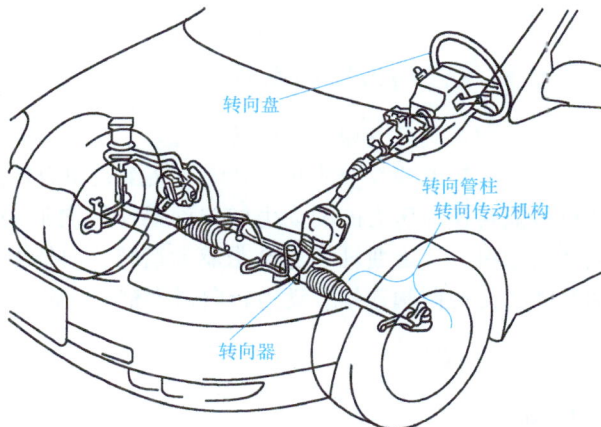

图 16-1　转向系统在汽车上的安装位置

同分为机械转向系统和动力转向系统两种。

二、机械转向系统的基本组成

机械转向系统以驾驶人的体力作为转向动力源。机械转向系统由转向操纵机构、转向器和转向传动机构3部分组成，其具体组成如图16-2所示。转向操纵机构包括转向盘、转向轴等；转向器是一个减速增矩机构，经转向器放大的力矩传给转向传动机构；转向传动机构包括转向横拉杆（右横拉杆、左横拉杆）、转向节臂、转向节等。当一个转向节转动时，另一个转向节也随着变位，使汽车实现转向。

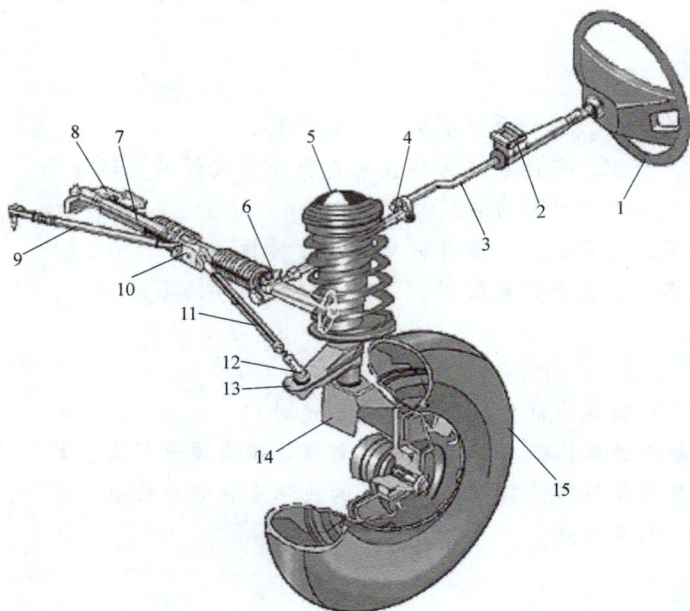

图 16-2　机械转向系统的具体组成

1—转向盘　2—转向柱　3—转向轴　4—柔性联轴器　5—悬架总成
6—转向器　7—转向减振器　8—支架　9—右横拉杆　10—托架
11—左横拉杆　12—球铰链　13—转向节臂　14—转向节　15—转向轮

三、液压式动力转向系统的组成

动力转向系统是利用一定的动力助力方式对转向器施加作用力，以减少驾驶人转动转向盘的操纵力、减轻驾驶疲劳的转向系统。液压式动力转向系统由动力转向器以及将发动机输出的部分机械能转换为压力能的动力转向油泵、转向油罐等组成，如图16-3所示。动力转向油泵安装在发动机上，由曲轴通过V带驱动运转，向外输出油压。转向油罐通过油管分别与动力转向油泵和转向控制阀连接。动力转向器为整体式动力转向器，其转向控制阀可以改变油路。

四、转向器

1. 功用

转向器是转向系统中的降速增矩的传动装置，其功用是增大由转向盘传到转向节的力，

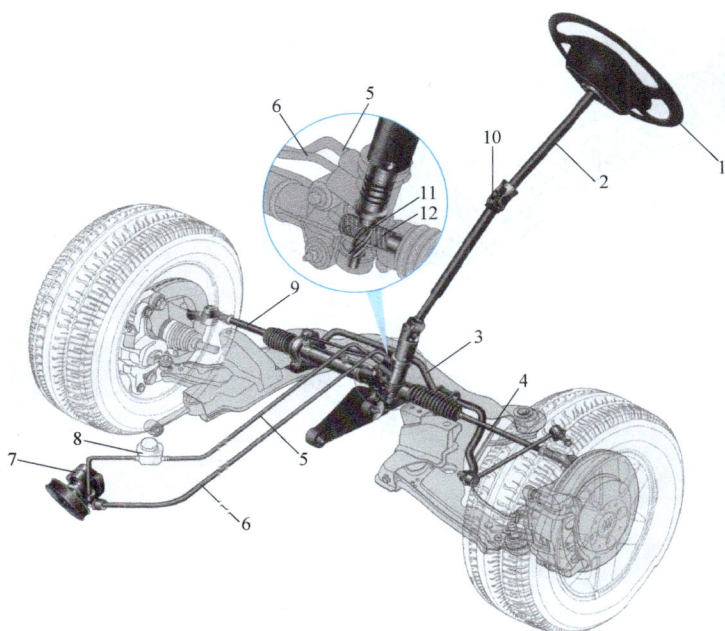

图 16-3　液压式动力转向系统的组成

1—转向盘　2—转向轴　3—动力转向器　4—左侧转向横拉杆　5—低压油管　6—高压油管
7—动力转向油泵　8—转向油罐　9—右侧转向横拉杆　10—万向节　11—齿轮　12—齿条

并改变力的传动方向。

2. 类型

按转向器中传动副的结构形式，可以将其分为齿轮齿条式、循环球式、蜗杆曲柄指销式等几种。

3. 结构

（1）齿轮齿条式转向器　图 16-4 所示为齿轮齿条式转向器，它主要由转向器壳体、转向齿轮、转向齿条等组成。转向器通过转向器壳体的两端用螺栓固定在车身（车架）上。齿轮轴通过球轴承、滚柱轴承垂直安装在壳体中，其上端通过花键与转向轴上的万向节（图中未画出）相连，其下部分是与轴制成一体的转向齿轮。转向齿轮是转向器的主动件，它与相啮合的从动件转向齿条水平布置，齿条背面装有压簧垫块。在压簧的作用下，压簧垫块将转向齿条压靠在转向齿轮上，保证二者无间隙啮合。调整螺塞可用来调整压簧的预紧力。压簧不仅起消除啮合间隙的作用，而且还是一个弹性支承，可以吸收部分振动能量，缓和冲击。

转向齿条的中部（有的是齿条两端，如图 16-4b 所示）通过拉杆支架与左、右转向横拉杆连接。转动转向盘时，转向齿轮转动，与之相啮合的转向齿条沿轴向移动，从而使左、右转向横拉杆带动转向节转动，使转向轮偏转，实现汽车转向。

齿轮齿条式转向器结构简单，可靠性好，也便于独立悬架的布置；同时，由于齿轮齿条直接啮合，转向灵敏、轻便，所以齿轮齿条式转向器在各类型汽车上的应用越来越多。

（2）循环球式转向器　图 16-5 所示为循环球式转向器，它有两级传动副，第一级传动

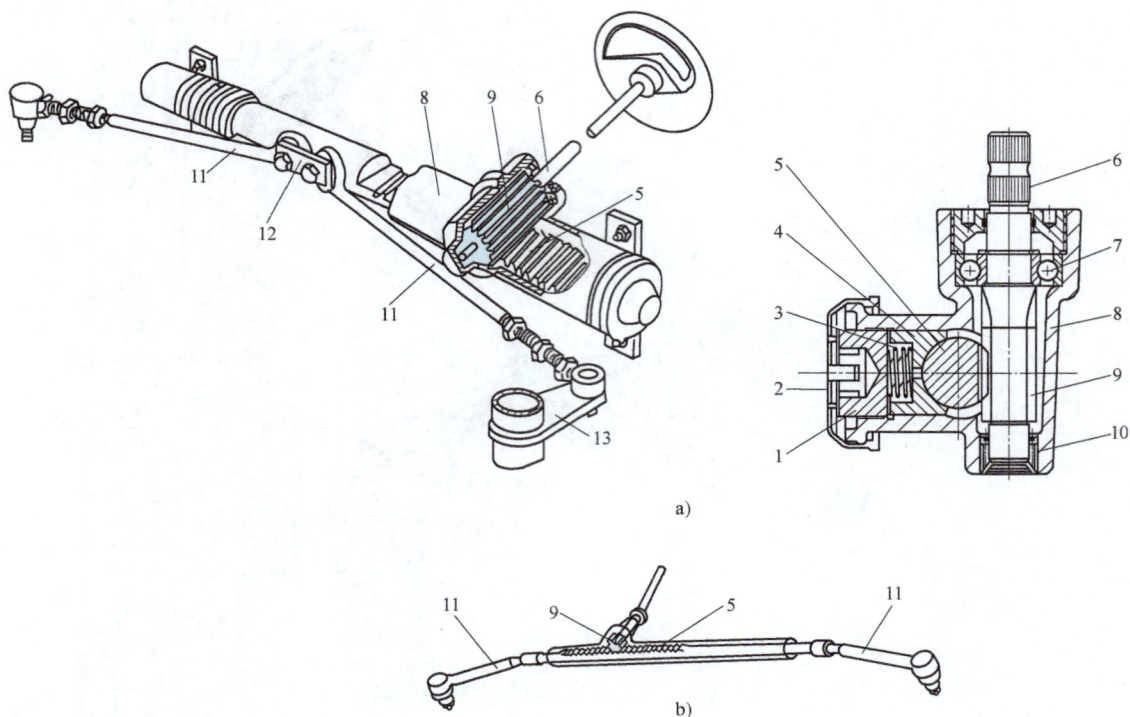

a)

b)

图 16-4　齿轮齿条式转向器

1—调整螺塞　2—罩盖　3—压簧　4—压簧垫块　5—转向齿条　6—齿轮轴　7—球轴承　8—转向器壳体
9—转向齿轮　10—滚柱轴承　11—左、右转向横拉杆　12—拉杆支架　13—转向节

副是转向螺杆和转向螺母；转向螺母的下平面加工成齿条，与齿扇轴（摇臂轴）内的齿扇相啮合，构成齿条-齿扇第二级传动副。显然，转向螺母既是第一级传动副的从动件，也是第二级传动副的主动件。通过转向盘转动转向螺杆时，转向螺母不能随之转动，而只能沿转向螺杆转向移动，并驱使齿扇轴（摇臂轴）转动。

转向螺杆支承在两个推力球轴承上，轴承的预紧度可用调整垫片调整。在转向螺杆上松套着转向螺母。为了减少它们之间的摩擦，二者的螺纹并不直接接触，其间装有许多钢球以实现滚动摩擦。

当转动转向螺杆时，通过钢球将力传给转向螺母，使转向螺母沿转向螺杆轴向移动。随着转向螺母沿转向螺杆轴向移动，其齿条便带动齿扇绕着齿扇轴（摇臂轴）做圆弧运动，从而使转向齿扇轴（摇臂轴）连同摇臂产生摆动，通过转向传动机构使转向轮偏转，实现汽车转向。

转向螺母下平面上加工出的齿条是倾斜的，与之相啮合的是变齿厚齿扇。只要使齿扇轴（摇臂轴）相对于齿条轴向移动，便可调整二者的啮合间隙。调整螺钉旋装在侧盖上。齿扇轴（摇臂轴）靠近齿扇的端部切有 T 形槽，调整螺钉的圆柱形端头嵌入此切槽中，端头与 T 形槽的间隙用调整垫圈来调整。旋入调整螺钉，则齿条与齿扇的啮合间隙减小；旋出调整螺钉，则啮合间隙增大。调整好后，用锁紧螺母锁紧。

（3）蜗杆曲柄指销式转向器　图 16-6 所示为蜗杆曲柄双销式转向器（蜗杆曲柄指销式

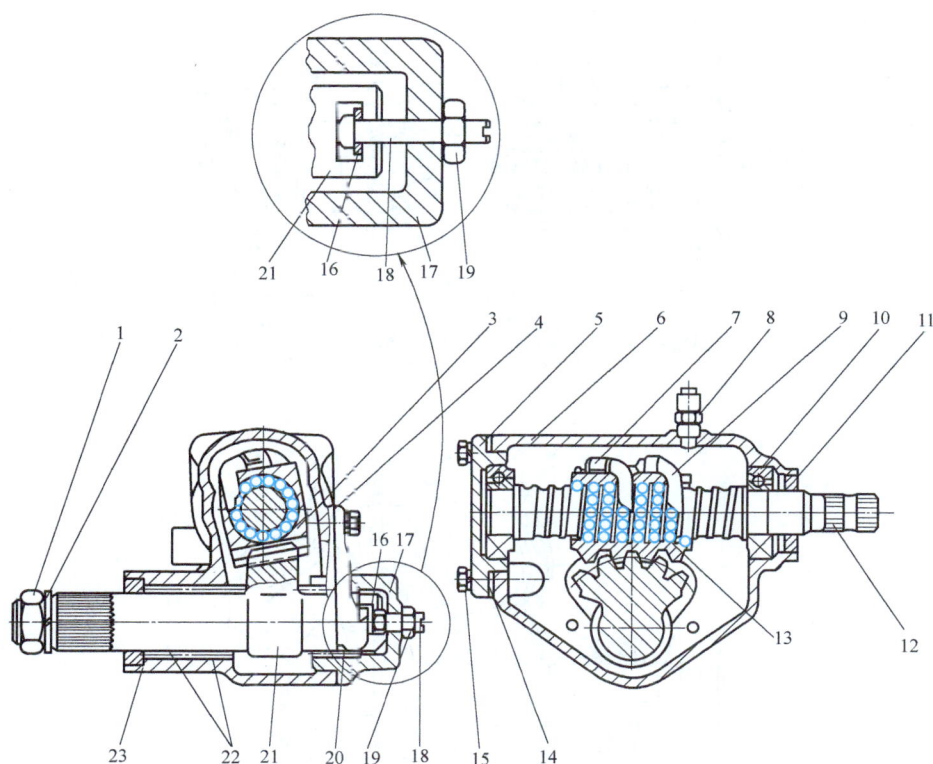

图 16-5　循环球式转向器

1—螺母　2—弹簧垫圈　3—转向螺母　4—转向器壳体密封垫圈　5—转向器壳体底盖　6—转向器壳体
7—导管夹　8—加油（通气）螺塞　9—钢球导管　10—推力球轴承　11、23—油封　12—转向螺杆
13—钢球　14—调整垫片　15—螺栓　16—调整垫圈　17—侧盖　18—调整螺钉
19—锁紧螺母　20、22—滚针轴承　21—齿扇轴（摇臂轴）

转向器中的一种），它主要由转向器壳体、转向蜗杆、转向摇臂轴、指销、上下盖、调整螺塞和螺钉、侧盖等组成。

转向器壳体固定在车架的转向器支架上。转向器壳体内装有传动副，其主动件是转向蜗杆，从动件是装在曲柄端部的指销。具有梯形断面螺纹的转向蜗杆支承在转向器壳体两端的两个推力轴承上。转向器下盖上装有调整螺塞，用以调整推力轴承的预紧度。调整后，用螺母紧固。

蜗杆与两个锥形的指销相啮合，构成传动副。两个指销均用双列圆锥滚子轴承支承在曲柄上，并可绕自身轴线转动，以减轻蜗杆与指销啮合传动时的磨损，提高传动效率。销颈上的螺母用来调整轴承的预紧度，以使指销能自由转动而无明显轴向间隙。调整后，用锁片（图中未示出）将螺母锁住。

安装指销和双列圆锥滚子轴承的曲柄制成叉形，与摇臂轴制成一体。摇臂轴用粉末冶金衬套支承在壳体中。转向器侧盖上装有调整螺钉，旋入（或旋出）调整螺钉可以改变摇臂轴的轴向位置，以调整指销与蜗杆的啮合间隙，从而调整转向盘自由行程。调整后，用螺母

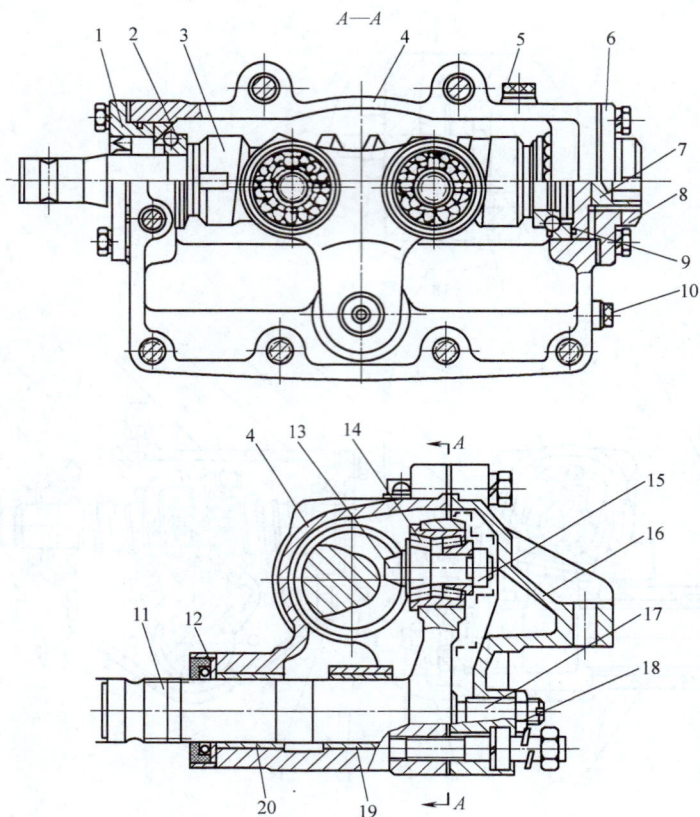

图 16-6 蜗杆曲柄双销式转向器

1—上盖 2、9—推力轴承 3—转向蜗杆 4—转向器壳体 5—加油螺塞 6—下盖 7—调整螺塞
8、15、18—螺母 10—放油螺塞 11—转向摇臂轴（与曲柄一体） 12—油封
13—指销 14—双排圆锥滚子轴承 16—侧盖 17—调整螺钉 19、20—衬套

锁紧。摇臂轴伸出壳体的一端通过花键与转向摇臂连接。

汽车转向时，驾驶人通过转向盘转动转向蜗杆（主动件），与其相啮合的指销（从动件）一边自转，一边以曲柄为半径绕摇臂轴轴线在蜗杆的螺纹槽内作圆弧运动，从而带动曲柄、转向摇臂摆动，实现汽车转向。

五、转向操纵机构

汽车转向操纵机构主要由转向盘、转向轴、转向柱等组成，它的功用是产生转动转向器所需的操纵力，并具有一定的调节和安全功能。

汽车的转向操纵机构如图 16-7 所示。转向轴是连接转向盘和转向器的传动件，并传递它们之间的转矩。转向柱安装在车身上，转向轴从转向柱中穿过，支承在柱管内的轴承和衬套上。转向盘利用键和螺母将其固定在转向轴的轴端。

汽车的转向操纵机构要求转向柱必须装备能够缓和冲击的吸能装置。转向轴和转向柱吸能装置的基本工作原理是：当转向轴受到巨大冲击而产生轴向位移时，转向柱或支架能以产生塑性变形、使转向轴产生错位等方式，吸收冲击能量。

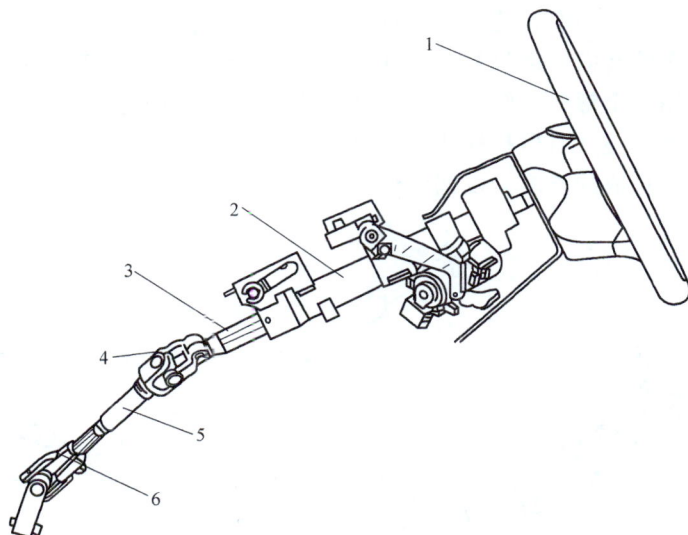

图 16-7　转向操纵机构

1—转向盘　2—转向柱　3—转向轴　4—十字轴万向节　5—转向传动轴　6—转向万向节滑动叉

转向盘与转向柱的分解如图 16-8 所示，拆装和分解转向盘与转向柱时可参照此图进行。

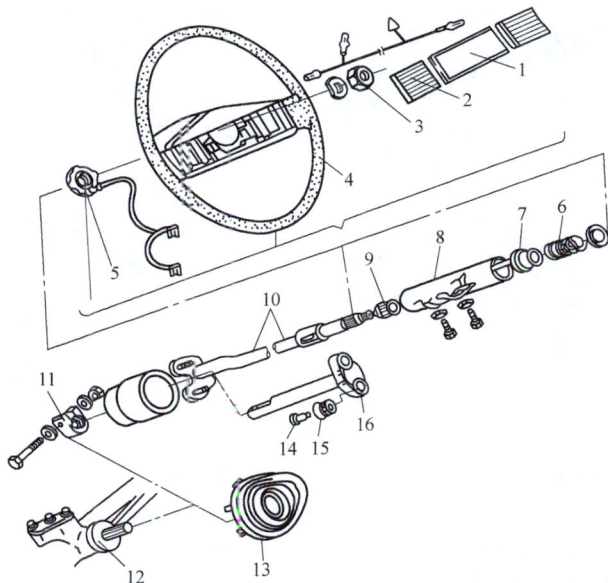

图 16-8　转向盘与转向柱的分解

1—转向盘盖板　2—喇叭按钮盖板　3—转向盘与转向柱紧固螺母 M16（拧紧力矩为 45N·m）　4—转向盘　5—接触环
6—压缩弹簧　7—连接圈　8—转向柱套管　9—轴承　10—转向柱上段　11—夹箍　12—动力转向器
13—转向柱防尘橡胶圈　14—转向减振尼龙销　15—转向减振橡胶圈　16—转向柱下段

六、转向传动机构

转向传动机构的功用是将转向器输出的力和运动传给转向轮，使两侧转向轮偏转以实现

汽车转向，并保证左、右转向轮的偏转角按一定关系变化。

上海桑塔纳汽车的转向传动机构如图 16-9 所示。转向齿条一端输出动力，齿条输出端铣有平面并钻孔，用两个螺栓与转向支架联接。转向支架下端的两个孔分别与左、右转向横拉杆总成的内端相连。左、右横拉杆球头销分别与左、右转向节臂连接。通过调节杆 A、B 可以改变两根横拉杆总成的长度，以调整前束。

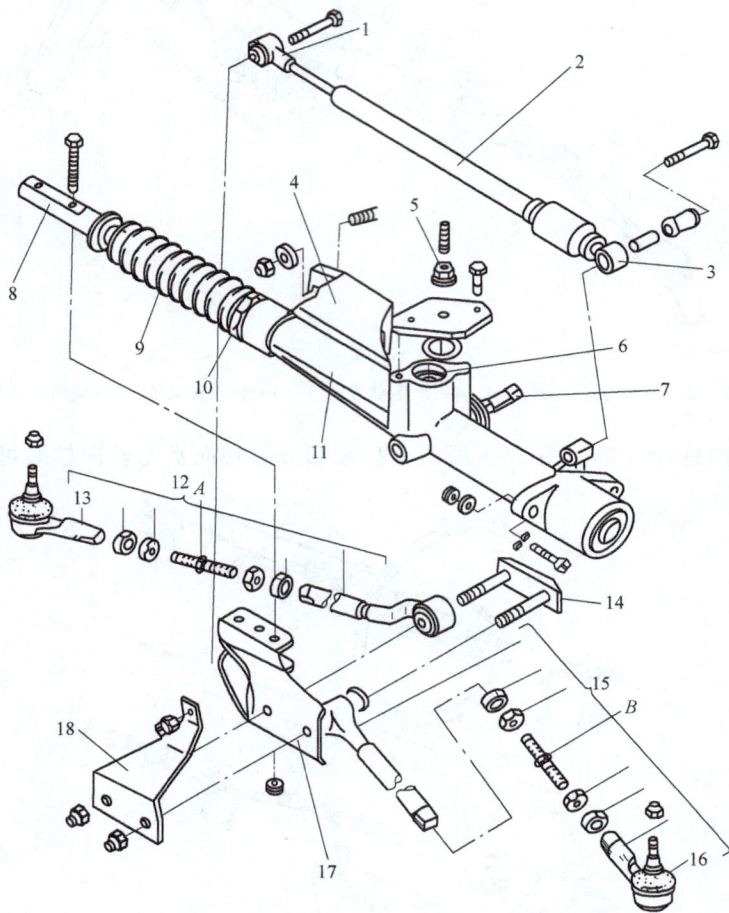

图 16-9　上海桑塔纳汽车的转向传动机构

1—转向减振器活塞杆端　2—转向减振器　3—转向减振器缸筒端　4—转向器壳体凸台
5—锁紧螺母与调整螺栓　6—补偿弹簧　7—转向齿轮轴　8—齿条输出端　9—防尘罩　10—卡箍
11—转向器壳体　12—右横拉杆总成　13—右横拉杆球头销　14—连接件　15—左横拉杆总成
16—左横拉杆球头销　17—转向支架（齿条与横拉杆连接件）　18—转向减振器支架
A、B—调节杆

为了避免转向轮的摆振，减缓传至转向盘上的冲击和振动，转向器上还装有转向减振器。转向减振器缸筒端固定在转向器壳体上，转向减振器活塞杆端经转向减振器支架与转向齿条连接。

七、桑塔纳 2000 型汽车动力转向系统总体结构与工作原理

桑塔纳 2000 型汽车的动力转向系统在原机械式齿轮齿条转向器基础上增加了储油罐、油泵、控制阀及动力缸。转向器和动力缸、控制阀组合成一体的称为整体式动力转向器。桑

塔纳 2000 型汽车的动力转向器及管路布置、液压动力转向器结构、动力转向系统工作原理分别如图 16-10、图 16-11 和图 16-12 所示。

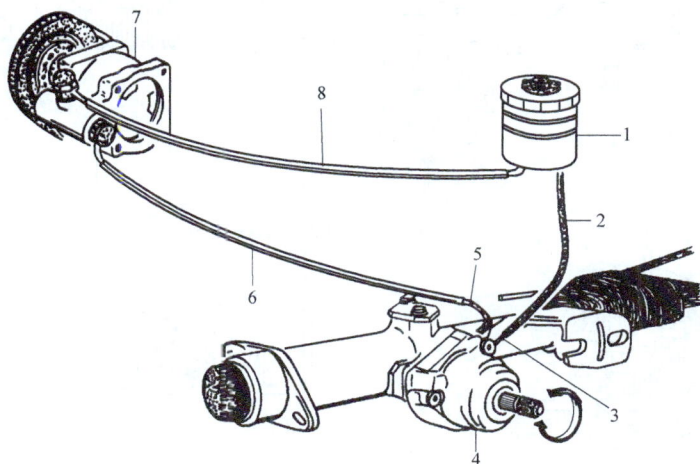

图 16-10　动力转向器及管路布置

1—储油罐　2—动力转向器出油软管　3—动力转向器出油硬管　4—动力转向器
5—动力转向器进油硬管　6—动力转向器进油软管　7—叶片式油泵　8—进油软管

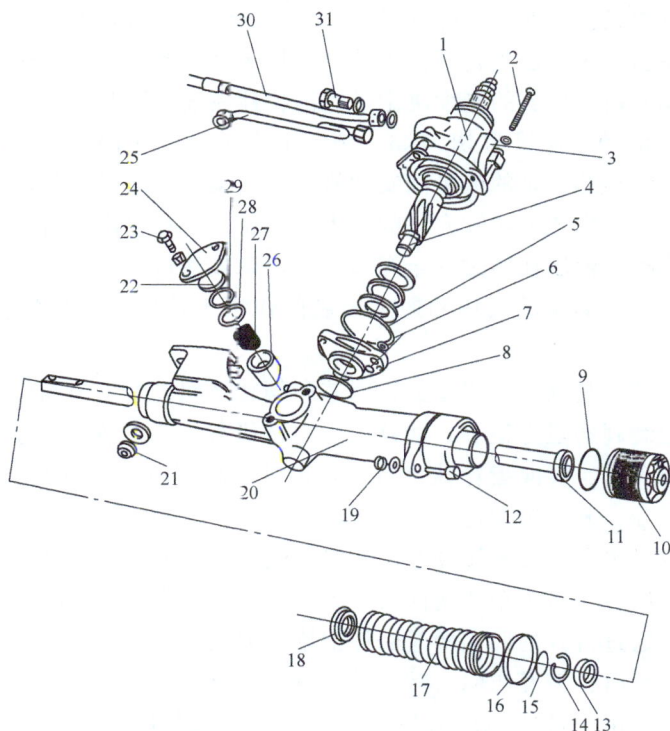

图 16-11　液压动力转向器结构

1—转向控制阀　2、12、23—螺栓　3—控制阀罩壳　4—主动齿轮　5、6、8、9、29—O 形圈
7—中间盖　10—挡盖　11—齿条　13—齿条油封座　14—挡圈　15—齿形环　16—夹箍
17—防尘罩　18—防尘罩托圈　19、21—自锁螺母　20—转向器壳　22—密封座圈
24—压盖　25—进油管　26—压块　27—压缩弹簧　28—调整垫片　30—回油管　31—管接头螺栓

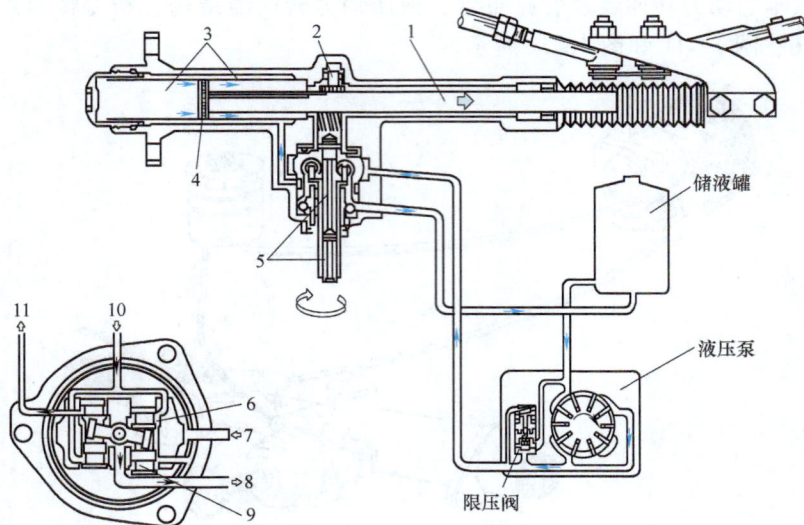

图 16-12　动力转向系统工作原理

1—齿条　2—齿轮　3—工作主缸　4—活塞　5—弹性扭力杆　6—控制阀　7—进油口
8—出油口　9—柱塞阀芯　10—通向工作缸右边　11—通向工作缸左边

控制阀 6 为常流转式，上部的阀体为滑阀结构，阀体与小齿轮设计加工为一体。柱塞阀芯 9 上有控制槽，柱塞阀芯 9 通过转向齿轮轴上的拨叉来拨动。转向齿轮轴用销钉与阀中弹性扭力杆 5 相连，弹性扭力杆 5 的刚度决定了阀的特性曲线，同时起到阀的中心定位作用。

油泵（叶片泵）的额定流量为 6L/min，额定工作压力为（104±4）kPa，为了保证汽车在高速行驶时有较强的路感，泵的流量随发动机转速的提高呈下降趋势。为了保证转向系统的工作，防止液压系统工作压力超过允许的最大工作压力，在泵内装有安全阀，当工作压力超过安全阀的额定值时，液压油通过安全阀卸压返回到吸油口。

发动机驱动油泵，由油泵的液压油通过控制阀作用于转向器的齿轮、齿条上来实现转向，其工作原理如下：

当直线行驶时，转向盘处于中间位置，阀芯和阀套之间也处于中间位置，所有的控制口接通，液压油流经控制阀的阻力很小，油泵处于空转状态，工作油缸不起作用。

当向右转动转向盘时，转向齿轮轴带动阀芯相对于阀套运动，改变了阀的控制口位置，右边旋转柱塞阀芯下降，开大进油通道，关闭回油通道；左边旋转柱塞阀芯上移，关闭进油通道，打开回油通道。根据右边旋转柱塞阀芯进油通道开度的大小，来控制流入工作缸左边的液压油的流量和油压，油压推动活塞向右运动，起到助力作用。同时，工作缸右边的液压油在活塞的作用下，通过打开的回油槽返回储油罐，如图 16-12 所示。

当向左转动转向盘时，情况与向右转动转向盘时相反。

采用动力转向后，由于液压阻尼力的增加，削弱了汽车转向回正能力，因此，桑塔纳 2000 汽车的前桥主销后倾角增大到 1°30′±30′，满足了汽车回正性的要求，改善了驾驶人"路感"反应，保证了汽车在高速行驶时的稳定性。

由于动力转向器的阀孔具有节流阻尼作用，减轻了因道路不平引起的转向盘抖动和打手，所以动力转向系统取消了机械式齿轮齿条转向系统中的转向减振器。

桑塔纳2000汽车转向控制阀采用的是常流转阀式结构，其结构紧凑、操作可靠、工作灵敏。这种转向控制阀在转向盘位于中间位置时常开，工作液压油一直处于常流状态，其工作原理如图16-13所示。

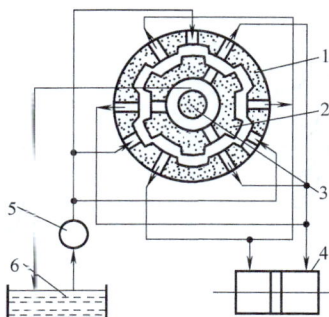

图 16-13 常流转阀式转向控制阀工作原理

1—阀套 2—阀芯 3—扭杆 4—动力油缸 5—转向油泵 6—储油罐

技能操作

一、准备工作及注意事项

1. 准备好常用拆装工具若干套。
2. 准备好实训车辆若干辆。
3. 准备好举升机若干台。
4. 准备好清洁工具。
5. 工作过程中应注意安全及环保工作是否到位。

二、动力转向器的拆装（以桑塔纳2000型汽车的动力转向器为例）

1. 动力转向器的拆装

（1）动力转向器的拆卸

1）吊起车辆，排放转向液压油。

2）拆卸横拉杆与转向支架的固定螺母，如图16-14所示。

3）拆卸左前轮罩处的转向器固定螺栓，如图16-15所示。

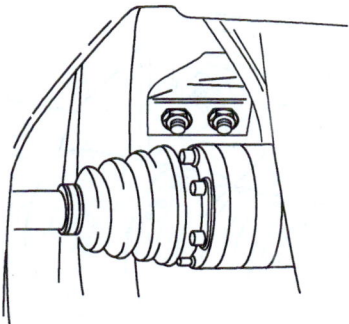

图 16-14 拆卸横拉杆与转向支架的固定螺母

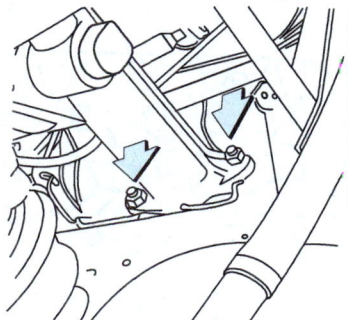

图 16-15 拆卸左前轮罩处的转向器固定螺栓

4）松开转向控制阀外壳上的高压油管，如图 16-16 所示。

5）拆卸后横板上固定转向器的内侧自锁螺母，如图 16-17 所示。

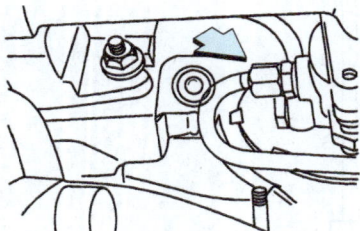

图 16-16　松开转向控制阀
外壳上的高压油管

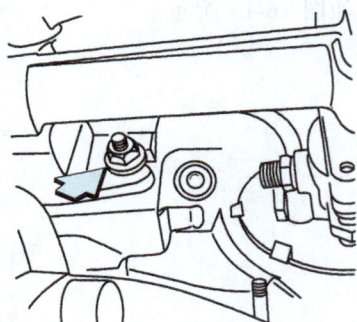

图 16-17　拆卸后横板上固定
转向器的内侧自锁螺母

6）把车辆放下，拆卸紧固齿条与转向支架的螺栓，如图 16-18 所示。

7）拆卸仪表板侧边下盖、通风管和踏板盖。

8）拆卸紧固转向小齿轮与下轴的螺栓，如图 16-19 所示，并使各轴分开。

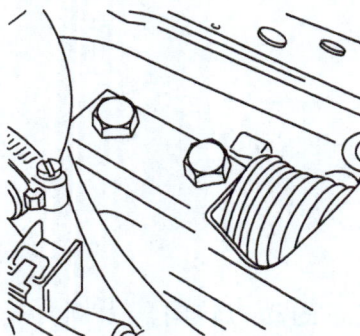

图 16-18　拆卸紧固齿条与转向支架的螺栓

图 16-19　拆卸紧固转向小齿轮与下轴的螺栓

9）拆卸防尘套。从汽车内部拆卸固定转向控制阀外壳上回油软管的泄放螺栓，如图 16-20 所示。

10）拆卸后横板上固定转向器的外侧自锁螺母，如图 16-21 所示。

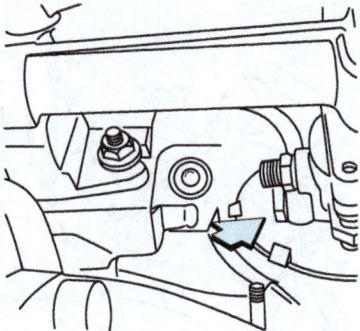

图 16-20　拆卸固定转向控制阀
外壳上回油软管的泄放螺栓

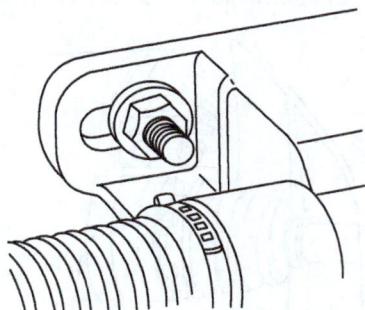

图 16-21　拆卸后横板上固定
转向器的外侧自销螺母

11）拆卸转向器。

（2）动力转向器的安装　安装时应注意：油泵上和在转向控制阀上固定泄放螺栓的密封环只要被拆卸，就应该更换。

1）安装后横板上的转向器，安装自锁螺母但不必完全拧紧。

2）吊起车辆。

3）在转向油泵上安装高压和回油软管，用40N·m的力矩拧紧螺栓，并使用新的密封圈；安装左前轮罩上的转向器固定螺栓，并用20N·m的力矩拧紧螺母，安装后横板上固定转向器的内侧自锁螺母，并用40N·m的力矩拧紧螺母；把高压管固定在转向控制阀外壳上。

4）把车辆降下来。

5）用40N·m的力矩拧紧在后横板上固定转向器的外侧自锁螺母；安装紧固齿条与转向支架的螺栓，并用45N·m的力矩拧紧；从车辆内部把回油软管安装到转向控制阀外壳上；安装保护网（防尘套）；连接下轴，安装固定螺栓，并用25N·m的力矩拧紧；安装踏板盖、通风管和仪表板盖。

6）吊起车辆。

7）安装横拉杆与转向支架的固定螺母，并用45N·m的力矩拧紧。

8）把车辆放下。

9）向储油罐内注入转向液压油，直至Max处。不要再次使用已排出的转向液压油。

10）吊起车辆。在发动机停转的情况下转动转向盘数次，以便把系统中存在的空气排出，并补充转向液压油，直至Max处。

11）起动发动机，完全向左和右转动转向盘，观察油面高度，一直操作到油面稳定在Max处为止。

2. 动力转向器间隙的调整

如果转向操作不平稳，间隙过大，转向盘不能回位，则必须进行调整。调整按以下步骤进行：

1）关闭发动机。

2）将汽车放在举升机上举起，使车轮悬空。

3）将车轮置于直线行驶位置。

4）左、右转动转向盘（向左和向右约30°）。如果转向间隙过大，则可以听到轻微碰击声，此时要按以下步骤操作。

① 用工具U-30031转动调整螺钉，直至碰撞声消失。

② 进行试车，观察每次改变方向或曲线行驶后，转向盘能否无障碍地自动返回直线行驶位置。

③ 如果转向盘不能回位，拧松调整螺钉。

④ 如果转向盘间隙过大，拧紧调整螺钉。

技能拓展

一、转向柱的拆装与检查

1. 转向柱的拆卸

转向柱上装有一套组合开关，包括点火开关、前风窗刮水及清洗开关、转向灯及远近光

变光开关，因此在拆卸前必须将蓄电池电源线断开，将转向灯及远近光变光开关放在中间位置，并将车轮置于直线行驶位置，然后按下列步骤进行拆卸。

1）向下按橡胶边缘，撬出盖板。

2）取下喇叭盖，拆卸喇叭按钮及有关接线。

3）拆卸转向盘紧固螺母，用工具将转向盘取下。

4）拆卸组合开关上的3个平口螺栓，取下开关。

5）拆卸阻风门控制把手手柄上的销子，然后旋下手柄、环形螺母，取下开关。

6）拆卸转向柱套管的2个螺钉，拆卸套管。

7）将转向柱上段往下压，使上段端部法兰上的两个驱动销脱离转向柱下端，取出转向柱上段。

8）取下转向柱橡胶圈，松开夹紧箍的紧固螺栓，拆卸转向柱下端。

9）用水泵钳旋转卸下弹簧垫圈，卸下左边的内六角头螺栓，旋出右边的开口螺栓，拆卸转向盘锁套。

2. 转向柱的检查

检查转向柱有无弯曲、安全联轴器有无磨损或损坏、弹簧弹性是否失效。如果有，应修理或更换新件。

3. 转向柱的安装

安装应基本按与拆卸相反的顺序进行，但应注意以下几点：

1）转向柱与凸缘管应一起安装，并用水泵钳连接起来。

2）应将凸缘管推至转向机构主动齿轮上，夹紧箍圈口应向外，注意不可用手掰开夹箍。

3）将保险螺栓和垫圈拧紧到车身上，直到保险螺栓拧断为止（图16-22），然后拧紧圆柱头螺栓。

4）车轮应处于直线行驶位置，转向灯及远近光变光开关应处在中间位置，才可装转向盘。否则，在安装转向盘时，当分离爪齿通过接触环上的簧片时，有可能造成损坏。

5）应更换所有的自锁螺母和螺栓，转向柱如果有损坏，不能焊接修理。

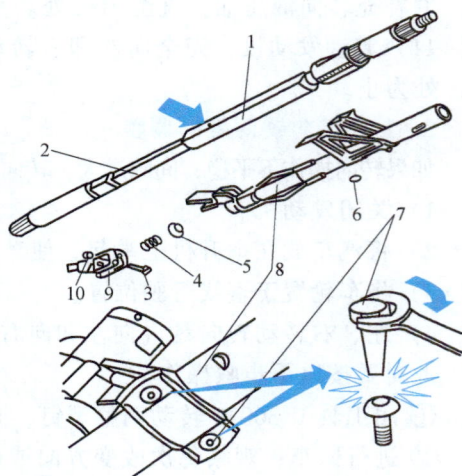

图16-22　转向柱分解图

1—转向柱上体　2—转向柱下体　3—螺栓　4—弹簧
5—转向柱下轴承　6—垫圈　7—保险螺栓
8—转向管柱　9—万向节　10—螺母

二、转向器齿轮密封圈的更换

1）拆卸转向器，把转向器固定在台虎钳上，并拆卸弯曲棒的锁销，如图16-23所示。

2）拆卸转向控制阀总成，如图16-24所示。

3）拆卸转向控制阀外壳的密封圈，如图16-25所示。

4）使用专用工具VW065和塑料铆头，把新的密封圈安装在转向控制阀外壳上，如图16-26所示。

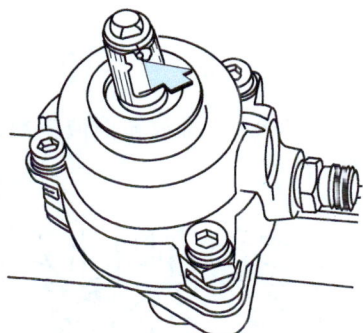

图 16-23　拆卸弯曲棒的锁销

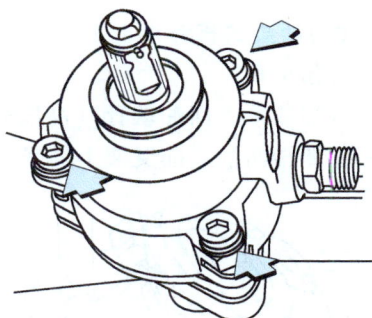

图 16-24　拆卸转向控制阀总成

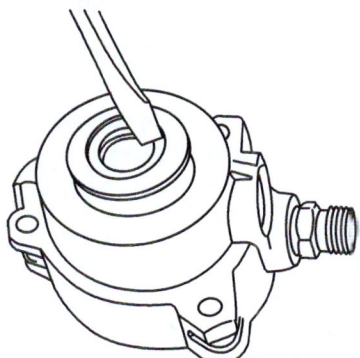

图 16-25　拆卸转向控制阀
外壳的密封圈

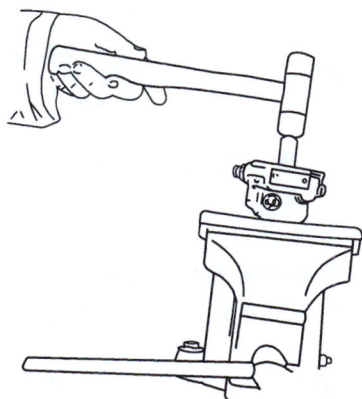

图 16-26　把新的密封圈安装在
转向控制阀外壳上

三、转向油泵的更换

转向油泵（叶轮泵）及其附件的分解图如图 16-27 所示，拆卸和安装转向油泵时均可参

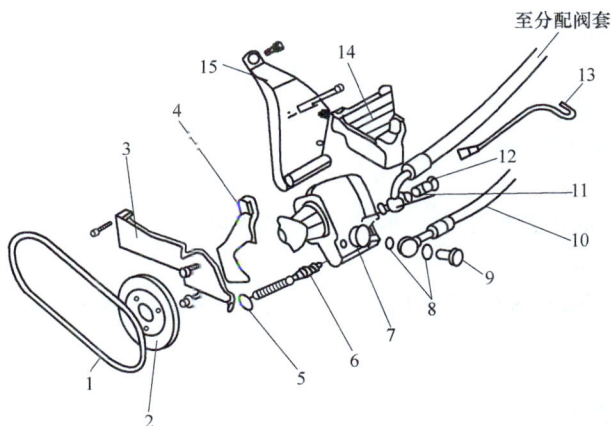

图 16-27　转向油泵（叶轮泵）及其附件的分解图

1—V 带　2—带轮　3—夹紧夹板　4—前摆动夹板　5—密封环　6—压力和流量限制阀　7—叶轮泵
8—密封环　9、12—管接头螺栓　10—进油管　11—密封环　13、15—支架　14—后摆动夹板

照此图进行。

1. 转向油泵的拆卸

1）吊起车辆。

2）拆卸油泵上回油软管（高压软管）的泄放螺栓（图 16-28），排放转向液压油。

3）拆卸转向油泵前支架上的张紧螺栓，如图 16-29 所示。

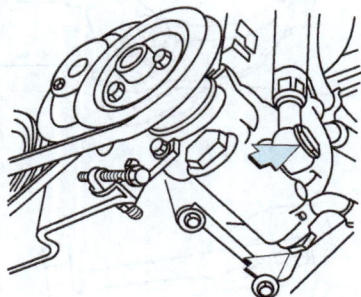

图 16-28　拆卸泄放螺栓

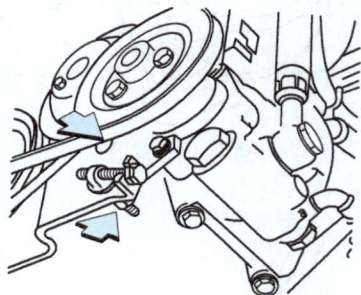

图 16-29　拆卸转向油泵前
支架上的张紧螺栓

4）拆卸转向油泵后支架上的固定螺栓，如图 16-30 所示。

5）松开转向油泵中心支架上的螺栓，如图 16-31 所示。

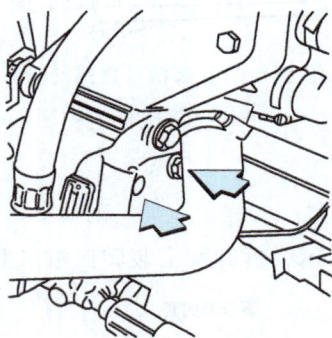

图 16-30　拆卸转向油泵后
支架上的固定螺栓

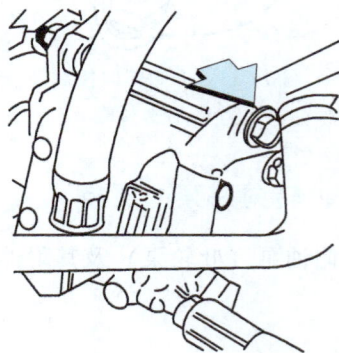

图 16-31　松开转向油泵
中心支架上的螺栓

6）把转向油泵固定在台虎钳上，拆卸滑轮和中间支架。

2. 转向油泵的安装

转向油泵的安装顺序与拆卸顺序相反。转向油泵安装完毕后，应调整转向油泵 V 带的张紧度，并加注转向液压油。

四、储油罐的拆卸

松开储油罐安装支架的螺栓和储油罐进油、回油软管的夹箍，即可从车上拆下储油罐，如图 16-32 所示。

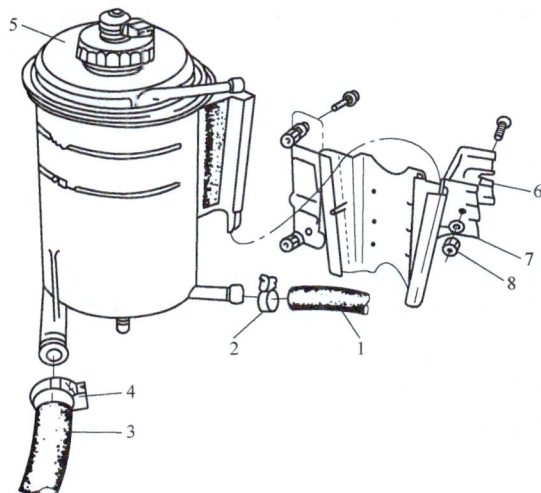

图 16-32　拆卸储油罐

1—回油软管　2、4—软管夹箍（拧紧力矩为 1.0~1.5N·m）　3—进油软管　5—储油罐
6—储油罐安装支架　7—垫┴　8—六角螺母 M6（拧紧力矩为 6.0N·m±3.0N·m）

五、转向油泵 V 带的调整

1）松开转向油泵支架上的后固定螺栓，如图 16-33 所示。

2）松开专用螺栓的螺母，如图 16-34 所示。

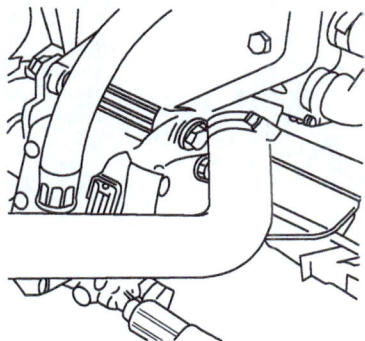

图 16-33　松开转向油泵支架上的后固定螺栓

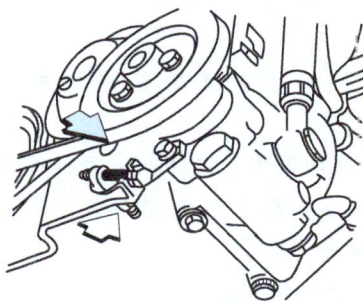

图 16-34　松开专用螺栓的螺母

3）通过张紧螺栓把 V 带绷紧，如图 16-35 所示。V 带有 10mm 挠度为宜。

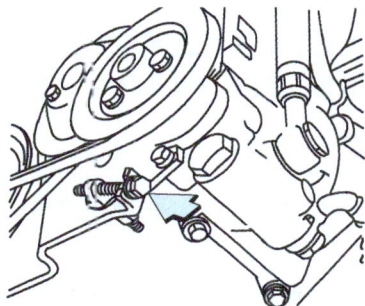

图 16-35　通过张紧螺栓把 V 带绷紧

4）拧紧专用螺栓的螺母，拧紧转向油泵支架上的后固定螺栓。

项目 17　制动摩擦片的更换

项目要求

1. 熟悉制动器的结构、原理及主要部件的安装位置。
2. 能通过与客户交流、查阅相关维修技术资料等方式获得车辆信息。
3. 掌握制动器摩擦片的更换方法。
4. 能对操作结果进行测试，检查和评估其修复质量。
5. 能根据环境要求，妥善处理辅料、废弃液体和损坏的零件。

项目载体

一辆汽车，客户反映汽车在制动过程中踏板自由行程过大，制动作用迟缓，汽车制动距离过长，如图 17-1 所示。

此种现象称为制动不灵，产生此故障的主要原因有：

1）制动踏板自由行程太大。

2）制动管路故障或管路中进气。

3）制动液不足或变质。

4）制动主缸、轮缸皮碗、活塞、缸壁磨损。

5）制动主缸或轮缸皮碗老化、发黏、发胀。

6）制动摩擦片磨损、制动间隙不当。

制动器摩擦片俗称刹车片，磨损严重时，需进行检查、更换。

图 17-1　汽车制动距离过长

相关知识

一、制动系统的功用

汽车制动系统的功用是按照需要使汽车减速或在最短距离内停车，使汽车下坡行驶时保持车速稳定，使停驶的汽车可靠驻停。汽车制动系统在汽车上的位置如图 17-2 所示。

二、制动系统的基本组成

汽车上普遍设置的制动系统一般有两套：行车制动系统和驻车制动系统。

1. 行车制动系统

行车制动系统用于使行驶中的车辆减速或停车，制动器安装在全部的车轮上，通常由驾驶人用脚通过制动踏板操纵。

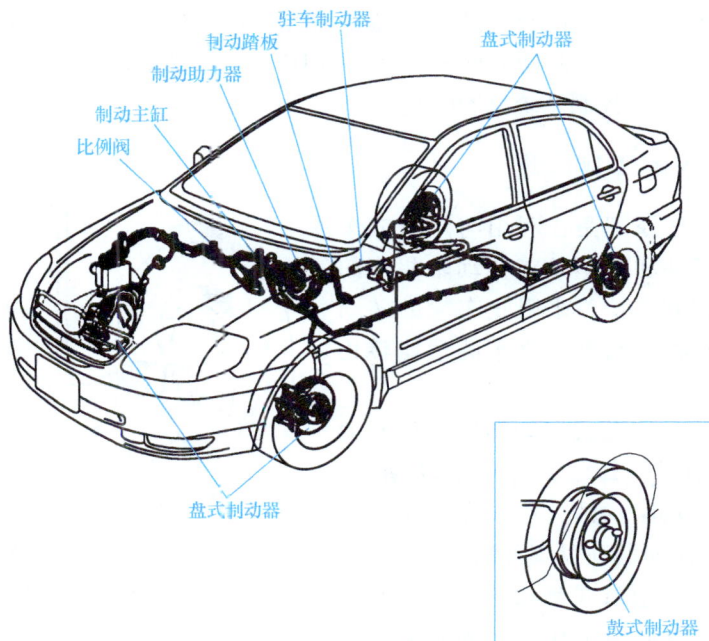

图 17-2　汽车制动系统在汽车上的位置

2. 驻车制动系统

驻车制动系统用于使停驶的汽车驻留原地，通常由驾驶人用手通过驻车制动器手柄操纵。

汽车制动系统一般有以下 4 个组成部分：

1）供能装置：包括供给、调节制动所需能量以及改善传能介质状态的各种部件。

2）控制装置：包括产生制动动作和控制制动效果的各种部件，如制动踏板等。

3）传动装置：将驾驶人或其他动力源的作用力传到制动器，同时控制制动器的工作，从而获得所需的制动力矩的部件，包括将制动能量传输到制动器的各个部件，如制动主缸、制动轮缸等。

4）制动器：产生阻碍车辆的运动或运动趋势的力的部件。

图 17-3 所示为制动系统的基本组成。

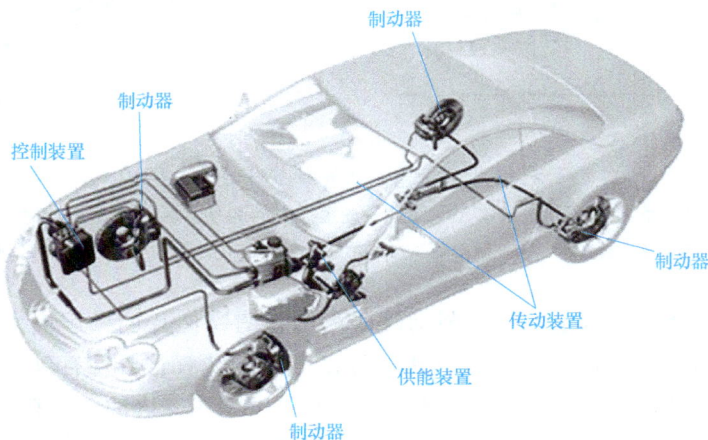

图 17-3　制动系统的基本组成

较为完善的制动系统还有制动力调节装置，如用来调节前后车轮制动力的分配元件、制动防抱死系统（ABS）、电子制动力分配系统（EBD）、电子稳定系统（ESP）和驱动防滑系统（ASR）[或称牵引力控制系统（TRC）]。

三、制动系统的工作原理

制动系统的工作原理是：利用与车身或车架相连的非旋转元件和与车轮或传动轴相连的旋转元件之间的相互摩擦，来阻止车轮的转动或转动的趋势，并将运动着的汽车的动能转化为摩擦副的热能。

图 17-4 所示为采用盘式制动器的液压制动系统示意图。制动时，驾驶人踩下制动踏板，制动主缸向各制动轮缸供油，活塞在油压的作用下把制动摩擦片压向制动盘实现制动。

图 17-5 所示为采用鼓式制动器的液压制动系统示意图，以内圆面为工作表面的制动鼓固定在车轮轮毂上，随车轮一起旋转。在固定不动的轮缸底板上，有 2 个支承销，支承着两个弧形制动蹄的下端，制动蹄的外圆面上装有摩擦片。制动底板上还装有液压制动轮缸，其用油管与装在车架上的液压制动主缸相连通。驾驶人踩踏制动踏板时，经过推杆来操纵主缸活塞。

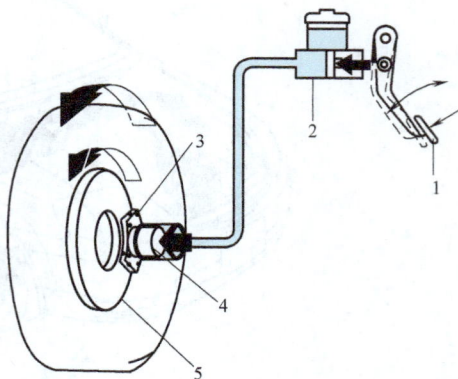

图 17-4　采用盘式制动器的液压制动系统示意图

1—制动踏板　2—制动主缸　3—制动摩擦片
4—活塞　5—制动盘

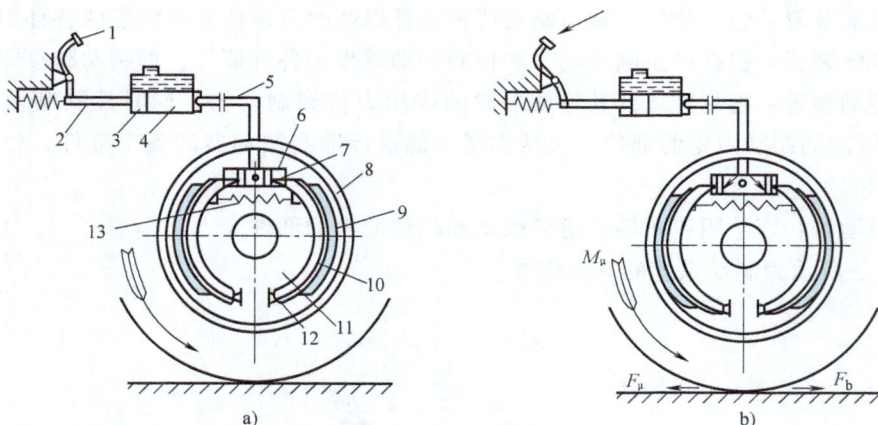

a)　　　　　　　　　　　　　b)

图 17-5　采用鼓式制动器的液压制动系统示意图

1—制动踏板　2—推杆　3—主缸活塞　4—液压制动主缸　5—油管　6—液压制动轮缸　7—轮缸活塞
8—制动鼓　9—摩擦片　10—制动蹄　11—轮缸底板　12—支承销　13—制动蹄回位弹簧

工作过程：制动系统不工作时，制动鼓的内圆面与摩擦片的外圆面之间保持一定的间隙，间隙称为制动间隙，它使车轮和制动鼓可以自由旋转。若要使行驶中的汽车减速或停车，驾驶人应踩下制动踏板，通过推杆推动主缸活塞，使主缸内的油液在一定压力下流入液压制动轮缸，并通过两个轮缸活塞推动两个制动蹄绕支承销旋转，上端向两边分开并使摩擦

片压紧在制动鼓的内端面上，这样，不旋转的制动蹄就对旋转着的制动鼓作用一个摩擦力矩 M_μ，其方向与车轮旋转方向相反。制动鼓将该力矩 M_μ 传到车轮后，由于车轮与路面间有附着作用，车轮对路面作用一个向前的周缘力 F_μ，同时路面对车轮作用一个向后的反作用力，即制动力 F_b。制动力 F_b 由车轮经车桥和悬架传给车架及车身，迫使整个汽车产生一定的减速度。制动力越大，则汽车减速度越大。当放开制动踏板时，制动蹄回位弹簧即将制动蹄拉回原位，摩擦力矩 M_μ 和制动力 F_b 消失，制动作用即终止。当然，阻碍汽车运动的制动力 F_b 不仅取决于摩擦力矩 M_μ，还取决于轮胎与路面间的附着条件。在讨论制动系统的结构问题时，一般假定路面都具备良好的附着条件。

四、对制动系统的要求

为了保证汽车能在安全条件下发挥出高速行驶的能力，制动系统必须满足下列要求。

1）具有良好的制动性能。其评价指标有：制动距离、制动减速度、制动力和制动时间。

2）操纵轻便。即操纵制动系统所需的力不应过大。

3）制动稳定性好。即制动时，前、后车轮制动力分配合理。

4）制动平顺性好。即制动力矩能迅速而平稳地增加，也能迅速而彻底地解除。

5）散热性好。即摩擦片的散热能力要高，水湿后恢复能力强。

6）对挂车的制动系统，要求挂车的制动作用应略早于主车；挂车自行脱挂时能自动进行应急制动。

五、制动器

1. 盘式制动器

盘式制动器根据其固定元件的结构形式可分为钳盘式制动器和全盘式制动器。钳盘式制动器的固定元件为制动钳，制动钳中的摩擦片由摩擦材料与其金属背板组成，每个制动器中有 2～4 块。钳盘式制动器按制动钳固定在支架上的结构不同可分为浮钳盘式和定钳盘式（图 17-6）。

全盘式制动器的固定元件的金属背板和摩擦片都做成圆盘形，因而其制动盘的全部工作面可同时与摩擦片接触。全盘式制动器由于制动钳的横向尺寸较大，主要应用在重型汽车上。

（1）结构　桑塔纳汽车前轮制动器采用盘式制动器，其结构如图 17-7 所示。该制动器为浮钳盘式制动器，它由制动盘、内外侧摩擦片、制动钳壳体、制动钳支架和活塞等组成。

浮钳盘式制动器的工作原理如图 17-8 所示。制动时，来自制动主缸的制动液通过油道进入制动轮缸，推动活塞及摩擦片向左移动，并压到制动盘上，于是制动盘给活塞一个向右的反作用力 P_2，使活塞连同制动钳体沿导向销

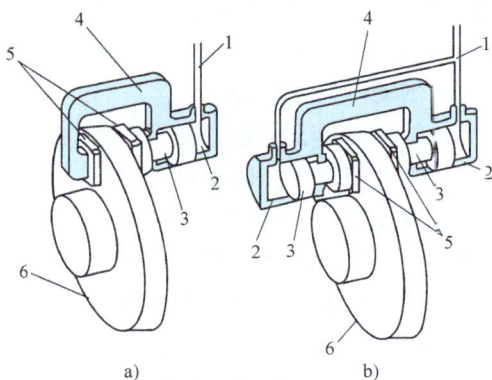

图 17-6　盘式制动器的类型

a）浮钳盘式　b）定钳盘式

1—进油管　2—制动缸体　3—活塞
4—制动钳　5—摩擦块　6—制动盘缸

向右移动，直到制动盘左侧的摩擦片也压到制动盘上。此时，两侧的摩擦片都压在制动盘上，夹住制动盘使其制动。

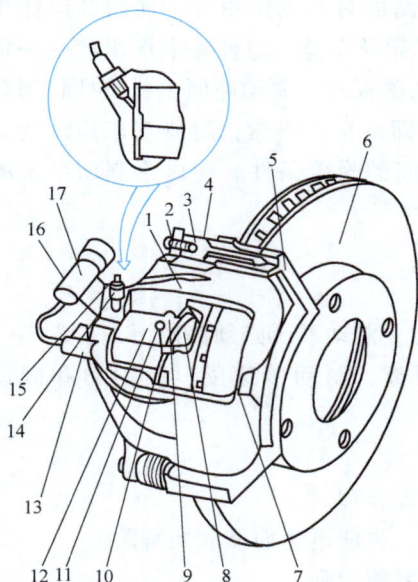

图 17-7　桑塔纳汽车前轮制动器的结构

1—制动钳壳体　2—紧固螺栓　3—导向销
4—防护套　5—制动钳支架　6—制动盘
7—内侧摩擦片　8—消声片　9—防尘套
10—外侧摩擦片　11—密封圈　12—活塞
13—电线导向夹　14—放气螺钉
15—放气螺钉帽　16—警告开关　17—电线夹

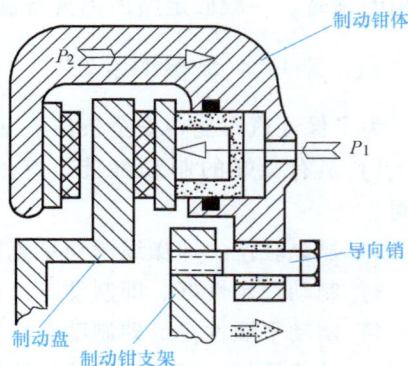

图 17-8　浮钳盘式制动器的工作原理

（2）特点　盘式制动器的优点如下：

1）散热能力强，热稳定性好。制动盘受热后只在径向膨胀，不会影响制动间隙。

2）抗水衰退能力强。制动器受水浸后，在离心力作用下被很快甩干，摩擦片上的剩水也由于压力高而容易被挤出，一般仅需要 1~2 次制动后即可恢复正常。

3）制动时的平顺性好。

4）结构简单，维修方便。

5）制动间隙小，便于自动调节。

盘式制动器的不足之处是：

1）制动时无助势作用，故要求管路液压较高。

2）防污性差，制动片磨损较快。

2. 鼓式制动器

（1）结构　简单的鼓式制动器由旋转部分、固定部分、促动装置和定位调整装置组成。鼓式制动器的基本组成如图 17-9 所示。

1）旋转部分。旋转部分多为制动鼓。制动鼓通

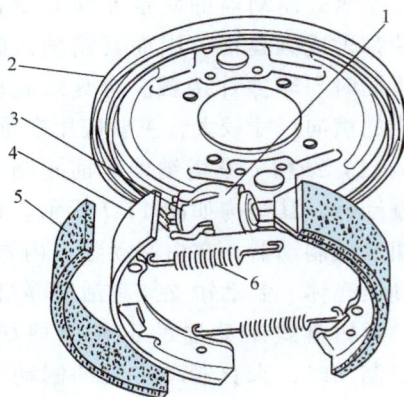

图 17-9　鼓式制动器的基本组成

1—制动轮缸　2—制动底板　3—调节螺母
4—制动蹄　5—制动摩擦片　6—复位弹簧

常为浇铸件，受力小的制动鼓也可用钢板冲压而成。制动鼓如图 17-10a 所示。

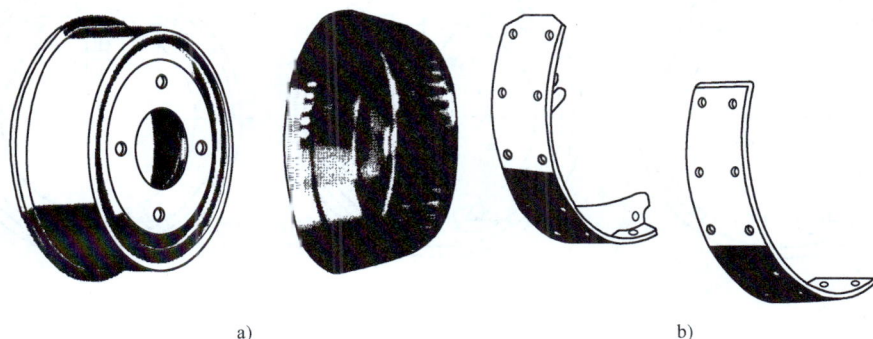

图 17-10　制动鼓和制动蹄
a）制动鼓　b）制动蹄

2）固定部分。固定部分是制动底板和制动蹄。制动底板固装在车桥的凸缘盘上，通过支承销与制动蹄相连。制动蹄常用钢板冲压后焊接而成，或由铸铁或轻合金浇铸，采用 T 形断面，以增大刚度，摩擦片采用粘接或铆接的方式固定于制动蹄上。制动蹄如图 17-10b 所示。

3）促动装置。促动装置的作用是对制动蹄施加力使其向外张开。常用的促动装置有制动凸轮和制动轮缸。制动蹄的促动装置如图 17-11 所示。

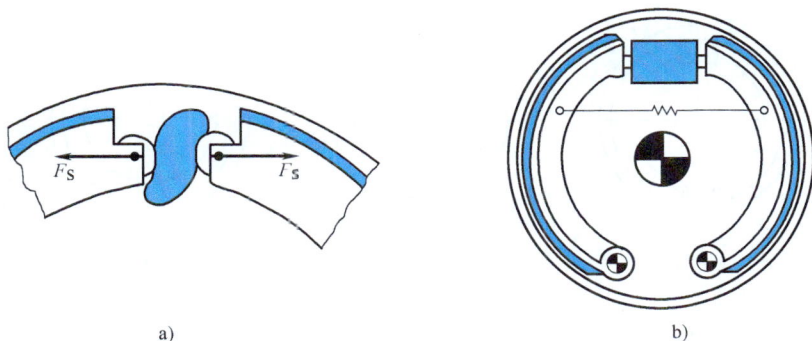

图 17-11　制动蹄的促动装置
a）制动凸轮　b）制动轮缸

4）定位调整装置。制动蹄不工作时，其摩擦片与制动鼓之间应有合适的间隙，此间隙一般为 0.25~0.5mm。间隙过小易造成制动解除不彻底；但间隙过大会使制动踏板自由行程过大，以致使驾驶人操作不便，同时也会推迟制动器起作用的时刻。但是在制动过程中，摩擦片的不断磨损必将导致此间隙逐渐增大，因此，各种类型的制动器均设有检查、调整此间隙的装置。

定位调整装置的作用是保持和调整制动蹄和制动鼓间正确的相对位置。

（2）分类　鼓式制动器多为内张双蹄式，按促动装置的形式不同可分为轮缸式、凸轮式的楔块式（图 17-12）。

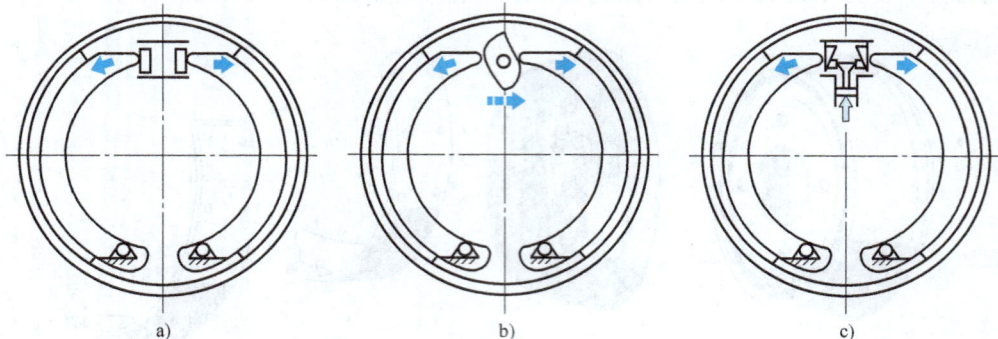

图 17-12　鼓式制动器促动装置的类型

a）轮缸式　b）凸轮式　c）楔块式

在制动过程中，如果制动蹄绕支承销转动方向与制动鼓旋转方向相同，会在制动鼓上压得更紧，起到增势的作用，称为"增势蹄"或称为"领蹄"；如果制动蹄绕支承销转动方向与制动鼓旋转方向相反，有使制动蹄离开制动鼓的趋势，起着减势作用，称为"减势蹄"或称为"从蹄"。根据制动过程中两制动蹄产生制动力矩的不同，鼓式制动器可分为领从蹄式、双领蹄式、双向双领蹄式、双向从蹄式、单向自增力式和双向自增力式等（图 17-13）。

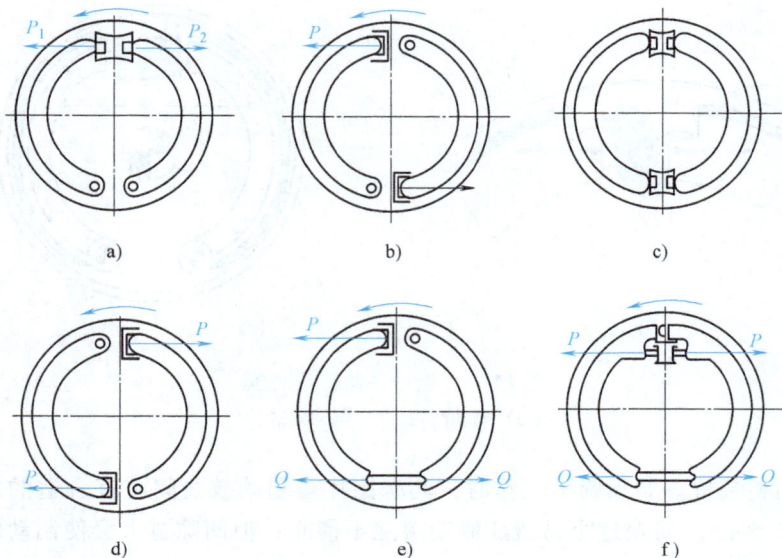

图 17-13　鼓式制动器的分类

a）领从蹄式　b）双领蹄式　c）双向双领蹄式　d）双向从蹄式　e）单向自增力式　f）双向自增力式

根据制动时两制动蹄对制动鼓作用的径向力是否平衡，鼓式制动器可分为简单非平衡式、平衡式和自动增力式 3 种。

技能操作

一、准备工作及注意事项

1. 准备好常用拆装工具若干套。
2. 准备好实训车辆若干辆。
3. 准备好举升机若干台。
4. 准备好清洁工具。
5. 工作过程中应注意安全及环保工作是否到位。

二、前轮制动摩擦片的拆装与检查（以桑塔纳2000型汽车的制动器为例）

前轮制动器的分解图如图17-14所示。

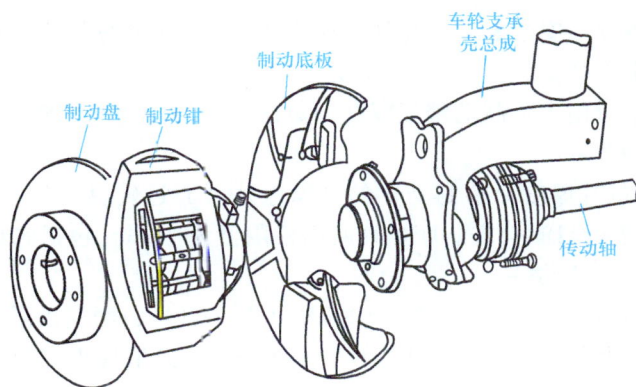

图 17-14　前轮制动器的分解图

1. 前轮制动器的拆卸

1）拧松车轮螺栓螺母（力矩为110N·m）。

2）拧松制动钳壳体的紧固螺栓（力矩为70N·m），前轮制动器即可与车轮轴承分离。

3）拧松制动器罩的螺栓，制动器罩即可从转向节体上取下。

4）松开制动软管接头。

轮胎拆装

2. 制动摩擦片的拆卸和安装

（1）制动摩擦片的拆卸

1）拆卸上、下定位螺栓，如图17-15所示，用手拆卸上、下定位弹簧。

2）拆卸制动钳壳体，如图17-16所示，取下制动器底板上的制动摩擦片。

3）把制动钳活塞压回制动钳壳体内，如图17-17所示。活塞回位前，应先抽出制动液储液罐中的制动液，否则会引起制动液外溢，损坏表面油漆。制动液有毒，排放制动液时，只能使用专用容器存放。

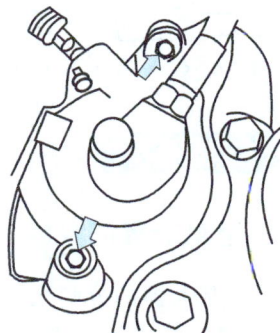

图 17-15　拆卸上、下定位螺栓

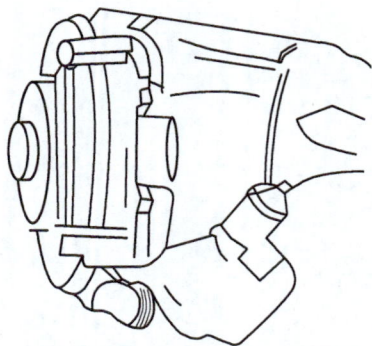

图 17-16　拆卸制动钳壳体

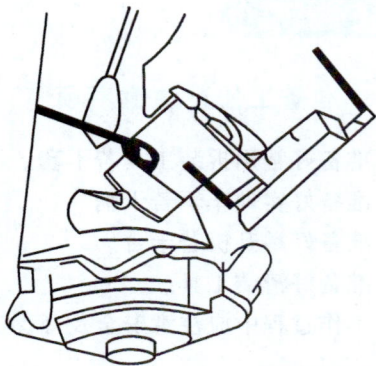

图 17-17　把制动钳活塞压回制动钳壳体内

（2）制动摩擦片的安装

1）装入新的摩擦片。安装制动钳壳体，用 70N·m 的力矩紧固定位螺栓。

2）安装上、下定位弹簧，如图 17-18 所示。

3）安装后，停车时用力将制动踏板踩到底数次，以便使制动摩擦片正确就位。

3. 前轮制动器的检查

（1）检查制动摩擦片厚度　前制动器外侧摩擦片可通过轮盘上的检视孔目测检查；内摩擦片可利用反光镜进行目测检查。摩擦片磨损极限值为 7mm（包括底板），如果小于规定值，应更换摩擦片。

（2）检查制动盘厚度　制动盘厚度 $a = 20$mm（图 17-19），磨损极限值为 17.8mm。制动盘摩擦片表面上的径向圆跳动为 0.06mm。如果检查结果不符合规定，应更换新件。

制动盘检查

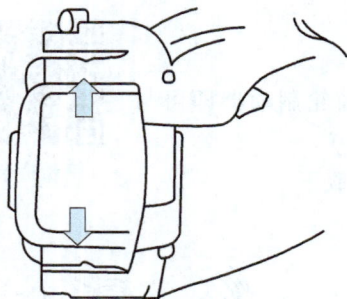

图 17-18　安装上、下定位弹簧

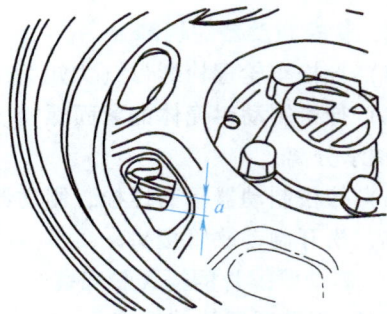

图 17-19　前轮制动盘厚度的检查

技能拓展

后轮制动摩擦片的拆装与检查（以桑塔纳 2000 型汽车的制动器为例）

后轮制动器的分解图如图 17-20 所示。

1. 制动鼓和制动蹄的拆装

（1）制动鼓和制动蹄的拆卸

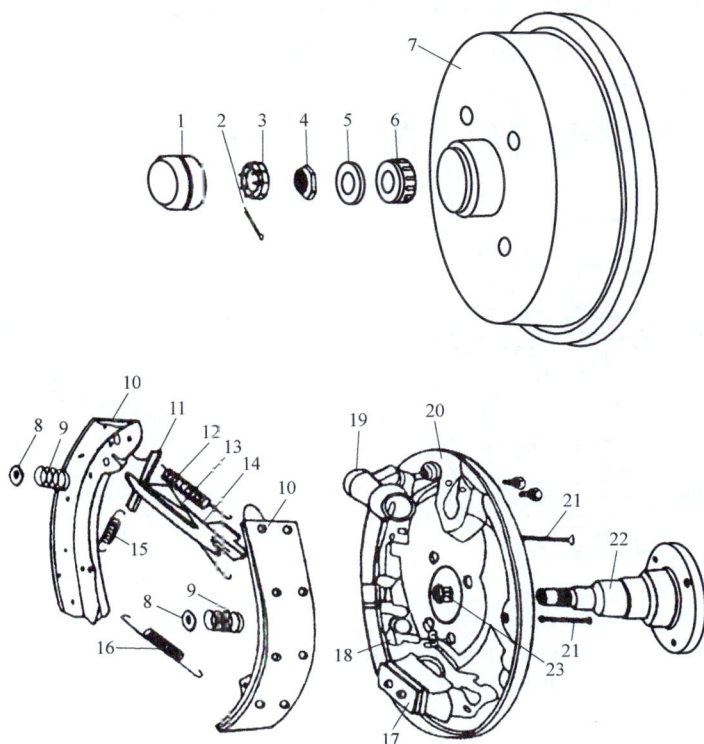

图 17-20　后轮制动器的分解图

1—轮毂盖　2—开口销　3—开槽垫圈　4—调整螺母　5—止动垫圈　6—轴承　7—制动鼓
8—弹簧座　9—弹簧　10—制动蹄　11—楔形件　12—回位弹簧　13—上回位弹簧　14—压力杆
15—用于楔形件的回位弹簧　16—下回位弹簧　17—固定板　18—螺栓（拧紧力矩为 60N·m）
19—后制动轮缸　20—制动底板　21—定位销　22—后桥车轮支承短轴　23—观察孔橡胶塞

1）拧松车轮螺栓螺母（力矩为 110N·m），取下车轮。

2）用专用工具 VW637/2 拆卸轮毂盖，如图 17-21 所示。

3）取下开口销，旋下后车轮轴承上的六角螺母，取出止动垫圈。

4）用螺钉旋具通过制动鼓螺孔向上拨动楔形块，如图 17-22 所示，使制动蹄与制动鼓放松。

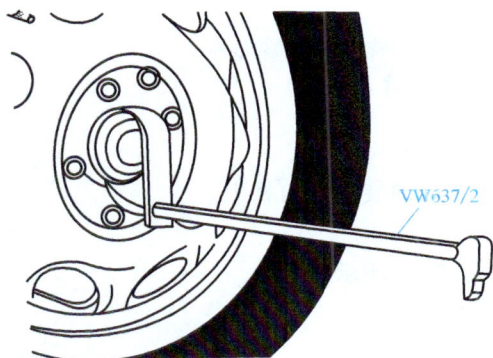

图 17-21　拆卸轮毂盖

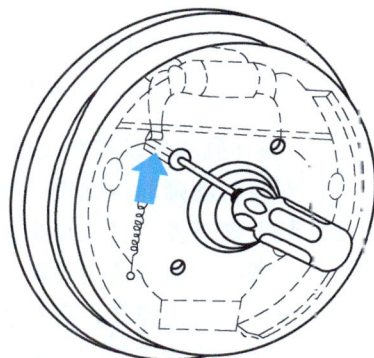

图 17-22　拨动楔形块

5）用鲤鱼钳拆卸压簧座圈。用手从下面的支架上提起制动蹄，取出下回位弹簧。

6）取下制动杆上的驻车制动拉索。用鲤鱼钳取下楔形件回位弹簧和上回位弹簧。

7）拆卸制动蹄，如图 17-23 所示。

8）把带压力杆的制动蹄卡紧在台虎钳上，拆卸制动蹄定位弹簧，如图 17-24 所示，取下制动蹄。

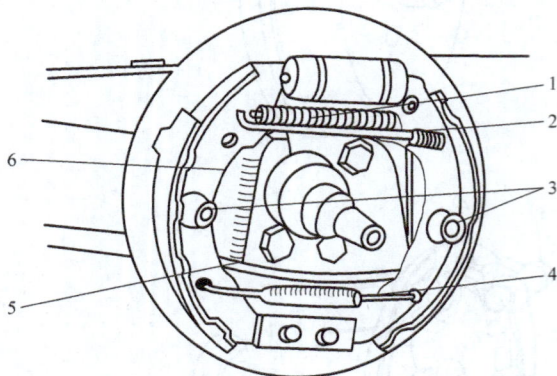

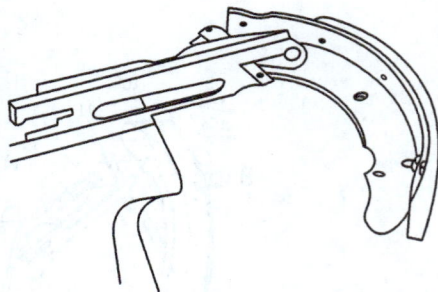

图 17-23　拆卸制动蹄　　　　　　　　　图 17-24　拆卸制动蹄定位弹簧

1—上回位弹簧　2—压力杆　3—弹簧及座圈　4—下回位弹簧

5—驻车制动拉索　6—楔形件回位弹簧

9）如果有必要，拆卸制动轮缸并解体。制动轮缸的分解如图 17-25 所示。

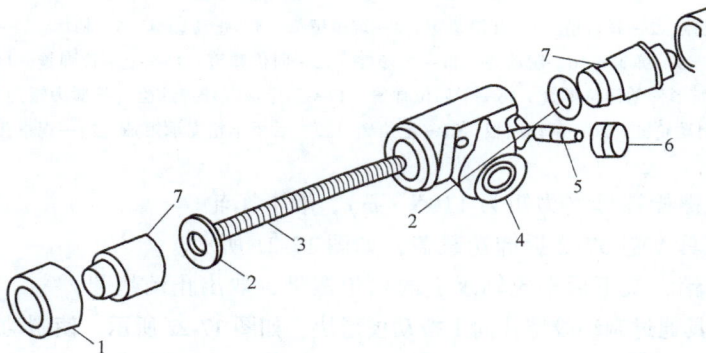

图 17-25　制动轮缸的分解

1—防尘罩　2—橡胶圈（安装时涂上制动液）　3—弹簧　4—制动轮缸外壳

5—放气阀　6—防尘罩　7—活塞（安装时涂上制动液）

（2）制动鼓和制动蹄的安装

1）安装制动蹄回位弹簧，如图 17-26 所示，将制动蹄装在压力杆上。

2）装上楔形件（凸块朝向制动器底板）。

3）将带有传动臂的制动蹄装在压力杆上，如图 17-27 所示。

4）装入上回位弹簧，在传动臂上套上驻车制动拉索。

5）把制动蹄装在制动轮缸的活塞外槽上。

6）装入回位弹簧，并把制动蹄提起，装到下面的支座上。

图17-26　安装制动蹄回位弹簧

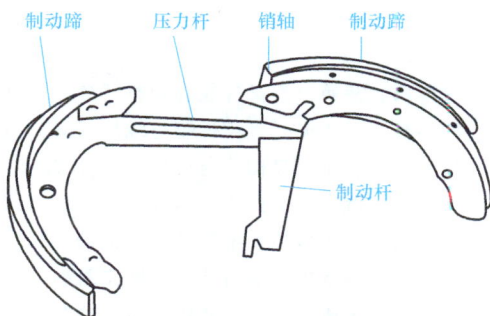

图17-27　将带有传动臂的制动蹄装在压力杆上

7）装楔形件的回位弹簧，装压簧和弹簧座圈。

8）装上制动鼓及后轮轴承，然后调整轮毂轴承的间隙。

9）用力踩一下制动踏板，使后车轮制动蹄片正确就位，摩擦片与制动鼓的间隙得到自动调整。

2. 制动摩擦片的更换

制动摩擦片在汽车行驶15000km后，出现损坏或磨损到极限时，应及时更换。摩擦片可以连同制动蹄一起更换。

如果仅更换制动摩擦片，应先去掉制动摩擦片上的旧铆钉及孔中的毛刺。铆接新摩擦片时，应从中间向两端铆接。更换新制动摩擦片时，应使用相同质量的摩擦片。

3. 后制动器的检查

（1）检查制动摩擦片厚度　利用制动器底板上的观察孔检查后制动摩擦片的厚度，如图17-28所示。摩擦片厚度应为5.0mm，磨损极限值为2.5mm（不包括底板）。

（2）后制动鼓的检查　更换新摩擦片时，应检查后制动鼓尺寸，制动鼓内径应为200mm，磨损极限值为201mm。摩擦片表面径向圆跳动应为0.05mm，车轮轴向圆跳动应为0.20mm。如果超过规定值，应更换新件。

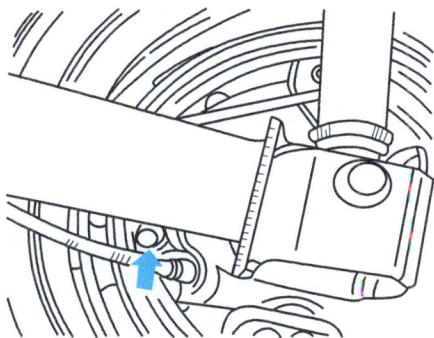

图17-28　检查后制动摩擦片厚度

参 考 文 献

[1]　董继明，胡勇. 汽车拆装与调整 ［M］. 北京：机械工业出版社，2010.

[2]　曲昌辉，张西振. 汽车拆装与维护 ［M］. 北京：机械工业出版社，2013.

[3]　杨艳芬. 汽车底盘构造与维修 ［M］. 北京：中国人民大学出版社，2011.

[4]　焦传君. 汽车发动机构造与维修 ［M］. 北京：高等教育出版社，2007.

[5]　张吉国. 汽车电控系统的结构与维修 ［M］. 北京：机械工业出版社，2017.

[6]　丁问司，谭本忠. 桑塔纳车系维修图解 ［M］. 北京：机械工业出版社，2007.

[7]　郑劲，张子成. 汽车发动机构造与维修 ［M］. 北京：化学工业出版社，2010.